Behrens/Rimscha · "Politische Korrektheit" in Deutschland

Michael Behrens/Robert von Rimscha

„Politische Korrektheit" in Deutschland

Eine Gefahr für die Demokratie

Zweite, erweiterte und
durchgesehene Auflage

1995

BOUVIER VERLAG · BONN

Die Deutsche Bibliothek - CIP-Einheitsaufnahme

Behrens, Michael:
"Politische Korrektheit" in Deutschland : eine Gefahr für die
Demokratie / Michael Behrens/Robert von Rimscha. - 2., erw.
und durchges. Aufl. - Bonn : Bouvier, 1995
NE: Rimscha, Robert von:

ISBN 3-416-02598-9

Im ganzen - haltet Euch an Worte!
Dann geht Ihr durch die sichre Pforte
Zum Tempel der Gewißheit ein ...

Denn eben wo Begriffe fehlen,
Da stellt ein Wort zur rechten Zeit sich ein.
Mit Worten läßt sich trefflich streiten,
Mit Worten ein System bereiten ...

Goethe,
Faust I

"Wenn ich ein Wort verwende," sagte Humpty Dumpty betont herablassend, "dann hat es zu bedeuten, was ich will - nicht mehr und nicht weniger."
"Die Frage ist nur," sagte Alice, "ob die Wörter das bedeuten wollen, was Sie wollen."
"Die Frage ist nur," sagte Humpty Dumpty, "wer bestimmt - und das ist der, der oben sitzt."

Lewis Carroll,
Alice im Wunderland und was
Alice hinter dem Spiegel fand

Inhalt

Vorwort

Dieses Buch wird auf Widerspruch stoßen. Es gehört zum Wesen der "Politischen Korrektheit", daß sie scharf verurteilt, was ihrer Ansicht nach inkorrekt ist. Das Aufzeigen der Gefahren, die mit dem moralischen Totalitätsanspruch einhergehen, der nun als "PC" aus den USA nach Deutschland kommt, ist inkorrekt. Kritik an "Politischer Korrektheit" ist inkorrekt. Wir haben dieses Buch geschrieben, weil wir der Ansicht sind, daß vor schwerwiegenden und negativen Einflüssen auf das geistige Klima in der Bundesrepublik zu warnen ist. Die Kritik an unserer Kritik erwarten wir gespannt. Dieses Buch versteht sich, auch in der Summe der hier belegten Zitate, als Debattenbeitrag - und sollte es gelingen, eine Diskussion über Sinn und Grenzen der "Politischen Korrektheit" zu führen, wäre unser Ziel erreicht.

Amerika ist zugleich Ursprungsland von "PC" wie ein Modell, dem die einen nachzueifern versuchen, während es den Kritikern Beispiele für hanebüchene Auswüchse der moralisch-dogmatischen Normierung liefert. Daher beschäftigt sich dieser Band in seinen ersten beiden Kapiteln sowohl mit der Geschichte von "PC" in den USA als auch mit der Adaption dieser Denkmuster in Deutschland. Im ersten Kapitel behandeln wir die Struktur des Bewertens von Sprache und Kultur, wie "PC" sie etabliert hat, und die ersten beiden großen Debatten, die eine deutsche Version gleichartiger Herangehensweisen darstellen, den Historikerstreit und die Diskussionen um die Jenninger-Rede. Im zweiten Kapitel steht der Alltag in der "PC"-geprägten Kultur im Mittelpunkt. Themen sind das geistige Leben beiderseits des Atlantiks und die Widerstände, die vor allem von der amerikanischen Populärkultur dem Phänomen "PC" entgegengebracht werden. Die Debatten um die Gedenktage 50 Jahre nach Kriegsende und um den Kandidat Heitmann leiten über ins dritte Kapitel, das beleuchtet, wie zentrale Themenkomplexe der deutschen Innen- und Außenpolitik PC-gerecht durchdekliniert werden. Das Kapitel schließt mit einem

Blick auf die Spielarten des Denkmusters "Politische Korrektheit" in anderen Gesellschaften.

Widerspruch ist eine nötige Form der Auseinandersetzung. Wir widersprechen "PC" und erwarten unsererseits Widerspruch. Das Fatale an "Politischer Korrektheit" ist, daß sie ihre Befürworter zu legitimieren scheint, jeden Widerspruch zu verbieten. Deshalb darf politisch korrektes Denken und Handeln nie Konsens werden. "Politische Korrektheit" bedroht die Demokratie, weil sie ein geschlossenes Denksystem mit starren Bewertungsrastern vorgibt. Dagegen gibt es viel zu verteidigen.

Michael Behrens, Robert von Rimscha
Bonn/Berlin, im Mai 1995

Vorwort zur zweiten Auflage

Wir sind überrascht. Der erwartete Widerspruch ist ausgeblieben. Stattdessen - fast - allerorten nur Zustimmung. Bedeutet dies, daß die Gefahr Politischer Korrektheit (PC) gebannt ist? Wohl kaum. In einer Rezension unseres Buches schreibt Eckhard Fuhr in der *Frankfurter Allgemeine Zeitung* (6. September 1995): "Es zeigt sich in ihrer Argumentation immer wieder der Gestus des 'Wir haben die Nase voll von dem Geschwätz'. Die Hoffnung besteht, daß PC an solchen Haltungen zerbricht." Dieses Buch als Bollwerk, an dem die Wogen der Politischen Korrektheit brechen? Auch nicht. Es ist vielmehr die erneute Aufforderung zur Diskussion zwischen den Apologeten des Tugendterrors und denen, die vor einer Einschränkung der Meinungsfreiheit warnen.

Dabei muß klar sein: Nicht jede Kritik an Ernst Jünger, Ernst Nolte, Steffen Heitmann, den Damen Höhn oder Schimmel ist Politische Korrektheit. Kritik ist nicht gleich Kritik, es gibt genuine und schematisierte, verordnete Mitläufer-Kritik. Es gibt auch die Kritik an der Kritik der Kritik. Heribert Prantl von der *Süddeutschen Zeitung* glaubte in einem Essay im *Deutschland Radio*, jeden PC-Gegner als Revanchist oder Revisionist enttarnen zu müssen, dem es nicht um Meinungsfreiheit gehe, sondern um das "Abkanzeln mißliebiger Kritiker", auf daß "Gehässigkeiten, Gemeinheiten und Dummheiten" forsch präsentiert werden können.

Wir verfolgen exakt das gegenteilige Ziel. Uns geht es nicht um das Fixieren einer neuen Opfer-Kategorie, jener der PC-Opfer. Uns geht es um die Täter und ihr gedankliches Rüstzeug. Opfer gibt es genügend. Indem die Politisch Korrekten ihren Kritikern vorwerfen, am Errichten neuer Altäre für vermeintliche Opfer zu arbeiten, verwechseln sie ihr eigenes Vorgehen mit dem ihrer Gegner.

Und nein, die Meinungsfreiheit in Deutschland ist nicht *akut* bedroht. PC ist sublim. Orientierungspunkte des Denkens verschieben sich, aber der gesetzliche Holzhammer wird noch nicht hervorgeholt - höchstens dort, wo es opportun erscheint, beispielsweise dann, wenn die österreichische Frauenministerin und die SPD-Frauen in Bayern unisono nach einem Gesetz verlangen, das Männer zur Hausarbeit verpflichtet. Auch wir wollen spülende Männer. Aber nicht per Strafgesetz bei Nichtbefolgung.

Wir versuchen hier, gemeinsame Strukturen dieses gefährlichen PC-Denkens zu finden, und wir glauben, sie in den unterschiedlichsten Vorfällen gesichtet zu haben. Der Berliner Lehrer, der sich dienstuntauglich frühpensionieren läßt, weil er eine ärztlich bescheinigte "Schüler-Allergie" hat. Der amerikanische Angestellte, der erfolgreich gegen seine Kündigung klagte, weil er unter dem "chronic lateness syndrom", dem Syndrom chronischen Zuspätkommens, leidet und deshalb nicht pünktlich ins Büro kommen kann. Die kritische Ausstellung zur Geschichte des Atombombers *Enola Gay*, die dem Washingtoner Smithsonian-Institut 1995, zum Jahrestag des Abwurfs auf Hiroshima, politisch untersagt wurde, nachdem tausende Veteranen ihr Andenken an den pazifischen Sieg geschmäht sahen. Die wohlfeile Empörung über Shells *Brent Spar* und Chiracs Mururora. Eine Konferenz im Berlin des Jahres 1995, die sich zum Ziel gesetzt hat, die "Verweiblichung der Kostenstellenrechnung in der öffentlichen Verwaltung" zu erreichen. Isolierte Vorkommnisse? Keinesfalls. Vielmehr sind all dies Facetten einer Geisteshaltung, die recht genial Individuelles und Kollektives verbindet. Der gemeinsame Nenner ist der des Opfers: Opfer Shells, Chiracs, falscher historischer Bewertungen, der Berliner Schüler. Doch der Anspruch des Opfers ist universell. So funktioniert PC: Schuldzuweisung, Wiedergutmachungszuweisung.

So funktioniert PC weiter. Mit sanftem Terror. Und deshalb erst recht gefährlich. Daß die Politische Korrektheit in Deutschland nicht mir nichts, Dir nichts verschwindet, zeigen die Ergänzungen, die wir der zweiten Auflage hinzugefügt haben. Im vergangenen halben Jahr, seit der ersten Auflage, hat die Korrektheit weiter gewütet. Und so warten wir weiterhin auf Widerspruch.

Michael Behrens, Robert von Rimscha
Bonn/Berlin, im Oktober 1995

Kapitel I

Es war einmal in Amerika - und ist jetzt in Deutschland

Die Welt ist gut

Handelt es sich bei dem Begriff "Politische Korrektheit" um ein Phantom, korrekt aber kopflos? Um ein "Gespenst", wie der Publizist Michael Bonder meint?[1] Um eine "Mode-Diskussion", wie der Politikwissenschaftler Karl Dietrich Bracher behauptet?[2] Verbirgt sich hier ein Phänomen von Gewicht, so daß sich Fragen stellen, die "nicht in Antworten zu komprimieren [sind], die den Umfang eines Essays unterschreiten?", wie die Essayistin Cora Stephan glaubt?[3] Hat "PC" sowohl positive wie auch negative Auswirkungen, wie der Leiter des Historischen Museums in Berlin, Christoph Stölzl, meint: "Der gute Kern der Sache: Menschen sollen mehr nachdenken, bevor sie den Mund aufmachen und Taktlosigkeiten aussprechen. Der schlechte Aspekt: Feigheit und Sklavensprache kriegen ein schickes Mäntelchen."[4] Vielleicht ist "PC" sogar die "Pest unserer Zeit", wie der Schriftsteller Eckhard Henscheid meint?[5] Oder ist diese Denkschule gar "der neue Rinderwahnsinn", wie Theatermann Heiner Müller warnt?[6] Die Experten streiten sich. Dabei ist "Political Correctness" (PC) ein Begriff, der längst bestens eingeführt ist. So gut, daß manche Beobachter glauben, die Sache habe sich schon erledigt. Doch aus der berüchtigten PC, die Ende der 80er Jahre aus den USA über den Atlantik zog, ist etwas sehr deutsches geworden: die Politische Korrektheit. "Besser korrekt als unkorrekt. Nur: Die Dummheit der Mitläufer und die Denkfaulheit sowie die Feigheit sind so erschütternd", meint der Historiker Michael Wolffsohn.[7] An dem Phänomen scheint etwas dran zu sein - und wenn ihm nur die Fähigkeit zugeschrieben werden muß, eine neue Generation von Mitläufern heranzuzüchten. Es wäre nicht beruhigend, aber es wäre verschmerzbar, wenn PC nur das wäre: ein intellektuelles Mäntelchen, das etwas an sich hat, was viele verleitet, es sich umzuhängen. PC ist mehr. PC beginnt, Werte im Kern dieser Gesellschaft auszuhöhlen. Sie macht kopflos. Daß PC keine Verschwörung ist, daß sie schick ist, daß PC infiltriert, mehr aber noch diffundiert - das macht sie erst gefährlich. Das Phänomen ist kein Gespenst, es ist real. Es steckt in mehr Hirnen, als uns lieb sein sollte. PC kommt honorig daher - daß aber geraubt und Freiheit gestohlen wird, merkt man nicht so schnell. Ohne Freiheit aber fehlt der Kopf.

Political Correctness ist, wenn man sich wünscht, daß die Welt gut ist. Die Welt ist gut, wenn alle nett zueinander sind. Das Nettsein mißt sich an einer politischen Etikette, eben den Reglements der PC. Doch dahinter steckt mehr. Politische Korrektheit ist ein Idealismus, der glaubt, rigide sein zu müssen. Sie glaubt, die Welt verändern zu können, und hält es für möglich, die Menschen dazu bringen zu können, nett zueinander zu sein, indem sie zunächst nett miteinander reden. PC ist richtiges Denken. Man denkt in Sprache. PC normiert daher Sprache - mit dem Ziel, humanes Denken zu begründen. Ein Zwergwüchsiger in den USA ist ein "vertikal Herausgeforderter". Ein Blinder ist "anderssichtig". Behinderte sind "andersbefähigt". Eine Leiche ist eine "nichtlebende Person", und eine dicke Leiche folglich eine "nichtlebende Person von anderen Ausmaßen". Politische Korrektheit kommt aus den Vereinigten Staaten. Niemand darf dort mehr "Neger" sagen. Erst hießen die Nachfahren der Sklaven "Neger" oder "Nigger", dann stattdessen Farbige, dann Schwarze, dann Afroamerikaner, dann afrikanische Amerikaner. Heute darf man "Menschen der Farbe" sagen, aber nicht "farbige Menschen". Gleichermaßen wurde umbenannt, was dem deutschen Karl-May-Fan als Indianer vertraut ist. Aus der "Rothaut" wurde der "Indianer", daraus der "eingeborene Amerikaner" ("native American"), es folgte der "Amerindian" und schließlich der Angehörige der "ersten Nation" ("first nation"). Korrektheit ist, das zeigt dieses Beispiel, ein relativer Begriff, andere Zeiten, andere korrekte Bezeichnungen.

Die Geschichte ist häufig die Geschichte von Begriffen, die wie Fieberkurven auf- oder wieder untertauchen. Das *Zentrum für Gebärdensprache* der Universität Hamburg teilte 1994 mit,

"Japan" werde nun nicht mehr durch ein seitliches Dehnen des Augenlids vermittelt, sondern durch das Formen des geographischen Umrisses des Landes mit den Händen. Auch in Japan selbst gibt es eine normierte Sprache. Der Glatzkopf muß dort "Haarbenachteiligter" genannt werden. Amerikanische Zeitungen und Universitäten nahmen Abschied vom Abwägen einzelner Worte nach dem Maßstab, ob sie zukunftstauglich sind oder nicht, und erließen ganze *speech codes*, Sprach-Codices, in denen geregelt wird, wie mit Phänomenen der Umwelt sprachlich umzugehen ist. Ein Rollstuhlfahrer darf keinesfalls als "an den Rollstuhl gefesselt" bezeichnet werden. Ein Rollstuhlfahrer ist ein Mensch, "der einen Rollstuhl benutzt". Was früher ein "Gelähmter" war, ist nun ein Mensch mit einem teilweise immobilen Bewegungsapparat. Es gibt keine "Spastiker", sondern nur Menschen mit spastisch gelähmten Muskelpartien.

Ted Turner, der Gründer des Nachrichtenkanals *CNN*, strich das Wort "foreign", fremd oder ausländisch, aus dem erlaubten Vokabular seiner Redakteure und Sprecher. Für *CNN* soll es kein Draußen mehr geben. Jedermann und jede Frau sollen einheimisch werden im Schoß des internationalistischen Nachrichtensenders. Die umfangreichste Liste künftig unerwünschter Begriffe stellte die *Los Angeles Times* zusammen: 150 Wörter wurden Anfang 1994 verboten, darunter "Geburtsfehler", "verrückt", "schwarzer Kontinent" und "Stiefkind". Die Regelung löste heftige Diskussionen aus, weil ausgerechnet die Vertreter der angesprochenen Minderheiten die alten klaren Wörter weiter benutzen wollten. Die Tauben in Los Angeles etwa wollen weiter "taub" sein und nicht plötzlich "Individuen, die nicht hören können" genannt werden.[8] In deutschen Zeitungsredaktionen sind die Sprachregelungen sehr viel weniger streng. Es wird debattiert, ob man "schachern" sagen und schreiben darf. Aber meistens geht es noch um "gutes" Schriftdeutsch, nicht um korrektes.

Die Politische Korrektheit wacht über die Einhaltung der richtigen Form und ist sich gewiß, den dahinter verborgenen Inhalt zu erreichen. Das Errichten von Formen, die als minimaler Konsens der neuen Gesellschaft gelten, das Wachen über die

Einhaltung jener Formen, die Spielregeln sein sollen: zunächst ein urdemokratischer Impuls. Bezweckt ist kein Euphemismus, sondern Herrschaft durch Sprache. Wertneutrale Begriffe sollen verhindern, daß Minderheiten nicht nur die eigene Machtlosigkeit, sondern auch den in Worte gefaßten Spott der Mehrheit ertragen müssen. Das Ideal ist auf Konsens ausgerichtet. Spalterische, polarisierende, ausgrenzende Worte sollen getilgt und durch Begriffe ersetzt werden, die in der Benennung selbst eine Gleichwertigkeit der benannten Minderheit und der die neue Bezeichung benutzenden Mehrheit erkennen lassen. Man will sicherstellen, daß Respekt ausbricht, wo bislang latenter oder offener Haß dominierte, und das geschieht mit wechselndem Erfolg seit Mitte der 80er Jahre.

Politische Korrektheit normiert nicht nur, sie kritisiert auch. PC ist nicht nur ein Lexikon für Umbenennungen, sondern auch ein Maßstab zur Beurteilung von sozialen und kulturellen Äußerungen. Eine Oper, in der gezeigt wird, wie man einen Dunkelhäutigen schlecht behandelt, ist rassistisch. Kolumbus entdeckte nicht als wagemutiger Fahrensmann eine neue Welt, er unterjochte von eurozentristischer Arroganz getrieben indianische Ökopaxe; alle Krankheiten der alten Welt hatte er gleich mit im Gepäck. Die Ahnengalerie einer Hochschule ist sexistisch, wenn sie nur die Porträts toter weißer Männer zeigt. Deutsche Banknoten waren patriarchalisch bis zu dem Zeitpunkt, als Clara Schumann und andere Frauen ihren Einzug in den Geldbeuteln hielten. Kinderbücher sind kulturimperialistisch, wenn Negerkinder Baströckchen tragen. Die weltweit ausgestellten Fotos von Steve Hilton-Barber aus Südafrika sind ethnovoyeuristisch, weil nackte Sotho-Knaben bei ihren Initiationsriten der Gegenstand der Abbildung sind. Die düsteren Hyänen in dem Disney-Kinofilm *Der König der Löwen* werden angeprangert: Sie stellen eine Verhöhnung der Schwarzen dar. Aus den Seminarräumen der Universität von Pennsylvania wird eine Reproduktion von Goyas *Nackte Maja* verbannt, weil Maja nackt und eine Frau und der Maler ein Mann ist. In Berkeley in Kalifornien erblickte die Kellnerin Barbara 1991 an einem Einzeltisch einen Kunden ihres Imbißladens, der im *Playboy* las. Barbara war entsetzt und schockiert und weigerte sich, den Kunden zu bedienen. Das öffentliche Lesen des *Play-boy* in der Gegenwart einer Frau sei eine indirekte Form von Vergewaltigung. Barbara und ihr Geschäftsführer warfen den Gast aus dem Lokal. Hatte er das *Centerfold* ausgeklappt? Nein, er hatte einen Text über den Bürgerrechtskatalog in der amerikanischen Verfassung, die *Bill of Rights*, gelesen. Plötzlich tauchte im Zusammenhang mit dem Korrekten der Begriff der Gedankenpolizei auf, die Handlungen und Sprache nach Kriterien begutachtet, die nicht hinterfragbar sind und so formalistisch und willkürlich erscheinen wie die Richtersprüche der Inquisition. Die Gedankenpolizei trägt keine Uniform, aber sie handelt unnachsichtig. Sie verlangt keine Ausbildung. Ihr Trainingscamp ist ein Milieu, das sich aufgerufen fühlt, dem vermeintlich Korrekten überall Geltung zu verschaffen: junge Helden der Revolution, gestählt in ihrer Rechthaberei durch das Wissen um die eigene Macht.

Die Politik des Eiferns

PC ist die Extrapolation von im Kopf gespeicherten Verdachtsmomenten. Archaische Verletzungen - tatsächliche, eigene, fremde oder angemaßte - werden in Maßstäbe der Kulturkritik übersetzt. Die Politische Korrekheit geht davon aus, daß es Wiedergutmachung geben kann und muß, und daß alle gerne Opfer wären. Sie ist der Endpunkt der Linie, die weg von der Geschichtsschreibung anhand von Königshäusern und Heerführern strebt. Stattdessen nimmt man die neue Überzeugung auf, daß die Schwachen die Interessanteren sind. PC ist ein Kult des Opfertums, geboren aus dem Gefühl heraus, daß in den reichen 80er Jahren des Reaganschen Amerikas doch nicht alles so strahlen konnte, wie der Glanz es vermuten ließ. Die vermeintlich Ausgegrenzten sollen nun die Relikte ihrer Opferrolle in der Sprache entdecken und umkehren. In diesem Reich ist jener der Gute, dem es stets schlecht geht. PC ist der Versuch der Opfer, mit der Sprache der Täter auch die Täter selbst an den Pranger zu stellen. Doch das Überwinden beschränkt sich eben nicht nur auf das Symbolische, indem dem Täter die Sprache geraubt wird. Es wird gehandelt. Barbaras Kunde wurde aus dem Imbiß verbannt und bekam nichts zu essen. Steve Hilton-Barbers Fotos hatten zwei Anschläge (teilweiser Diebstahl, Beschmierung, Zerstörung, Graffiti-Ergänzungen) zu ertragen. "Rassistische" Märchenbücher werden aus öffentlichen Bibliotheken entfernt. Mark Twains *Huckleberry Finn* verschwand von den Leselisten amerikanischer Schulen, weil das Wort "Nigger" darin vorkommt.

Nach ein paar Jahren ging es in den Vereinigten Staaten nicht länger nur um Regelungen, sondern um Sanktionierungen. Die Kritiker der Politischen Korrektheit erkannten eine seltsame Allianz. Gegen staatlich geförderte Gemälde-Ausstellungen, bei denen auch nackte Frauenkörper in Öl zu sehen waren, protestierten gleichzeitig und mit einem fast identischen Vokabular fundamentalistische Rechtsausleger und linksalternative Frauengruppen. Die ersten billigten dem Staat keine Rolle bei der Unterstützung der Künste zu, lehnten Steuergelder für debile, linke, großstädtisch-dekadente und vermutlich auch noch jüdische Pseudo-Künstler prinzipiell ab und sahen zentrale amerikanische Glaubenssätze wie den der öffentlichen Moral untergraben, wo Maler Nacktes malen. Die Radikalfeministinnen entdeckten in den Nackten eine typisch männliche Position: Frauen als Objekt. Im Verein wurde zensiert. Ähnliche Allianzen gab es auch zwischen Schwarzen und Rechten. Ein junger linker schwarzer Studenten-Parlamentarier an der Stanford-Universität beschwerte sich darüber, daß "wir der Redefreiheit nicht so viele Beschränkungen auferlegen, wie wir sollten". Er wollte *hate speech*, Haßreden gegen Minoritäten, sanktionieren. Monatelang debattierte eine US-Hochschule in Pennsylvania, ob ein jüdischer Student, der einige vor seinem Fenster lärmende schwarze Kommilitoninnen "Wasserbüffel" geschimpft hatte, von der Schule zu weisen sei. Eine Schiedskommission bestand nur auf einer Entschuldigung, schließlich sei der angeführte Wasserbüffel ein asiatisches und kein afrikanisches Tier und könne daher gar nicht als rassistisch motivierte Attacke auf die schwarzen Studentinnen gemeint sein.[9] (Herbeigerufene Etymologen fanden zu allem Überfluß heraus, daß der schimpfende, erst vor kurzem aus Israel in die USA eingewanderte Student mit großer Wahrscheinlichkeit ein hebräisches Schimpfwort schlicht falsch übersetzt und eigentlich "Dummkopf" oder "Idiot/Idiotin" zu brüllen beabsichtigt habe.)

Ganz ähnlich wie die linken Sanktionierer der *hate speech* argumentierten auch die Gegner der Liberalisierung der 70er Jahre. Der republikanische Kongreßabgeordnete Jim Inhofe sagte: "Es kommt die Zeit, da die Redefreiheit nicht mehr den besten Interessen unseres Landes dient, und diesen Punkt haben wir nun erreicht." Ein Kristallisationspunkt der rechten Zensur ist die Frage, ob Amerikaner ihre Flagge verbrennen oder den Fahneneid verweigern dürfen. Weitere Schnittpunkte, wo "Paläo-Konservative und PC-Therapeuten am selben Strang ziehen",[10] sind beispielsweise Fragen künstlerischer Freiheiten: die Ausstellungen von geförderten Malern oder Fotografen der *National Endowment for the Arts*, der bundesweiten Stiftung zur Förderung des künstlerischen Nachwuchses, oder die Texte von Rockbands, schließlich die Frage der Gewaltdarstellung im Fernsehen. Die einen wollen moralisch richtige Zustände. Die anderen zumindest die richtigen Opfer.

Die Rechte baut längst ihren eigenen Code der Korrektheit auf. Robert Hughes, einer der scharfzüngigsten Kulturkritiker Amerikas und als gebürtiger Australier zudem mit einem gesunden Maß an Abstand ausgestattet, nennt die rechte Wertehaltung "patriotische Korrektheit".[11] Diese verlangt das Bekenntnis zu "family values" (Familienwerten), dem "pledge of allegiance" (Fahnen- bzw. Treueeid), der Flagge, dem Amerikanischen an sich. Rechts sanktioniert die Politische Korrektheit ebenso schematisch wie links. Rechts-PC richtet sich notwendigerweise oft gegen das, was Links-PC als Gewinn gilt. Links verehrt doppelt belastete Frauen, die Hausfrau, Mutter und berufstätig sind. Rechts baut Zwangs-Schutzräume für das angeblich schwache Geschlecht auf. Beide Haltungen haben ihre Helden. So wurde im Amerika des Jahres 1990 aus der linken Verteidigung alleinstehender Mütter bei den Rechten der Kreuzzug des damaligen Vizepräsidenten Dan Quayle gegen etwas, was es gar nicht gab: gegen die Fernseh-Fiktion *Murphy Brown*, eine populäre Serienheldin, Erfolgsfrau und Journalistin, die ihr Filmkind im Film selbst großziehen will. Ähnliches tat sich im Präsidentschaftswahlkampf 1988. Aus der Politischen Korrektheit von links wird in der rechten Umkehrung ein Angriff auf Mike Dukakis, den demokratischen Präsidentschaftskandidaten aus dem Neuenglandstaat Massachusetts. Die Republikaner schoben ihm die Verantwortung für die Schandtaten eines schwarzen Freigängers zu, jenes Willy Horton, der ohnedies bald freigekommen wäre und zudem Nutznießer eines Bundesprogramms war. Doch das Eintreten für Willy Horton verletzte die rechte *sine qua non* Bedingung, "tough on crime" (hart gegen das Verbrechen) zu sein, also wurde Dukakis als Verletzer eines fundamentalen Glaubenssatzes geoutet.

Die produktive Seite der rechten Bewegung in den USA beschränkte sich auf den Versuch, der Schöpfungswissenschaft, dem *creationism*, mit denselben Argumenten Gleichwertigkeit in der Schulbildung zukommen zu lassen, wie die Linke dies bei der Neuaufteilung des akademischen Bürokratie- und Stellenkuchens für Afrozentrismus oder *gay and lesbian studies* forderte.

Ähnliche Negativkampagnen haben die deutschen Politiker ihrem Wahlvolk noch nicht zugemutet. Die CDU ist von der Linken noch nicht durch die Überblendung von Kohl-Auftritten mit einem Neonazi-Aufmarsch und die SPD von der Rechten noch nicht durch die Gleichsetzung von Scharping mit Fixern in der Frankfurter City verunglimpft worden. Erste Ansätze zeigten sich jedoch, als aus der konservativen Ecke Kritik an der ARD-Serie *Lindenstraße* laut wurde: Ein Problemfall aus der Kombinationskiste Aids/schwul/kriminell/Drogen/Kindesmißhandlung pro Wohneinheit sei zu hoch und die so angeblich abgebildete Wirklichkeit eine überzeichnete Fratze.

Irgendwann "wimmelte es in Amerika nur so vor Anlässen, bei denen ein Mensch einem anderen den Mund verbietet und dann leugnet, daß die Meinungsfreiheit dadurch in irgendeiner Weise eingeschränkt würde", warnt der Kulturkritiker Hughes.[12] Die Debatte wurde zum Streit um die Grundwerte der Rede- und Meinungsfreiheit. Ganz ähnlich strukturierte sich die Diskussion in Deutschland. Linke Eiferer schrieben fest, was gut zu sein hatte. "Schwarzer" statt "Neger" zu sagen - da zog die Mehrheit mit. Krach gab es, als nicht mehr Wörter, sondern historische Bewertungen, ganze Argumentationslinien oder gar die Publikation einer Meinung in der Nachbarschaft einer falschen, inkorrekten Meinung zum sanktionswürdigen Tatbestand erklärt wurden. "Neue Denkverbote - vom Terror der Gutwilligen" titelte die *Neue Rundschau*.[13]

Vom Historischen der Historie

In dem Maße, in dem die Debatte über PC eine Diskussion über die Zulässigkeit oder Unzulässigkeit von Einschränkungen der Meinungsfreiheit wurde, schob sich zwangsläufig jener Inhalt ins Zentrum, der am ehesten geeignet ist, Meinungs-Pluralität aufgrund der Empfindlichkeiten der jeweiligen Gesellschaft nicht zuzulassen. Den beiden amerikanischen Kerndomänen der Politischen Korrektheit, Rasse und Geschlecht, trat in Deutschland zwangsläufig eine dritte hinzu: die eigene Vergangenheit. Während in Amerika die Frage, ob Neger dümmer oder Frauen unterwürfiger sind, das absolute Tabu berührt, ist es in Deutschland die Frage, ob Juden reicher oder Bolschewiken böser als Nazis sind. Gemessen an den Paria-Zonen des öffentlichen Bewußtseins mußte ein halbes Jahrhundert nach dem Zweiten Weltkrieg dessen Vorgeschichte zum primären Gegenstand deutscher Korrektheit werden. Schuld wird von den Tätern auf die Sprache der Kinder übertragen. Deshalb schließen sich in den USA die Kinder weißer Sklavenhalter zu Gruppen wie "Frauen mit dem Privileg weißer Hautfarbe kämpfen gegen Rassismus" (existent unter anderem am Antioch College im Bundesstaat Ohio) zusammen und kasteien sich für die Peitschenhiebe auf die schwarzen, nackten Rücken der Sklaven ihrer Urahnen. Deutsche haben schon lange keine Sklaven mehr. Sie kasteien sich für die Schuld der Vorväter, den Nationalsozialismus schweigend oder aktiv mitgetragen zu haben. Politische Korrektheit entspricht in Deutschland damit oft einer "Historischen Korrektheit" (HK).

Beiden Zeiterscheinungen, der Politischen Korrektheit Amerikas wie der Politisch-historischen Korrektheit Deutschlands, sind zwei Wesenszüge gemein. Thematisch kümmert sich PC um die Regelung potentieller Spaltthemen im Zentrum des Selbstverständnisses einer Gesellschaft. Die Sollbruchstelle wird zusammengenietet. Methodisch bemüht sich PC um das Festschreiben eines ehemals linken Konsenses für die breite neue Mitte. Da die Selbst-Legitimation auf der angemaßten Vertretung von Opfern und Minderheiten beruht, kommt PC hüben wie drüben mit einem moralischen Absolutheitsanspruch daher, der die Gültigkeit von PC als universelles Versöhnungs-konstrukt behauptet. Genau hier wird unsere Kritik ansetzen, was den undemokratischen Charakter von PC angeht: die all-umfassende Integrationsideologie PC verletzt, was als Subsidi-aritätsprinzip die Grundlage demokratischer Selbstorganisation ist. Subsidiarität delegiert Verantwortung. PC usurpiert Rege-lungsbefugnis. Subsidiarität ist dezentral-demokratisch: Pro-bleme werden auf der niedrigsten aller möglichen Ebenen ge-löst. PC saugt an sich, PC absorbiert, PC stülpt der Gesellschaft als Ganzem Versöhnungstheorien über. PC verspricht umfas-sende Heilung, Demokratie - bestenfalls - heilende Verfahren.

Daß sich verwandte Gedankenkonstrukte im regulierungs-süchtigen Deutschland und im individualistischen Amerika parallel, nur durch die übliche Zeitverschiebung getrennt, ent-wickeln konnten, scheint nur auf den ersten Blick ein Wider-spruch zu sein. Zwar müßten die USA über die "besseren Im-munkräfte gegen die soziale Wucherung von PC" verfügen, und Deutschland ist "sozial-genetisch spezifisch anfällig", was "dieselbe Pflanze in deutschem Boden noch erheblich giftiger" macht, wie es der Dramatiker und Diplomat Tilman Hanckel formuliert hat.[14] Doch darf nicht übersehen werden, daß beide Gesellschaften ihre ausgeprägten Anfälligkeits-Terrains haben. Amerika, wo das pragmatische Fehlen von Staats-Ideologie ideologisch überhöht wird, bedarf gerade der PC-artigen, in-formellen Umarmungsstrategien. Die amerikanische Resistenz gegen Regulierung schließt die Wahrnehmung von PC als Re-gulierung tendenziell nicht ein, sondern aus, weil PC nicht die Kategorien "böser" Regulierung in sich trägt: Washington, Staat, Bürokratie, Gesetze. Umgekehrt ist PC den Deutschen eine noch willkommenere Form der Regulierung, weil ihr die zusätzliche Legitimation des "Linken", "Bürgerbewegten", "Neu-sozial-von-unten-Kommenden" anhaftet.

Noch bevor der Begriff Political Correctness in den Vereinigten Staaten etabliert war, rührte sich sein deutsches Pendant, die Historische Korrektheit. Unter diesem Vorzeichen wurde der Kampf zwar nicht geführt, aber im Rückblick muß man den *Historikerstreit* als erste große, von Experten und Kommentatoren mit einem dogmatischen Verbindlichkeitsanspruch ausgetragene Auseinandersetzung um die Interpretation deutscher Vergangenheit und damit Deutschlands Zukunft begreifen. Begonnen hatte die Diskussion mit einem Vortrag des Berliner Historikers Ernst Nolte, den er 1986 bei den Frankfurter Römerberg-Gesprächen halten wollte, aber nicht durfte. Der Titel lautete: *Die Vergangenheit, die nicht vergehen will. Auseinandersetzung oder Schlußstrich?* Der Vortrag wurde von der *Frankfurter Allgemeinen Zeitung* kurz darauf abgedruckt. Der unbequeme Ernst Nolte, der mit seinem Buch *Der Faschismus in seiner Epoche* Aufsehen erregt hatte, stellte Fragen zur "Vergleichbarkeit" von Bolschewisten und Nationalsozialisten und zur Ursache und Wirkung, zum "kausalen Nexus" zwischen den Verbrechen in der Sowjetunion und den NS-Verbrechen:

"Vollbrachten die Nationalsozialisten, vollbrachte Hitler eine 'asiatische' Tat vielleicht nur deshalb, weil sie sich und ihresgleichen als potentielle oder wirkliche Opfer einer 'asiatischen' Tat betrachteten? War nicht der 'Archipel Gulag' ursprünglicher als Auschwitz? War nicht der 'Klassenmord' der Bolschewiki das logische und faktische Primus des 'Rassenmords' der Nationalsozialisten ... Rührte Auschwitz in seinen Ursprüngen aus einer Vergangenheit her, die nicht vergehen wollte?"[15]

Die Replik kam von der *ZEIT,* nur wenige Wochen später. Der Frankfurter Sozialphilosoph Jürgen Habermas griff die seiner Meinung nach "apologetischen Tendenzen in der deutschen Zeitgeschichtsschreibung" scharf an. Für ihn war Noltes These der Versuch, ein "vereinheitlichtes Geschichtsbild" zu konstruieren, um damit "Religionsersatz" zu stiften:

"Die Nazi-Verbrechen verlieren ihre Singularität dadurch, daß sie als Antwort auf (heute fortdauernde) bolschewistische Vernichtungsdrohungen mindestens verständlich gemacht werden. Auschwitz schrumpft auf das Format einer technischen Innovation und erklärt sich aus der 'asiatischen' Bedrohung durch einen Feind, der immer noch vor unseren Toren steht."[16]

Dieser *ZEIT*-Artikel enthielt Unterstellungen und Angriffe gegen Nolte, die sich in den folgenden Monaten zu einer Offensive linker Historiker und Soziologen (Habermas, Hans-Ulrich Wehler, Jürgen Kocka, Eberhard Jäckel) gegen die von ihnen als "Viererbande" diffamierten Historiker Nolte, Andreas Hillgruber, Klaus Hildebrand und Michael Stürmer ausweiten sollte. Es wurde ein Streit zwischen Anti-Revisionisten und Revisionisten, gekennzeichnet durch eine bestimmte Lagermentalität. Die 68er waren, wenige Jahre nach der von Helmut Kohl proklamierten "Wende", zur Verteidigung ihrer Geschichtsinterpretationen in Stellung gegangen. Sie wollten nicht akzeptieren, daß Interpretation, Revision und Neuinterpretation ein normaler Vorgang in der Geschichtswissenschaft ist, so wie die von ihnen benutzte Dialektik, bestehend aus These, Antithese und Synthese. Für sie war "Revision" ein *dirty word*, denn es bedeutete für sie die Negierung der "Einzigartigkeit" der NS-Verbrechen, eine Feststellung, die der Nestor der deutschen Politikwissenschaft, Karl Dietrich Bracher, bereits 1982 in seinem Werk *Zeit der Ideologien* relativiert hatte, als er feststellte, daß der Sowjetkommunismus das NS-Terror- und KZ-System der Massenliquidierung "inspiriert" habe.[17] Ernst Nolte, obwohl ihm dies immer wieder vorgeworfen wurde, hatte nie die Singularität der Jahre 1933-1945 geleugnet ("Die Gewalttaten des Dritten Reiches sind singulär ... nach Motivation und Ausführung ohne Beispiel.").[18] Der linke Historiker Immanuel Geiss wurde im Historikerstreit zum neutralen Schiedsrichter, der vor *simplificateurs terribles* der einen oder anderen Richtung warnte. Zugleich nahm er die konservativen Historiker vor den Attacken "konstitutioneller Kommunisten" wie Habermas in Schutz:

"Ihr hypersensibilisierter Anti-Faschismus, der in der Bundesrepublik überall das Gras des Faschismus wachsen hört, ... wirft somit über unsere Gesellschaft ein weites Netz ideologischer

Sippenhaft nach rechts und links ... . In ihrer Konsequenz zerstören daher Habermas und Augstein, ob sie wollen oder nicht, unsere Gesellschaftsordnung, weil sie durch ihre Art der Attacken die Polarisierung weiter eskalieren ... Gewiß dürfen die Deutschen Auschwitz nie vergessen, und sie sollten ... es sogar zu einem Ansatzpunkt für die Gewinnung einer positiven kollektiven Identifizierung mit ihrer Gesellschaft machen. Aber das geht nicht ohne historische Einordnung des an sich Unfaßbaren, ohne historische Vergleiche und damit ohne eine gewisse Relativierung."[19]

Im Verlauf der Auseinandersetzung überlagerte die politische Dimension die wissenschaftliche. Die Historisierung, also die nüchterne Einordnung der NS-Zeit in die deutsche Gesamtgeschichte, unter Zurücklassung moralischer Wertungen, blieb für die Linkshistoriker inakzeptabel. Sie wurden zu "moralischen Exekutoren" (Geiss) mit einem Monopol auf die Interpretation der deutschen Zeitgeschichte, vergessend, daß nachgewachsene Generationen immer mehr von den Gefühlen und Traumata ihrer eigenen Epoche als von der vergangenen bewegt werden. Die Auswirkungen des Disputs sind nach Ansicht von Ernst Nolte noch heute zu spüren:

"Die Wurzel der spezifisch deutschen Frageverbote ist nicht die deutsche Vergangenheit als solche, die bei aller legitimen Vorherrschaft der Kritik am Nationalsozialismus von Hitlers NSDAP zu einem möglichst vielfältigen Fragen und Nachdenken herausfordern sollte, sondern eine bestimmte Auffassung dieser Vergangenheit, nämlich die These, daß der Nationalsozialismus ein 'deutsches' Phänomen gewesen sei. Diese These vom 'absoluten Bösen' kann eigentlich nur von denjenigen vertreten werden, die im Besitz der absoluten Wahrheit zu sein glauben. Im Grunde waren das nur die Kommunisten, aber gerade seit dem Untergang der kommunistischen Regime in Europa hat sich diese Auffassung in unterschiedlicher Stärke auf nahezu die gesamte Linke ausgeweitet. Von daher rührt die heftige und nervöse Polemik gegen alle Versuche einer 'Historisierung' des Nationalsozialismus, obwohl doch Historisierung immer auch die genauere Herausarbeitung von Differenzen bedeutet. Diese Grundeinstellung hat in den letzten Jahren durch große Kampagnen an Kraft gewonnen, die sich gegen eine angebliche 'Fremdenfeindschaft der Deutschen' richten, letzten Endes aber auf die Beseitigung der deutschen historischen, d.h. vergangenheitsgeprägten, vielfältigen und sich entwickelnden Identität als eines Hindernisses für die erstrebte Weltgesellschaft 'ohne Klassen und ohne Nationen' abzielen. So wurde es möglich, daß in Deutschland reine Meinungsäußerungen, die nicht mit beleidigenden Absichten verknüpft sind und sich auf die Form 'Ich glaube, daß ...' bzw. 'Ich glaube nicht, daß ...' bringen lassen, mit schweren Freiheitsstrafen bedroht werden. Das impliziert die Annahme, daß für die unbestreitbaren Untaten des Nationalsozialismus nicht gelte, was für alle bewegenden Ereignisse bis hin zu Schiffsunglücken und Brandkatastrophen gilt: daß nicht nur von den Zeugen widersprüchliche Aussagen gemacht werden, sondern daß sich um einen Kern des Wirklichen ein mehr oder weniger starker Kranz von Übertreibungen, Legenden, Phantasien und auch propagandistischen Intentionen bildet. ... Dabei liegt die Vermutung nur allzu nah, daß man den Revisionismus stärkt, wenn man die Revisionisten zu Märtyrern macht."[20]

Diese historischen Scheuklappen gibt es in Großbritannien nicht. Der renommierte britische Historiker Alan Bullock legte 1991 ein monumentales Werk von mehr als 1.000 Seiten vor, das in Deutschland nicht hätte erscheinen können: *Hitler and Stalin - Parallel Lives*. In seinem Buch zeichnet Bullock den Aufstieg, die Machtergreifung, den Machterhalt und die Folgen des Lebens der beiden Gestalten, die wie keine anderen den Gang der Geschichte im 20. Jahrhundert beeinflußt haben, bis über ihren Tod hinaus. Der politischen Theorie des Totalitarismus folgend markiert der Historiker Parallelen und stellt damit die beiden Verbrecher auf eine Ebene. Zur deutschen Übersetzung des Buches schrieb *DIE ZEIT* richtig:

"Ein paar Jahre zuvor hätte es hierzulande schwerlich verlegt werden können, wäre es doch nach dem 'Historikerstreit' sogleich dem Verdikt verfallen, es wolle die Verbrechen des Nationalsozialismus relativieren. Zu verbreitet war damals noch die Scheu, die beiden totalitären Regimes nicht nur in ihren Funktionen zu vergleichen."[21]

Bullock geht tatsächlich unbefangen an den logischen Vergleich heran; eine "Karte der Hölle" zeigt sowohl die NS-Konzentrationslager wie auch die Arbeitslager in der Sowjetunion. Einen Vergleich der Verbrechen, bei aller "Einzigartigkeit" der systematischen Vernichtung der Juden, hält er für "legitim".[22] Auch hier gilt wie in jedem anderen Punkt der Debatte über Historische Korrektheit: diese Meinung muß man nicht teilen; man sollte sie aber auch nicht verbieten oder ihre Autoren verdammen.

Redegebot

Am 10. November 1988, zum 50. Jahrestag der sogenannten *Reichskristallnacht*, hielt Bundestagspräsident Jenninger vor dem Deutschen Bundestag eine Rede. Sie endete, wie man weiß, mit einem Schock. Etwa 50 Bundestagsabgeordnete der Grünen und der SPD verließen unter Protest den Plenarsaal, um gegen die ihrer Meinung nach den Nationalsozialismus entschuldigende Rede zu protestieren. Ein Aufschrei ging durch die Medien und die Öffentlichkeit. Zwei Tage später trat Jenninger von seinem Amt zurück.

Der Historikerstreit war die erste theoretische, wissenschaftliche und essayistische Ausformung der Historischen Korrektheit. Bundestagspräsident Jenninger war das erste reale Opfer der historisch Korrekten. In gewisser Weise war die Diskussion über seine Rede eine Vorwegnahme der Debatte um den CDU-Präsidentschaftskandidaten Steffen Heitmann fünf Jahre später. Liest man die Rede heute, so beeindruckt sie durch Direktheit. Revanchismus sucht man vergebens. Unverständlich ist die Erregung, die damals viele Menschen ergriff.

"Für das Schicksal der deutschen und der europäischen Juden noch verhängnisvoller als die Untaten und Verbrechen Hitlers waren vielleicht seine Erfolge,"

sagte Jenninger.

"Die Jahre von 1933 bis 1938 sind selbst aus der distanzierten Rückschau und in Kenntnis des Folgenden noch heute ein Faszinosum insofern, als es in der Geschichte kaum eine Parallele zu dem politischen Triumphzug Hitlers während der ersten Jahre gab. Wiedereingliederung der Saar, Einführung der allgemeinen Wehrpflicht ... Besetzung des Rheinlandes, Olympische Sommerspiele in Berlin ... Für die Deutschen, die die Weimarer Republik überwiegend als ein Abfolge außenpolitischer Demütigungen empfunden hatten, mußte dies alles wie ein Wunder erscheinen ... War er nicht wirklich, von der Vorsehung auserwählt, ein Führer, wie er einem Volk nur einmal in tausend Jahren geschenkt wird?"[23]

"Faszinosum" - dieser Begriff hat Jenninger damals erledigt. Dabei waren die Aussagen im vorausgegangenen Teil der Rede zweifelsfrei von Demut gegenüber den Opfern und Anklage gegenüber den Deutschen erfüllt ("Was sich heute vor 50 Jahren mitten in Deutschland abspielte, das hatte es seit dem Mittelalter in keinem zivilisierten Land mehr gegeben ... Alle sahen, was geschah, aber die allermeisten schauten weg"). Vorzuwerfen war Jenninger das Stilmittel der "erlebten Rede". In weiten Teilen der Rede häuften sich ironische Sätze. Natürlich teilte der Redner eine solche Meinung nicht ("War er nicht wirklich von der Vorsehung auserwählt?"). Das ließ sich aber nicht aus den Sätzen, sondern nur aus dem Kontext entschlüsseln. Jenninger hatte sich damit als "Schöngeist im absolut unpassenden Augenblick entpuppt"[24], nicht aber als verkappter Nazi.

Selbst die *taz* konnte die anschließende Verdammung nicht nachvollziehen:

"Stellen wir uns einmal vor, ein bei Linken, Grünen und anderen guten Menschen anerkannter Linker, Antifaschist oder gar Jude hätte diese Rede gehalten. Dann wäre niemand auf die Idee gekommen, der Redner identifiziere sich bei dem Versuch, das Denken der Mehrheit der Deutschen vom Jahr 1938 darzustellen, mit diesem Denken. Weil es aber ein Vertreter einer Partei gesagt hat, die bekanntlich nicht viel für die 'Bewältigung der Vergangenheit' getan hat, deswegen darf von Journalisten, Historikern und Psychoanalytikern unterstellt werden ..., daß er noch viel mehr (nämlich Sympathie für die NS-Verbrecher) meint, es aber nicht offen ausspricht ... Solch eine Reaktion kann spontan beim

Hören der Rede passieren (obwohl das ja nicht sein muß), beim zweiten Nachdenken ist mehr zu erwarten. Ich habe die ganze Rede gelesen und finde bis heute nicht den Schatten eines Beweises dafür, daß Jenninger die NS-Verbrechen verharmlost oder entschuldigt hat."[25]

Es kommt nicht darauf an, was gesagt wird, sondern wer etwas sagt. Der Kniefall Willy Brandts erscheint heute rückblickend als politisch korrekt, während der Händedruck von Helmut Kohl und Präsident Mitterrand bei einer Gedenkfeier für die Gefallenen beider Seiten auf dem Schlachtfeld von Verdun als politischer Atavismus verunglimpft wurde. Als während der Asyldebatte der Vorschlag von grenznahen "Lagern" aufkam, ging ein Aufschrei der Empörung durch das Land. Nicht aber, als Altbundeskanzler Schmidt 1992 in einem Interview mit der *Frankfurter Rundschau* genau dies einforderte: "Weswegen müssen die über das ganze Land verteilt werden, auf Schulhöfen, in der Großstadt? ... Es ist jedenfalls besser ... [Sammellager einzurichten], als sie den Familien in die Wohnung zu setzen".[26] Was politisch korrekt ist, hängt oft davon ab, ob der Betroffene Sympathie genießt oder nicht. Es ging beim Auftritt Jenningers gar nicht um die Rede, denn die Störungen und Zwischenrufe begannen schon während der Einleitungsworte. Man wollte die Person Jenninger nicht reden hören, nachdem die ältere jüdische Schauspielerin Ida Ehre die erschütternden Verse von Paul Celan aus der Todesfuge vorgetragen hatte: "Warum als Redner Philipp Jenninger und nicht Heinz Galinski?", fragte der Publizist und führende Tugendwächter Ralph Giordano.[27] Jenninger fand nur ungenügende Betroffenheits-(leer)formeln, die "Grünen [aber] sind auf bestimmte Schlagworte ausgerichtet," schrieb der *Rheinische Merkur* in seiner Analyse der Rede, "wenn diese nicht kommen, gleiten sie in ihr Protestritual ab."[28] Beim *Stern* wurde daraus die bekannte "Unfähigkeit zu trauern" (Margarete Mitscherlich), womit man mit dieser absichtlichen Mißinterpretation in etwa das Niveau des *Neuen Deutschland* erreichte ("So muß sein Prolog wie ein Loblied auf ein historisches Vorbild wirken, das er durch Rechtsbrüche und Verbrechen als unnötig befleckt sah"[29]). Die

International Herald Tribune brachte das Problem in einer Überschrift auf den Punkt: "Westdeutsche debattieren über ihre Tabus". Jenninger habe die "ungeschriebenen Codices verletzt", so die Zeitung, "die jede Behandlung der Vergangenheit regeln".[30] Er hatte auf das Auflegen einer historisch korrekten Sprachschablone verzichtet. In den Wochen nach seiner Amtsniederlegung erreichten Jenninger Tausende von Briefen; 90 Prozent der Schreiber äußerten sich zustimmend zu seiner Rede.

Das Verwittern der Freiheit

In beiden Sparten ihres Wirkens, bei der Kanonisierung guter Ersatzworte wie bei der Austreibung falscher Denkmuster, ist Politische Korrektheit zunächst eine "Chiffre des Bescheidwissens", so der Amerikanist Gert Raethel.[31]

> "PC bedeutet: Aussagen, die nach einem liberalen, oder besser linksliberalen Gutdünken anstößig wirken, haben zu unterbleiben. Zum Beispiel gilt dies für Äußerungen, die als rassistisch, antifeministisch, behinderten-, alten- oder schwulen-feindlich verstanden werden könnten."[32]

Die sanfteste Kritik an PC sieht in der Sprachreinheitsverordnung so etwas wie ein linguistisches Lourdes. "Man taucht die Gebrechen der Menschen und die Übel der Zeit in die Wässer des Euphemismus", schreibt Raethel im *Tagesspiegel*. Diese Kritik greift zu kurz, da ihr nur am Herzen liegt, die Unangemessenheit der neuen, verharmlosenden Begriffe im Angesicht der schlimmen Wirklichkeit hervorzuheben. Die Übel bleiben statisch schlimm und werden nur überdeckt, sagt Raethel. Diese Kritik hat ungefähr das Niveau jener, die behaupten wollten, daß die DDR gescheitert ist, weil die Umwandlung des Begriffs "Engel" in "Jahresendflügelfigur", von "Bienenkönigin" in "Bienenmutter" und jene von "Fahne" in "Winkelement" nicht ausreichend war, um christliche und nationalistische Elemente auszumerzen. Es fehlt die Erkenntnis, daß sich mit der Motivation der Umbenennung auch ein neues Objekt ergibt. Der Afro-Amerikaner ist nicht der Neger von gestern. Raethel vergißt, daß auch Inhalte vertauscht werden. Die Hochachtung der Opfer-Geschichte statt der alten Historie von den Helden ist Wirklichkeit geworden.

Die schärfere Kritik an der Politischen Korrektheit zitiert Orwells *1984* und sieht die neue Sprache als Symptom eines entstehenden, vermeintlich gutmütigen, moralisch sich aufplusternden Totalitarismus. Diese Kritik wittert eine Gefährdung aller Maßstäbe, eine Fragmentierung der Kultur, einen Mord an den unverrückbaren Heroen der berechtigterweise eurozentrischen Hochkultur, die nunmal überwiegend weiß/männlich/tot sind. "Die Gesellschaft ist tribalisiert und trivialisiert. Heute geht es nur noch darum, das jeweils eigene Totem zu umtanzen", meint der Herausgeber der Literaturzeitschrift *Antioch Review*.[33] Kritiker wie er diagnostizieren einen Verlust jeder Basis, gerade auch im wissenschaftlichen Bereich. Schüler einer *high school* in den USA verweigerten im Biologieunterricht den Blick durchs Mikroskop, weil sie die "Privatsphäre" der zu untersuchenden Bakterien nicht stören wollten. Solch kuriose Aberrationen verdeutlichen auf drastische Weise, daß mit der Infragestellung althergebrachter Meßlatten dessen, was zulässig ist und was nicht, oft jeder Maßstab verloren geht.

Für die amerikanische Kultur lag und liegt darin eine Gefahr, die direkt ins Herz des amerikanischen Selbstverständnisses führt. Die offene, sich stets neu affirmierende und im Rahmen ihrer Grundprinzipien neu konstituierende Gesellschaft war lange vom Ideal des Schmelztiegels ausgegangen. Mit der Politischen Korrektheit wurde dieses Theorem nicht nur angegriffen, ihm wurde der Todesstoß versetzt. Daher sehen die Kritiker in PC nichts weniger als die Verkörperung all dessen, was zum Zerfall Amerikas führen muß. Politische Korrektheit als die dogmatische Festschreibung von Differenz, getarnt als Verteidigung der Rechte der Minoritäten, führe, so sagen die Kritiker von PC, zur Aufgabe des alles überwölbenden Prinzips der Integrations- und Assimilations*möglichkeit*. Niemand werde als Individuum schließlich gezwungen, gewisse kulturelle Prinzipien oder Traditionen zu übernehmen oder ihnen abzuschwören. Doch die individualistische Verfaßtheit Amerikas garantiere die Möglichkeit, sich so oder so, im Ganzen aufgehend oder eigenständige Herkunft betonend, zu definieren. Nun komme mit PC plötzlich die höchst undemokratische Idee der Zwangsmitgliedschaft in starr definierten Gruppen ins Spiel. Hier ist der Punkt, an dem Politische Korrektheit das Gegenteil von dem ist, was Europa als liberal betrachtet und was als Wirkmechanismus zentral demokratisches Procedere bestimmt: Das Individuum als Antrieb, Assoziierer, Entscheider eben auch über seine Assoziationen. Kulturelle Apartheid, die eine Zwangsmitgliedschaft in der jeweiligen Opfergruppe vorschreibt und diesen Verein dann mit dem drastischen Schlagwort der "Überlebenden" (*survivors of rape/harassment/abuse/racism* etc.) bezeichnet, tritt im Westen als Politische Korrektheit getarnt einen Siegeszug an: der Rückfall in den Ethno-Partikularismus à la Ex-Jugoslawien mit anderen Mitteln, die viel- und kleinstaatlerische Balkanisierung des Denkens, plötzlich und überall ganz neue Kulturen, endlose Sezessionen.

Seit dem Ende der 70er Jahre fordern amerikanische Sozialwissenschaftler eine Rückbesinnung auf Gemeinschaftswerte, auf Kollektives, und verstehen dies als Gegenkonzept zu linken Utopie-Enklaven.[34] Doch nicht einmal der verzweifeltste Kommunitarist aus den frühen Reagan-Jahren hätte wohl geahnt, daß das Bedürfnis nach das Individuum aufhebender Integration in starre Gruppen so stark sein könnte, daß es um 1990 herum, als der Kommunismus marxistisch-leninistisch-stalinistischer Prägung sich erledigt hatte, zur tiefen Sinnkrise dessen kam, was den demokratischen Widerpart der UdSSR immer ausgemacht hatte. Mit der Besinnung auf die Politische Korrektheit wurde der Westen seiner selbst überdrüssig. Nicht mehr seines Wohlstandes, das wurde von Hippies und Müslis abgehandelt. Nicht mehr seines ideologischen Kerns, das hatten die 68er erledigt. Jetzt geht es um eine Wertekrise des Westens, die tiefer geht. Sie betrifft die Verfaßtheit, das, was vom Staat beim Bürger ankommt, als was der Staat den Bürger sieht und gelten läßt: als Bürger oder eben nur als namenlosen Bestandteil einer die Individualität aufhebenden Opfergruppe. PC negiert die Existenz der Bausteine, aus denen die bürgerliche Demokratie sich ergibt und ableitet.

PC ist die erste große Konterrevolution gegen die Kultur der Moderne, gegen Vermassung und Atomisierung - viel mehr als die faschistoiden Modernisierungskrisen, die die späte erste Hälfte des Jahrhunderts gebracht hatten. Insofern ist PC angewandte Postmoderne: Zeichen sind größer als Inhalte, Inhalte verschwinden, verkümmern zum Zeichen des Opferstatus. PC ist so beliebt an den Universitäten, weil sich hier Post-Marxismus und Poststrukturalismus begegnen können, ohne länger über langweilige Themen wie Sozialgesetzgebung für Arbeitnehmer oder Entwicklungshemmnisse in Afrika beraten zu müssen. Nur findet sich diese neue Konflikttheorie, die sich gern um die "Konstituierung von Differenz" kümmert und daher den alten Marxschen Klassengegensatz beliebig duplizieren kann, gänzlich ohne jeden Sinn für die Fragwürdigkeit der Opferkriterien und Gruppen-Festschreibungs-Richtlinien wieder, derer sie sich bedient.

Wenn in Deutschland über Regionen oder Europa gestritten wird, dann wird der Streit ebenso vom Gedanken des Ausschlusses bestimmt wie in Amerika bei Debatten über Schwarze oder Amerikaner. Der Schmelztiegel hat noch kein Nachfolgebild erhalten, doch die Salatschüssel ist schon in der Diskussion. Die Einzelteile sind noch klar erkennbar, das ganze wird im Zusammenspiel erst delikat. Was das Bild leistet oder nicht, sei dahingestellt, wichtig ist: PC darf nicht zur leichten Ausrede werden für jene, denen eine simultane Identität als Frau, Bayer, Deutscher, Akademiker, Städter, Europäer und Asien-Freak zu komplex oder schlicht unbequem ist. Heute laufen Verknüpfungen anders als vor noch hundert Jahren, Weltkulturen haben viel größere Gesellschaftsbereiche erfaßt, vor allem durch die Populärkultur. Heute kann ein 17jähriger Mittelständler sich problemloser mit Gleichaltrigen und Gleichgestellten aus 100 Staaten der Welt über das, was 90 Prozent seiner Freizeit ausmacht, unterhalten, als mit den eigenen Eltern. Nur geht es denen mittlerweile innerhalb ihrer Alters- und Sozialschicht genauso, waren sie doch die erste Generation, die in den 60ern mit Welt-TV, -Musik, -Kino, -Mode aufwuchs. Daß in solchen Lebenswelten Identität schwierig zu fassen ist, leuchtet ein. PC ist ein Versuch, solchen Einflüssen der Vermassung durch

Rückzug in abgezirkelte Opferregionen zu entkommen. Fatal ist eben nur, daß selbst Opfer in der Demokratie solchen Gruppenschutz nicht brauchen sollten.

Es bildet sich noch eine weitere Umgangsweise mit dem Phänomen der Politischen Korrektheit heraus.

"Mit ihrer Orthodoxie und Rigidität gerät PC wohl eher in eine Sackgasse und macht sich selber zum Gespött. Und das ... sogar bei ihren 'Schutzbefohlenen' wie der schwarzen Ghettojugend, die ... trotzig das Schmähwort 'nigger' aus der Tabu-Schublade hervorzieht",

heißt es in einer der noch wenigen wissenschaftlichen Arbeiten über Politische Korrektheit in den USA, vorgelegt von der Journalistin Viola Schenz.[35] Man begann, über PC zu lachen. Man negierte ihre Tragweite. Irgendwann wurde die Doktrinlastigkeit zum Spottobjekt. Der Begriff wandelte sich. PC hieß nun: naiv-rechthaberisch, nett aber peinlich, beschränkt und bemüht, das Richtige tun zu wollen. Die Berliner *taz* befand gar, daß der Pfoten-Abdruck der Clinton-Katze *Socks* auf den Grußkarten von Frauchen und Herrchen, nahezu identisch mit dem *taz*-Logo, "mehr als politically correct" sei.[36] Um 1993 begannen die meisten, beim Begriff PC spöttisch zu grinsen. Ein Phänomen schien zur Lachnummer geworden zu sein, sich selbst erledigt zu haben. Aber es konnte diesen Anschein nur erwecken, weil allzuviel längst in die Tiefe des akzeptierten Umgangstones gerutscht war. Die Auswüchse zu verlachen hieß auch, die Frauenbeauftragte gut zu finden. PC lebte weiter. Leugnen half nichts.

'68, '89: Von deutschem Geist und deutschem Boden

Die Politische Korrektheit traf in Deutschland auf einen fruchtbaren Boden. Die Bundesrepublik bis 1989 war das Land der perfekten Selbstinszenierung, eine hermetisch abgeschlossene Gesellschaft, die von Demokratie und Offenheit reden konnte, weil beides nichts kostete, weil der Osten dicht und die Demokratie folgenlos blieb. Die Eliten Westdeutschlands hatten sich auf einen Wertekanon verständigt, der sich selbst perpetuierte. In der Fusion aus Wiederaufbau und '68, aus Adenauer und Brandt, war zur Mitte der 70er eine Gesellschaft entstanden, die sich durch den RAF-Terrorismus darüber hinwegtäuschen ließ, wie friedlich sie war. Statisch ging es zu im alten Westdeutschland. Helmut Kohl erfuhr dies, als er in seinen ersten Amtsjahren die Unverrückbarkeit des sozialdemokratischen Konsenses spürte. Es war ein fruchtloses Bemühen, die geistig-moralische Wende einzuleiten. Das System der Selbstlüge, das half, das Auftauchen Boris Beckers zum geschichtsmächtigsten Ereignis der 80er Jahre zu machen, war austariert und fintenreich. Belehrungen an die Nachbarn beschränkten sich auf linkspathetische Appelle, doch endlich wie die Deutschen die Gefährdung der Natur ernst zu nehmen und das Waldsterben als Menschheitsproblem anzuerkennen. Ein Land bildete sich ein, nadellose Tannen seien sein wichtigstes Problem. Und tatsächlich: *the Waldsterben* wurde zum linguistischen Exportschlager. Moralischer Rigorismus von links war entschuldbar, war doch jener moralische Rigorismus, der das Land zerstört hatte, von rechts gekommen. Langeweile war programmiert, Herausforderungen stellten sich nicht. Der Glaubenssatz, daß deutsche Verbrechen einzigartig seien, die Mission daher eine der Verhinderung zu sein habe, war unverrückbar. Daß Einzigartiges per definitionem nicht wiederholbar ist, störte nicht weiter. Deutschland war das Land der Abgrenzung von der eigenen Vergangenheit, das daher auch jeden Bezug zur Realität verlor. Deutsche Politik hatte die einzige Aufgabe des *self-containment* wider den latent lauernden Unhold. Kategorien nationalen Interesses, die anzuwenden die Außenpolitik nach 1989 jäh erforderte, waren zu gründlich abhanden gekommen, als daß die Bonner Republik 1994 hätte entscheiden können, ob man sich an UN-Einsätzen im ehemaligen Jugoslawien beteiligen sollte oder nicht.

Der historisch korrekte Umgang mit der eigenen Vergangenheit erledigte alles und besorgte viel. Die Sonderrolle, die ätherische Position im politischen wie geschichtlichen Niemandsland, tarnte sich als Westbindung, als Nicht-Sonderrolle, und war nur durchzuhalten, weil ohnedies niemand Ansprüche stellte. Noch war nicht die Zwangseinsicht über die Westdeutschen gekommen, daß die DDR deutscher war, weil von '68 verschont. Natürlich bedurfte das System der zufriedenen Statik der Rechtfertigungs- und Verleugnungsstrategien. Eine war die der permanenten Reform. Die von '68 geprägten zweieinhalb deutschen Generationen - die Aktiven, ihre Kinder, die vielen Anfang der 60er Jahre geborenen Zwischenplazierten - redeten sich selbst und gegenseitig ein, man halte die Werte der Veränderung und gesellschaftlichen Optimierung aufrecht, man bewege sich, und so konnten sie die Ende der 70er Jahre erreichte Starre ertragen. Die Stabilität verlangte als Ausgleich eine Ideologie der gesteuerten Bewegung. Ohne die Einbildung von Bewegung hätte die Stabilität und ohne die Stabilität die Einbildung von Bewegung nicht existiert. Aus zwei Lügen wurde Wahrheit geboren. Die Theorie der Beweglichkeit war das institutionalisierte Dogma der durch die Institutionen marschierenden 68er, war der Lerninhalt an den von 68ern geprägten Schulen und den von ihnen kontrollierten Medien. Bis in die didaktische Theorie verlängerte sich die Verschränkung von Statik und Bewegung: Alles ist gut und bleibt, eben weil theoretisch alles anders werden könnte. Man lehrte an deutschen Gymnasien Strukturgeschichte. Ereignisse fanden statt, weil in Säulendiagrammen darstellbare Voraussetzungen 1 a) bis 6 c) gegeben waren. Solche Weltbilder ließen Pathos nicht aufkommen und schon gar nicht jene Reformbereitschaft, die zu analysieren sie doch vorgaben.

Nach 1989 wurde alles anders. Der historisierend-moralische Staat verlor seine paradiesische Statik und sah sich Asylanten, UN-Missionen und nach Orientierung suchenden Osteuropäern gegenüber. Alleingelassen von der längst subversiv hedonistischen Masse, stürzte Deutschland in eine Sinnkrise. War der Jubel von 1989/90 nun schal gewesen oder nicht, die Krise danach war profund. Sie war nicht einfach eine Krise der Neuausrichtung und der beginnenden Definition dessen, was man denn nun wollte. Die Krise war eine der Vereinsamung. Die Linke verlor ihre Utopie, die Rechte ihr Feindbild, beiden kam so die Daseinsberechtigung abhanden. Mit PC richtete sich die linke Missionierung nach innen, eine Ersatzbühne war gefunden. Was in deutschen Nischen als verlogenes Paradies der Selbstzufriedenheit errichtet worden war, mußte sich rechtfertigen, just als Ansprüche gestellt wurden, die ein Bewußtsein für all das verlangten, was 40 Jahre lang hintangestellt worden war. Langfristige Ziele, strategische Interessen, Prioritäten der Außenpolitik, ein Verständnis vom Sinn des Militärischen, die Kraft zum Konsens in wichtigen Fragen, eine größere Gelassenheit und, im positiven Sinne, Selbstbezüglichkeit, wahre Stabilität jenseits des neurotischen Blicks auf die Verletzlichkeiten angeblich latent bedrohter Nachbarn, ein Abrücken vom Dogma der deutschen Gefahr und vom Dogma der politischen Sinnstiftung als *containment* dieser Gefahr - all dies war dem alt-bundesrepublikanischen Usus gemäß politisch inkorrekt. Neue Begriffe waren schnell vorhanden: vom aufrechten Gang war die Rede, von Gelassenheit und von der Zeit nach der institutionalisierten Zerknirschtheit.

Ohne die Scheinwerte des alten Westdeutschlands fühlten sich die Intellektuellen alleingelassen. Der Hedonismus ihrer kleinbürgerlichen Landsleute ließ sie erschaudern. So kam es zur "Neuen Rechten". Geplant war ein Doppelschlag gegen die reformfeindlich satten 68er-Reformer wie gegen die großen Erschrecker, die spätestens mit den weißen Bettlaken der Anti-Golfkriegs-Demonstrationen im Jahr 1991 ein Fanal dafür besaßen, daß der Unhold nun im Begriff sei aufzuwachen und sich längst zu räkeln begonnen habe. Die fundamentaloppositionelle Neurechte fragte nicht nach Ölinteressen am Golf, sie fragte nach mythischem Urgestein, nach einem Sein vor der Gegenwart. Endlich bewegte sich etwas, und die Bewegungs-Artisten von '68 versagten. Anti-Amerikanismus wurde laut, wo immer ein deutscher Intellektueller, der nun nicht mehr moralisierend die schuldbewegte Verpflichtung auf den Status quo zu begründen hatte, die Abwesenheit dessen rügte, was Orientierung hätte geben können. Da Machtpolitik in Deutschland aber weiter nicht erlaubt war, konnte das Nationale, eine dieser Orientierungsgrößen, nur in den nebulösen Termini des Romantisierens beschworen werden. Die Nation als Faktor in Einsatzplänen der NATO war in den Köpfen der deutschen Intellektuellen nicht vorgesehen. So war der Ruf, den die neue

Rechte nach vergangenheitsbewußter Sinngebung erhob, nach dem "Voran" im Verein mit dem "Vorher", ein vergeblicher, unpassend in einer Zeit, in der wie niemals zuvor die Pfade des Denkens der meisten sich von Nationalem entfernt hatten.

Als Inbegriff all dessen, was in Deutschland falsch gelaufen war, sah die neue Rechte die erstickende Bewegungslosigkeit und spürte den linken Mief, den '68 plus PC geschaffen hatten. Die höchste Tat, zu der sich die erlahmte Alt-Bundesrepublik aufraffte, war das Rufen nach einem harten Vorgehen gegen die extremistische Gewalt von Rechtsaußen.

"Es bietet sich ein kurioses Bild: Linke, denen der Staat gegen die RAF zu martialisch vorgegangen war, rufen jetzt laut nach der Polizei, und Linksliberale, welche die Freiheit der Kunst so weit ausgelegt wissen wollten wie die politische Meinungsfreiheit, denken über eine Zensur von Sex- und Gewaltszenen nach,"

schreibt Walter Grasskamp in der *Neuen Rundschau*.[37]

Zum letzten Traum dieser reaktionär gewordenen erlahmten '68er wurde die Politische Korrektheit:

"Meine Vermutung ist, daß es eine politisch frustrierte akademische Intelligenz ist, die in Deutschland PC aufgreift, um den Boden zurückzugewinnen, den sie seit den sechziger Jahren verloren hat"

so Gert Mattenklott, auch in der *Neuen Rundschau*.

"Für die akademische Intelligenz ist die Verschränkung von Schwächegefühlen und Machtphantasien typisch, wie sie auch für PC eines der charakteristischen Merkmale ist: ... Machtbildung ohne Machtmittel."[38]

Die Politische Korrektheit ist eine Art von Designer-Ideologie der 90er Jahre. Sie dient vor allem therapeutischen Zwecken. Konsequent angewandt kann sie einen Beitrag zur Schaffung einer neuen Gesellschaft leisten, die sich nicht länger auf ihre gewachsenen Grundlagen, sondern auf den Zeitgeist beruft. In dieser Gesellschaft gilt nicht länger das Recht der "Andersdenkenden", ihre Meinung aussprechen zu können. Erfolgreich ist jeder Versuch, den Gegner mit dem Prädikat "umstritten" zu belegen, ihn damit aber gleich gänzlich aus dem Diskurs herauszukatapultieren. Gelernt, so scheint es, hat man bei der Konkurrenz. Rechts-PC hat es schon gegeben, etwa in Gestalt des *McCarthyism* der 50er Jahre in den Vereinigten Staaten. Damals reichte der Verdacht sozialistischer Liebäugelei, um Karrieren von Wissenschaftlern oder Künstlern zu ruinieren. Die Anwendung des politisch korrekten Vokabulars kommt dem Wunsch der Linken nach Beibehaltung der eigenen Meinungsführerschaft entgegen. Die anderen werden zur Fahndung ausgeschrieben. Dies ist umso tragischer, als die Linke sich bis heute auf die in der *Frankfurter Schule* von Max Horkheimer, Theodor W. Adorno und Jürgen Habermas begründete "Diskursfähigkeit" beruft. Das Ziel der *Kritischen Theorie* war das des aufgeklärten und liberalen Bürgers, ein Ziel vor allem der Jugendlichen der 68er Bewegung. Habermas schrieb:

"Alle potentiellen Teilnehmer eines Diskurses müssen die gleiche Chance haben, kommunikative Sprachakte zu verwenden, so daß sie jederzeit Diskurse eröffnen sowie durch Rede und Gegenrede, Frage und Antwort perpetuieren können ... Alle Diskursteilnehmer müssen die gleiche Chance haben, Deutungen, Behauptungen, Empfehlungen, Erklärungen und Rechtfertigungen aufzustellen und deren Geltungsanspruch zu problematisieren, zu begründen oder zu widerlegen, so daß keine Vormeinung auf Dauer der Thematisierung und Kritik entzogen bleibt ..."[39]

Heute aber, da die 68er den "Gang durch die Institutionen" erfolgreich abgeschlossen haben, wird genau dieser Wille zum freien Diskurs negiert. Warum?

Von den 46 Jahren der bundesdeutschen Nachkriegsgeschichte haben die Sozialdemokraten weniger als ein Drittel der Zeit regiert. Aber durch die 68er Bewegung und die Vorherrschaft in den Medien ist es ihnen gelungen, die Meinungsführerschaft einzunehmen. Selbst die nach dem Regierungswechsel von 1982 von Bundeskanzler Helmut Kohl angekündigte "Wende" blieb ohne Erfolg auf die deutsche Gesellschaft; weite Teile der Union pflegen heute politische Mainstream-Ansichten entlang einer Geißler/Süssmuth/Pflüger-Linie, wo christliche Verantwortung für die Gemeinschaft und sozialdemokratische Solidarität zu einem neuen PC-Konsens fusioniert haben. PC baute den 68ern eine Brücke bis hinüber zum linken Ufer der Union. Natürlich brauchte es eine Weile, bis solche Zusammenhänge sich zeigten. Zunächst konnte nur die Diagnose gestellt werden, daß Deutschland die Politische Korrektheit begierig aufsog.

Von Mao zur Mahnung

Der Begriff der Politischen Korrektheit hat viel mit Parteidisziplin zu tun. Und so verwundert es auch nicht, daß der Große Vorsitzende Mao in seinem *Kleinen roten Buch* als erster die Frage stellte: "Woher kommen die korrekten Ideen?" Ein Blick ins Geschichtsbuch genügt, um zu zeigen, was in China mit Abweichlern passiert.

Die deutschen Medien haben die "korrekten Ideen" erst spät entdeckt. Im Februar 1992 wurden sie einem staunenden deutschen Publikum bekannt gemacht. Einer der ersten Chronisten dieser neuen geistig-politischen Strömung war der frühere Kulturkorrespondent der *Frankfurter Allgemeinen Zeitung*, Jörg von Uthmann. Er berichtete über sich verschärfende vorschriftsmäßige Sensibilitäten gegenüber ethnischen Minderheiten und anderen benachteiligten Gruppen an US-Universitäten.[40] Es war das *Deutsche Allgemeine Sonntagsblatt*, welches die auf der Hand liegende Frage stellte, ob nach Coca-Cola, Jeans, Kaugummi, Pop-Art und Ethno-Look nun auch die PC-Welle über den Atlantik schwappen würde:

"Die Deutschen brauchen sich über das Treiben der politisch Korrekten in Amerika eigentlich nicht mehr wundern. Es ist ja nicht nur das große 'I'. Auch sonst gefällt ja das Bestreben, höchst persönliche Moralvorstellungen zu einer allgemeingültigen Weltanschauung zu erheben, in der deutschen Gesellschaft. Die Sache haben wir längst am Hals, und nur dem Fehlen eines so einprägsamen gemeinsamen Nenners wie 'politisch korrekt' ist es zu verdanken, daß wir das noch nicht richtig gemerkt haben."[41]

Die Debatte in Deutschland begann Ende 1993. Die *ZEIT* druckte im Rahmen einer Serie über neue geistige Strömungen in zwei aufeinanderfolgenden Ausgaben einen Alarmruf und eine Apologie der Politischen Korrektheit. Der Autor Dieter E. Zimmer konstatierte einen "Tugendterror" der richtigen, d.h. linken Gesinnung. Genau wie in den Vereinigten Staaten gebe es auch an den Universitäten in Deutschland eine Schraube, die immer dann angezogen werde, wenn der politische Gegner nicht länger mit dem Frauencafé, dem Sozialistischen Hochschulbund, dem Schwulenreferat und der Back- und Bastelgruppe für nigerianische KommilitonInnen konform gehe:

"[Die Politische Korrektheit] speist sich in Deutschland natürlich nicht aus den Emanzipationskämpfen ethnischer Bevölkerungsgruppen, sondern übernimmt das diffuse Erbe der lange meinungsbeherrschenden Linken mit ihren frustrierten Hoffnungen, von denen heute nur noch die Erinnerung an einen warmen Schimmer übrig ist ... , angereichert mit Elementen aus allem, was die Kritikbewegung der sechziger Jahre seither absorbiert hat, von der Ökologie zur Esoterik. Wer bezweifelt, daß es eine solche Melange als bestimmendes Element der öffentlichen Meinung gibt, stelle sich nur vor, wie eine Diskussionsveranstaltung über eins der 'empfindlichen' Themen in einem beliebigen Audimax oder auf einem evangelischen Kirchentag heute verlaufe; ob das Publikum wirklich jeden 'alles' sagen ließe; ob wirklich nur Naziparolen tabu wären."[42]

Der Autor sprach die politischen Tabus an, mit denen die sogenannten "Meinungsführer" das Klima in Deutschland beherrschen wollen. Ohne Anspruch auf Vollständigkeit zählte Zimmer die Denkschablonen auf, die man/frau in Deutschland an alles und jedes anlegt:

"Daß alleinige Ursache für Not und Armut in der Dritten Welt die fortgesetzte Ausbeutung durch die reichen Industriestaaten ist.
Daß der Golfkrieg ein amerikanisches Verbrechen war.
Daß die deutsche Vereinigung eine große Kalamität darstellt, und zwar nicht nur ihr Wie, daß man das aber nicht laut sagen darf.
Daß 'national' und 'nationalistisch' Synonyme sind ...
Daß 'Betroffene' allemal und von vornherein mehr recht haben als 'irgendwelche Experten' ...
Daß Kernenergie sowieso böse ist, Gentechnik aber ebenso.

Daß Abtreibung erlaubt und auf Krankenschein möglich sein muß, über Euthanasie ... aber auf keinen Fall diskutiert werden darf ...

Daß Männlichkeit und Weiblichkeit nicht Natur, sondern Kultur sind.

Daß an Kriminalität, Drogensucht und anderen sozialen Übeln allein die Gesellschaft' schuld ist (also die anonymen Anderen)."[43]

Diese Warnung vor dem Gericht der Selbstgerechten war ein Plädoyer für den Sachverstand und gegen die sonst üblichen Entscheidungen "aus dem Bauch heraus". Dem Autor ging es gar nicht darum, wer "Recht" habe oder wer im "Unrecht" sei. Das eigentliche Übel sei, "daß manche Diskussionen von vornherein gar nicht stattfinden können oder höchstens in Form von Schauprozessen."

Die Replik kam postwendend. Hier hatte sich einer gegen den Strom gestellt. Eine Woche nach der Veröffentlichung des Artikels antwortete Benedikt Erenz in der *ZEIT*, eine solch diffuse Sache gebe es gar nicht.[44] Diffus waren aber höchstens seine Formulierungskünste ("Dieses Interpretationsergebnis mag nun richtig oder falsch sein, und nicht jeder weiß wahrscheinlich auf Anhieb so genau wie Zimmer, was Faschismus nicht ist."). Mit dem Vorwurf, dies alles sei bloße Unterstellung, versuchte Erenz, sich und seine Genossen aus der Schlinge zu befreien. Eine schwache Replik. Trotzdem: Vorhang auf, die Debatte sollte beginnen.

Kapitel II

Leben im PC-Alltag

An vorderster Linie

Velbert am Rande des Ruhrgebiets hat nur 90.000 Einwohner. Trotzdem gehört die Stadt zur Avantgarde der sprachlich Korrekten. Mit ihrem "Leitfaden für die Verwaltungssprache" tragen Stadtdirektor und Gleichstellungsbeauftragte von Velbert dafür Sorge, "die Anwendung einer zeitgemäßen Verwaltungssprache zu erleichtern, damit auch im Sprachumgang deutlich wird, daß die Stadtverwaltung ein modernes Dienstleistungsunternehmen für die Bürgerinnen und Bürger der Stadt Velbert ist." Bei soviel Kundenfreundlichkeit schlägt das Herz des Bürgers - trotz des verqueren Amtsdeutsch - natürlich höher. Der Erlaß gibt den Beamten und Angestellten des Rathauses Beispiele an die Hand. Die Grundregel für eine politisch korrekte Amtssprache lautet:

"Eine Sprache, die beiden Geschlechtern gleichermaßen gerecht wird, verwendet geschlechtsneutrale Umformulierungen oder Paarbildungen oder Paarformeln. Dabei sind geschlechtsneutrale Umformulierungen - wegen ihrer Kürze - den Paarformeln vorzuziehen."

Weil bei so vielen "Paarbildern und Paarformeln" den Beamten und Angestellten des Rathauses Velbert die Ohren klingeln, gibt es seitenweise Beispiele. Unter der Rubrik "Anredeformeln" lernen die Beamten und Angestellten, daß aus dem überholten "Herrn und Frau Franz Meier" die "Eheleute Irmgard und Franz Meier" werden ("Paarbild"!). Möglich ist aber auch "Familie Irmgard Meier und Franz Meier" ("Paarformel"?) oder "Irmgard und Franz Meier". Da Höflichkeit in Amtsstuben eine Tugend ist, wird auch "Frau und Herrn Meier" akzeptiert. Bei Funktionsbezeichnungen ist die korrekte Schreibweise "die neutrale Formulierung oder sowohl die weibliche als auch die männliche Form" ("Paarbildung"!), also "Amtsleitung" statt "Amtsleiter" aber "Dezernentin/Dezernent" statt "Dezernent".

Einfach ist das für die/den Beamtin/Beamten und Angestellte/Angestellten auf den ersten Blick nicht. "Wer sich aufmerksam den Leitfaden durchgelesen hat, wird feststellen, daß möglicherweise mehr Fragen aufgetaucht sind, als Antworten gegeben werden können," schreibt die Gleichstellungsbeauftragte dann auch folgerichtig. Aber gut Ding will Weile haben. In Velbert kann man sich mit dem Gedanken trösten, daß auch Rom nicht in einem Tag erbaut wurde.

Man möchte den Beamtinnen/Beamten und (Achtung aufgepaßt: Kein Schrägstrich!) Angestellten deshalb das Buch *Übung macht die Meisterin - Ratschläge für einen nichtsexistischen Sprachgebrauch*[1] auf den Amtstisch legen. Dort werden frauendiskriminierender Sprachgebrauch "entlarvt" und auf der Grundlage der deutschen Grammatik neue Richtlinien entwickkelt. Eines dieser Prinzipien lautet, daß das natürliche und das grammatikalische Geschlecht übereinstimmen sollen. Etwa: "Petra ist Studentin" anstatt "Petra ist Student." So weit, so gut - und so neu ist dieser vernünftige Gedanke auch nicht. Aber müssen "Eselin, Spitzelin und Feiglingin" wirklich sein? Die Autorinnen lassen den ungewohnten Klang der neuen Begriffe nicht gelten. Das spreche nicht gegen sie. Typisch korrekt erklären sie Konrad Duden für tot und alle Germanisten für Einfaltspinsel. Statt dessen entwickeln sie eine eigene Grammatik. "Frauen werden explizit genannt. Nur so fühlen sie sich wirklich gemeint und angesprochen," erklären sie einfühlsam. "Sie fordern für sich das für alle Menschen existentielle Recht, von den anderen sprachlich beachtet und wahrgenommen zu werden." Einen Fürsprecher hatten die Damen schon. Der SPD-Politiker Björn Engholm soll im April 1993 vorgehabt haben, eine "Mann-Frau-Schaft" als Schatten- und Schattinnenkabinett vorzustellen - aber da hatte ihn die Barschel/Pfeiffer-Affäre schon weggefegt. Duden tut's danken.

An der *Technischen Universität Berlin* werden weibliche Doktoranden endlich "wahrgenommen". "Doctrix rerum naturalium" - den Doktortitel der Naturwissenschaften in der weiblichen Form wertet die Frauenbeauftragte der Hochschule als einen wesentlichen Schritt für die weibliche Identitätsbildung. "Politisch korrekt wäre es, in der Sprache gleichberechtigt vertreten zu sein - und genau darum geht es in der feministischen Sprachpolitik, auch wenn die Sprache darunter leidet," schreibt der *Rheinische Merkur*.[2] Die Lanze (Achtung: Phallussymbol!) der weiblichen Sprachbereiniger ist das Binnen-I: DissidentIn, TrauerarbeiterIn, BenutzerInnen, vielleicht auch BiederfrauIn? Schön sind auch die Versuche, harmlose Neutra, die als vermeintliche Maskulina geoutet werden, zu feminisieren: das Mitglied findet sich im Plural plötzlich als MitgliederInnen wieder. Auf die Gefahr hin, mit dem Totschlagargument "frauenfeindlich" belegt zu werden: was soll man von Worten halten, die man zwar schreiben, nicht aber aussprechen kann? Wo macht man bei der Aussprache eine Pause? Gehört das kapitale "I" noch zu "Dissident-I" oder schon zu "I-n"? Es könnte hilfreich sein, den Kopf zurückzuneigen, um der Aussprache durch Ausspucken des "I" bei gleichzeitigem Hervorschnellen des Kopfes den nötigen Nachdruck zu verleihen. "Schrägstriche, Klammern, deklinieren, konjugieren - Deutsch wird zur Schwerstarbeit ... Wo bleibt da der Sprachgenuß?", fragt der *Rheinische Merkur*.[3]

Humor müßte man haben

Einen Reflex auf das Zurechtrücken einer politischen Inkorrektheit löste im Frühling 1994 ein Werbeplakat für die Europawahlen aus. Der Karikaturist Horst Haitzinger hatte eine lachende, mit einem knappen Bikini bekleidete junge Dame gezeichnet, die auf einem Stier durch einen Kranz aus zwölf Eurosternen hindurchgaloppiert. Daraufhin schrieb die stellvertretende SPD-Vorsitzende Heidemarie Wieczorek-Zeul einen geharnischten Brief an das Bonner Büro des Europaparlaments. Die "rote Heidi" fand das Plakat "schlichtweg geschmacklos", bei Frauen stoße ein solches Bild auf "einhellige Ablehnung und Empörung". Die knackige Badenixe wurde daraufhin durch die Noten von Beethovens Neunter ("Deine Zauber binden wieder, was die Mode streng geteilt") ersetzt. Aber Wie-

czorek-Zeul hatte sich vergaloppiert. Hunderte Frauen meldeten sich in der Bonner Eurodependance, um noch eines der
"frauenfeindlichen" Plakate zu ergattern. Eine 59jährige Frau
wollte unbedingt einem 75jährigen ein vitalisierendes Geburts-
tagsgeschenk machen. Ein SPD-Bundestagsabgeordneter order-
te vergebens den ganzen Bestand.

Erschreckend an der Politischen Korrektheit bleibt ihre Humorlosigkeit, auch wenn inzwischen ein von Klaus Rainer
Röhl herausgegebenes "Deutsches Phrasen-Lexikon" die "Lingua Politica Correcta" aufrollt - von "abfackeln" bis "Zundel-
frieder". Es ist die Humorlosigkeit eines verbissenen Moralis-
mus. Man will nicht glauben, daß 3.000 Plakate eingestampft
wurden, bloß weil eine Frau ein buntes Plakat als Angriff auf
ein ganzes Geschlecht mißdeutet. Aber die Angst, in die Ecke
gestellt zu werden ("frauenfeindlich" = "gegen Minderheiten" =
"politisch inkorrekt"), ließ den Europaparlamentspräsidenten
Egon Klepsch (CDU) einknicken. Der Druck ist inzwischen so
groß, daß divergierende Positionen kampflos geräumt werden.
"Wir haben eine relativ erfolgreiche Niederlage erlitten", sagte
Klaus Löffler, Leiter des Bonner Eurobüros, nach dem Plakat-
tausch. Plötzlich war sein Büro, das sonst fast unter Ausschluß
der Öffentlichkeit arbeitet, in aller Munde.[4] Eine Niederlage
blieb es trotzdem.

Eine Humoreske im trockenen Sommerloch 1995 war die
Aufforderung der SPD-Gleichstellungsbeauftragten im Bundestag: "Spülpflicht für Männer." Ulla Schmidt forderte die "gesetzliche" Pflicht zu Hausputz, Bügeln, Abwasch und Kinder-
betreuung durch Männer. "Dann können sich Haushaltsmuffel
nicht mehr verstecken", glaubt die Sozialdemokratin, und Bran-
denburgs Frauenministerin Regine Hildebrandt (SPD) pflichte-
te ihr bei. Im österreichischen Parlament war ein gleichlauten-
des Gesetz von der Frauenministerin Helga Konrad eingebracht
worden. Ziel all dieser Gesetzesvorschläge: Man(n) soll nichts
mehr zu lachen haben. Natürlich sollen Männer Hausarbeit machen. Dazu bedarf es auch aller möglichen Änderungen, nur
nicht eines nationalen Gesetzes. PC verletzt den Grundsatz der
Subsidiarität: regle Probleme dort, wo sie sind.

46

Probleme findet Frau, wenn sie nur lange genug sucht. Die SPD-Bundestagsabgeordnete Edith Niehuis hat die "Vermännlichung" von Frauen auf deutschen Personalausweisen angeprangert. Es sei nicht länger hinzunehmen, daß Frauen gezwungen seien, auf den Dokumenten die Unterschrift "des Inhabers" zu leisten, protestierte die Vorsitzende des Familienausschusses im September 1995 an Bundesinnenminister Kanther. Sie bat den Minister, er möge sicherstellen, "daß Frauen in Zukunft guten Gewissens ihren Personalausweis unterschreiben können, ohne gedanklich eine Geschlechtsumwandlung vollziehen zu müssen". Die Parlamentarierin verwies auf einen Beschluß des Bundestages aus dem Jahr 1993: Darin wurde gefordert, in der Amtssprache auf den "generischen Maskulin" zu verzichten.

Humorlosigkeit spiegelt sich im Alltag wider, und zwar durch die Ernsthaftigkeit neuer Sprachdebatten vor allem im Hause der *Gesellschaft für deutsche Sprache*. Sie sucht zur Zeit nach einem männlichen Pendant für die Strafzettel verteilende Politesse, nachdem man bei Zeitungen und im Rundfunk die "Redakteuse" gekürt hat. Die Zeit der Unsicherheit ist wenigstens in Restaurants vorbei: Lokalbesuchern, die nach der weiblichen Bedienung rufen wollen, empfiehlt die Sprachgesellschaft die Anrede "Frau Ober". Grundlage der Entscheidung der Wiesbadener Sprachforscher, die offiziell auch dem *Deutschen Hotel- und Gaststättenverband* mitgeteilt wurde, ist das Ergebnis eines in ihrem Fachorgan *Der Sprachdienst* ausgeschriebenen Wettbewerbs. Die neue Anrede setzte sich gegen Vorschläge wie Obtesse, Kommteß (klingt nach Adel), Serva (klingt nach Papiertuchspender), Kelly (Grace?), Bella (Hundenamen!) oder Madame (wo bleiben die jungen Mädchen?) durch. Die Jury wies ausdrücklich darauf hin, daß der männliche Ausdruck "Ober" keineswegs mit einem weiblichen Vorsatz geziert werden sollte. Das "Ober" wird vielmehr als geschlechtsunabhängiges Adjektiv für die berufliche Stellung gewertet. Das sprachliche Vakuum in der post-"Fräulein"-Ära ist damit geschlossen.

Scharfe Fräuleins führten im August 1995 zur Empörung einzelner Landesorganisationen des *Deutschen Landfrauenverbandes*. Stein, nein Steak des Anstoßes waren Plakatmotive der *Centralen Marketingagentur der Agrarwirtschaft*. Zielpublikum war die angeblich zunehmend vegetarische Jugend. Eine Techno-Braut schaute mit bösem Blick und offenem Dekollté von den Plakaten herunter. Werbespruch der Appetitlichen neben appetitlich zubereitetem Fleisch: "Ich mag es am liebsten schön scharf." Im Zeitalter der Gleichberechtigung packte sich auf einem zweiten Motiv ein lasziver Jüngling in den Schritt. Neben dem Grillteller mit Salat steht: "Ich mag es am liebsten mit jungem Gemüse." Einfach zu scharf.

Während der Satire-Show *Schmidteinander* (ARD) Anfang 1994 benutzte der Moderator Harald Schmidt bei einem Sketch mit seinem Assistenten Herbert Feuerstein den Begriff "türken", also fingieren. Der Begriff hat keinen rassistischen Hintergrund. Im Jahre 1770 stellte ein Freiherr von Kempelen in Wien einen "Schachautomaten" vor, die ganze Hofburg war verblüfft. Die Mechanik war als türkische Puppe verkleidet, in dem Rechengehäuse saß ein verborgener Schachspieler. Der Schachautomat war also "getürkt". Die Replik auf die TV-Sendung kam postwendend. In der nächsten Sendung zitierte Schmidt die tränengetränkten Zeilen eines erbosten Zuschauers, der sich in der Mölln/Solingen/Hoyerswerda-Ära solche Verben verbot. Genüßlich gestand der Moderator seine tiefe Schuld, um sich dann mit einer Packung "Negerküsse" und "Mohrenköpfe" für den Hinweis zu bedanken. Er hätte natürlich noch ein "Zigeunerschnitzel" dazupacken können.

Da ist *DIE ZEIT* schon ein gutes Stück weiter. In ihrem Artikel "Nicht totzukriegen"[5] wettert die Zeitung gegen das alte Kinderlied "Zehn kleine Negerlein". In Berlin hat das *Berliner Institut für Lehrerfort- und -weiterbildung und Schulentwicklung* noch nicht die Zeichen der Zeit (Mölln/Solingen/Hoyerswerda) erkannt, wenn es dort heißt:

"Insbesondere Eltern, die aus Deutschland und aus Afrika kommen, könnten diesen Text als diskriminierend betrachten. Falls Sie also als unterrichtende/r Lehrerin/Lehrer hier Bedenken haben, so sollten Sie vorher mit den Eltern sprechen bzw. auf die Behandlung des Liedes ggf. verzichten."

May Opitz-Ayim von der *Initiative Schwarze Deutsche* will sich aber mit einem "ggf." nicht abspeisen lassen. Sie ist "empört, wütend und schockiert, daß sich Schwarze in Deutschland und schwarze Deutsche offensichtlich weder auf der Straße noch im Klassenzimmer oder Kindergarten bewegen können, ohne offenem und subtilem Rassismus ausgesetzt zu sein." Abgesehen davon, daß man sich als Leser darüber freut, daß mit Empörung, Wut und Schock wenigstens einmal nicht die alte Doppel-Leerformel "Wut und Trauer" oder "Scham und Entsetzen" heruntergebetet wird, ist man doch über die Diskussion erstaunt. Natürlich ist das Kinderlied von den totgeschossenen und totgegessenen, totgetanzten und totgetrunkenen Negerlein passé. Also: Raus damit! Das Berliner Institut scheint aber Angst vor der eigenen Courage zu haben und vollzieht stattdessen eine fatale Gedankenschleife: Man sichert sich durch eine Fußnote die politisch korrekte Absolution.

Von hier aus ist es nur noch ein kleiner Schritt zur "sprachlichen Bereinigung" von Märchen. Das Werk des dänischen Märchen-Dichters Hans Christian Andersen wurde bereits von amerikanischen Sprachpuristen "korrigiert". Wie in den viktorianischen Zeiten, als religiöser Puritanismus dazu führte, daß sexuelle oder moralisch suspekte Sprachfiguren aus Andersens Märchen gestrichen wurden, wird in dem Märchen *Die Nachtigall* der verfängliche Begriff "Schwarze Magie" durch "Magie" ersetzt. Der Storch im Märchen *Das häßliche Entlein* darf in den USA kein Ägyptisch sprechen - weil das in den Ohren von Arabern despektierlich klingt. Ebenfalls bedenklich scheinen die "weißen" Arme der *Kleinen Meerjungfrau* zu sein. In einer amerikanischen Neuauflage von Andersens Märchen wird das Adjektiv "weiß" vorsorglich gestrichen. In gereinigter Form stehen diese Märchen inzwischen sogar auf amerikanischen Bestsellerlisten. James Finn Garner, ein junger Journalist in Chicago, schreibt altbekannte Fabeln politisch korrekt um und verdient damit inkorrekt viel Geld.

Politische Korrektheit hat viel mit Sprechblasen zu tun, mit dem, was der britische Schriftsteller George Orwell in seinem Zukunftsroman *1984* als "Zwiedenken" beschreibt. Es ist die Kunst, das eine zu sehen ("schwarz") und das Gegenteil zu glauben ("weiß"). Es ist eine dirigistische Sprache, so wie die *lingua tertii imperii* oder das DDR-Deutsch, das sich immer als

Anti-BRD-Deutsch verstand. Es ist die Warnung davor, in einer Art Euphemismus aus einem Armen einen "unfreiwillig Bescheidenen" und aus einer Kleinwüchsigen eine "vertikal Herausgeforderte" zu machen. Dagegen erscheinen die Sprachverrenkungen der 70er und 80er Jahre geradezu niedlich: "Raumpflegerinnen" statt Putzfrauen, "Geisterfahrer" statt Falschfahrer, "Auszubildender" an Stelle von Lehrling oder "Postzusteller" statt Briefträger. Aber nicht nur WGs, Schwulenbuchläden und Lesbencafés instrumentalisieren die deutsche Sprache für ihren persönlichen Weltanschauungskampf, auch in deutschen Amtsstuben, Regierungskreisen und in der Wirtschaft leuchten verbale Nebelkerzen auf. Zu deren Glanzlichtern gehört das "Freisetzen". Im Klartext heißt das: "Du bist gefeuert!" "Freisetzen", schreibt die *Kirchenzeitung Köln*, "da muß man doch denken, jetzt bekommt der, den es angeht, endlich genügend Zeit, um spazierenzugehen und seinen Hobbys zu frönen. Wer denkt da schon an bittere Entlassung?"[6] Die Herausforderung Arbeitslosigkeit bleibt, wir geben ihr nur einen schönen Namen. "Neusprech" nennt Orwell die instrumentalisierte Sprache seines fiktiven Staates Ozeanien mit ihren drei Glaubenssätzen "Krieg ist Frieden", "Freiheit ist Sklaverei" und "Unwissenheit ist Stärke". In den dem Roman nachgefügten "Grundlagen des Neusprech" heißt es:

"Das Vokabular war so konstruiert, daß jeder schicklichen Meinung ... ein genauer und oft sehr subtiler Ausdruck gegeben werden konnte, während zugleich alle anderen Inhalte und auch die Möglichkeiten, sie indirekt zu vermitteln, ausgeschlossen wurden. Dies erreichte man zum Teil durch die Erfindung neuer, hauptsächlich aber durch die Eliminierung unerwünschter Wörter."[7]

Politische Korrektheit ist die Eliminierung unerwünschter Wörter und Gedanken durch deren Tabuisierung. Realität und Gegenwelt verschwimmen, man meint (im Extremfall glaubt man es sogar) das Gegenteil von dem, was man sieht. Es ist wie das Spiegelland der *Alice im Wunderland*: Oben ist unten, unten ist oben, und die Zeit fängt hinten an und hört vorne auf.

Der Roman *1984* gehörte zu jener Aufklärungsliteratur, die nach dem letzten Weltkrieg die Hoffnungen der Intellektuellen auf eine geläuterte Sowjetunion widerlegte. Inzwischen muß man in der zunehmend politisch korrekten Bundesrepublik die Hoffnung aufgeben, daß auch anders als in "Zwiedenk"- und "Neusprech"-Schablonen gedacht werden kann. Deutlich wurde das bei der Wahl des Unwortes 1994, nämlich "peanuts". Ausgesucht hatte es eine Jury unter Vorsitz eines Sprachwissenschaftlers. Hilmar Kopper, Vorstandsvorsitzender der *Deutschen Bank*, hatte die Summe von 50 Millionen Mark Verlust nach dem Zusammenbruch des Bau- und Immobilienunternehmens Schneider als "peanuts", also Kleinkram, abgetan. Unelegant zwar, aber nicht direkt preiswürdig. Die Wahl des Unwortes zeugt weniger von der Taktlosigkeit oder dem schlechten Benehmen des Bankchefs, als vielmehr vom Sozialneid der Deutschen. Als Begründung für die Wortwahl wurde ausgeführt, "es handelte sich um Gelder kleinerer und mittlerer Firmen", der Begriff offenbare eine "inhumane Haltung" und sei somit "zynisch". Die Firmen, die sich nach dem Kollaps des Schneider-Kartenhauses beklagten, hatten vorher gut verdient. Die "Unwort"-Wahl 1994: eher der Ausdruck klassenkämpferischer Vorwürfe von denen da "unten" an die Adresse derer da "oben", als die Rüge für eine Äußerung, die tatsächlich tabuverletzend gewesen wäre.

Über die Erdnüsse haben sich vor allem diejenigen aufgeregt, die normalerweise solche gerne in den Mund nehmen. Zwar ist der alleinerziehende Hausmann, Typ "Müsliman", inzwischen zur Karikatur seiner selbst geworden ("Du Erika Du, wir müssen mal darüber reden"), aber seine Floskeln und Phrasen sind aus der deutschen Sprache nicht mehr herauszuprügeln. "Dummdeutsch" nennt der Schriftsteller Eckhard Henscheid diese PK-gerechte Minimalsprache der Hirnlosen.[8] Dazu gehören die "Ängste" (Singular reicht nicht), "ausdiskutieren" (bis auch die letzte Bienenwachskerze am WG-Tisch abgebrannt ist), die "Verwundbarkeit" (meistens die eigene), "einbringen" (aber nicht die Ernte), "Konfliktfähigkeit" (zum Frieden natürlich!), "multikulturell" (jeder Jeck ist anders), "Streitkultur" (siehe Konfliktfähigkeit), "zynisch" ("Die Allzweck-Ressentiment-Vokabel aller moralisch Bessergestellten und sich vor allem besser Dünkenden. Das Dumm- und Totschlagwort des Jahres, wo nicht des Jahrzehnts"[9]) und, immer wieder schön, weil die Grundstimmung der PKisten, "betroffen" sein:

> "Die neuere deutsche allgemeine Betroffenheit ... ist ein Kernpunkt der neuen deutschen Schwerinnerlichkeit. Sie wurde geboren zu Beginn der 70er Jahre, als der damalige ZDF-Talkmaster Reinhart Hoffmeister im Rahmen seiner Schnick-schnack-Sendung *Litera-Tour* buchstäblich von allem und jedem betroffen war: von etwelchen neuen Theaterstücken, die die Verbrechen der NS-Zeit bloßlegten, bis zum hinterletzten trübseligen Protestsong wider die Hast der Zeit ... . Waren vordem meist nur professionelle Politiker betroffen, so steigerte sich die allgemeine und allseitige Betroffenheit Mitte der 70er Jahre zur Allzweck-Beschwörungsformel",

beklagt sich Henscheid über das "Allzweck-Wundertütenwaffenspray", nämlich die "Betroffenheit."[10]

Diese durch dauerndes Auspressen saft- und kraftlos gewordenen Worthülsen werden nur noch heruntergebetet, aber nicht mehr wirklich geglaubt. Wer kann heute noch, ohne gleich loszuprusten, "betroffen" sein? Natürlich die Nimmermüden und die "Gutmenschen", wie sie in einem anderen linken Sammelband von gnadenloser Offenheit angeprangert werden. Selbstkritisch analysieren linke Essayisten im *Wörterbuch des Gutmenschen - Zur Kritik der moralisch korrekten Schaumsprache*[11] das verlogene Repertoire der PK-Softies:

> "[V]on der Hoffnung beschlichen, daß dieses Wörterbuch über seinen dokumentarischen und seinen Unterhaltungswert hinaus auch dazu dienen könne, wenigstens den einen oder anderen guten, mehr oder weniger linken Menschen für die Phrasen, Füllsel und Fransen seiner Umgangssprache zu 'sensibilisieren' ... Die besten 1968er Traditionen werden in diesem Milieu leichtsinnig verschenkt; selbst auf ihren Bezeichnungen liegt der Schatten der Bräsigkeit."[12]

Sie selbst glauben vielleicht gar nicht mehr an den eigenen Quatsch, aber erschreckenderweise befinden sich ihre Leerformeln bereits auf den Einflugschneisen deutscher Gehirne. Hier wird die Trivialität Politischer Korrektheit sichtbar. Wenn am Küchentisch in besseren Altbauwohngegenden über die "Amerikanisierung der Kultur" gesprochen wird oder die "Beziehungsfähigkeit" "durchdiskutiert" werden soll, wenn "gerade wir als Deutsche Erinnerungsarbeit" leisten müssen, dann ist es wichtig, daß "mein Freund Ausländer ist". Das alles macht dann "wütend und traurig zugleich" - und wie!

Champignons und Atompilze

Ein gefundenes Fressen für die PC-Szene waren die französischen Atomtests auf dem Mururoa-Atoll vom September 1995 an. Nur mußte man leider um den halben Globus reisen, um an den Ort des (Protest-)Geschehens zu kommen - Gorleben wäre einfacher gewesen. Damit verkleinerte sich die Menge der Protestler umgekehrt proportional zur Entfernung. Da mußten sich dann die Mitglieder von *Greenpeace*, die Polit-Demo-Profis wie Heidemarie Wieczorek-Zeul und die versammelte Betroffenheitsjournalistik bis hin zum Musiksender *VIVA* in die Riemen legen, um auch rechtzeitig zum Atomtest auf dem Atoll vorzufahren. (Wieczorek-Zeul dümpelte anschließend mit Motorschaden und Seekrankheit - ein Kommentator: "Reihern für den Frieden" - vor dem Eiland. Böse Zungen stimmten daraufhin ein Lied an: "Wir lagen vor Mururoa und hatten die Heidi an Bord.") Die *taz* schrieb in ihrer unnachahmlichen, selbstironischen Art:

"Kaum hatte die taz-Redakteurin Nicola Liebert den Fuß auf den Boden Tahitis gesetzt, baumelten schon drei Kränze um ihren Hals. Ein freundliches Willkommen nach Art der Insel. Liebert nahms dankend entgegen, etwas schlapp zwar nach 21 Stunden Flug. Angereist war sie mit der Air France - boykottmäßig nicht gerade korrekt."[13]

Berichterstattung und Protest vermischten sich auf höchst korrekte Weise. Die Zeitschrift *Stern* zeigte, wie man es macht. Sie schickte einen Katamaran in die Südsee und berichtete anschließend über sich selbst im Kampf mit dem französischen Goliath.

"Diesmal sind es deutsche boat-people, die für Wellen sorgen ... Ihr Fluchtpunkt liegt - verkehrte Welt - in tropischen Breiten. Sie folgen zwar keiner Not, die sie aus heiklen Zonen in sichere Häfen führte. Aber auch sie sind schwer Bedrängte, von einer schier unüberwindbaren Kraft getrieben. Die hat zwei Kürzel: "PR" und "PC". Selten ließen sich Werbung und politische Korrektheit auf solch feine Art vereinen wie mit dem Trip nach Mururoa."[14]

Aber nicht alle Gutmenschen können segeln. Da blieb dann nur der Boykott französischer Produkte. Jeder fünfte Bundesbürger, so eine Umfrage der *Deutschen Welle* vom September 1995, hielt den Boykott französischer Waren für eine angemessene Reaktion. Camembert, Cognac und Trüffelpaté waren out - "Fuck Chirac"-T-Shirts in. Hamburger Imbißbesitzer taten sich unter dem Motto "Wirte gegen Chirac" zusammen. Im ARD-*Morgenmagazin* fragte der EU-Administrator von Mostar, Hans Koschnick (SPD), daraufhin: "Ich rege mich auf über die Europäer, die zum Demonstrieren in den Pazifik fahren. Wo sind die Demonstranten gegen den Genozid, gegen die Vertreibung von Frauen und Kindern in Bosnien?"

Die Gemeinschaft der Wohlmeinenden hatte keine Zeit, da sie sich gerade von den Demos gegen die geplante Versenkung der Shell-Ölplattform *Brent Spar* und für das Asylrecht von sieben abzuschiebenden Sudanesen erholen mußte. "Die drei Fälle haben etwas gemeinsam", schrieb der Chefredakteur der *Wochenpost*, Mathias Döpfner, in seiner Protest-Analyse,[15] "die deutsche Lust am Katastrophismus."

"Von Sachfragen wenig getrübt, entlud sich ein Schwall moralischer Empörung in modischem Aktionismus. Schließlich gab es klare Feindbilder: bei Brent Spar den skrupellosen Großkonzern, bei Mururoa den selbstherrlichen Staatspräsidenten und bei der Abschiebung den kaltherzig-konservativen Innenminister."

Das wäre alles gar nicht so schlimm, wenn die Apokalyptiker bereit gewesen wären, etwas dazuzulernen, fährt Döpfner fort:

"Nur: Warum hörte man nichts von den Shell-Boykotteuren, als sich nachträglich herausstellte, daß Greenpeace falsche Schadstoffangaben gemacht hatte und daß die Plattform nun vielleicht doch versenkt wird? Wo waren die Friedensritter, die beim Champagnerboykott Flagge zeigten, als kurz nach dem ersten Atomversuch über die Notwendigkeit einer europäischen Bombe zur Abschreckung atomarer Bedrohung aus Schwellenländern diskutiert wurde? Und warum schwiegen die zuvor Empörten, als sich herausstellte, daß die mit gefälschten Pässen eingereisten sudanesischen Asylbewerber politisch gar nicht verfolgt waren? Weil der dröhnende Vorwurf mehr Spaß macht als die kleinlaute Entschuldigung, und weil die Katastrophe mehr Charisma hat als die Differenzierung."

Sport ist Mord

Historische Korrektheit macht in Deutschland auch nicht vor dem Sport halt. Anfang April 1994 sagte Englands Fußball-Verband aus Furcht vor Ausschreitungen von Rechtsradikalen und autonomen Linken sowie deutschen und englischen Hooligans das für den 20. April geplante Länderspiel gegen die deutsche Nationalmannschaft ab. Warum? Weil man befürchtete, daß ein Fußballspiel am (nicht zum!) 105. Geburtstag Adolf Hitlers ungebetene Gäste anlocken würde. Der Präsident des *Deutschen Fußball-Bundes*, Egidius Braun, konnte die Entscheidung nicht so recht glauben:

"Hitler ist 1945 gestorben. Er sollte für uns alle gestorben sein. Ich kann nicht verstehen, seinen Geburtstag nun zum Gedenktag zu machen. Einem toten Tyrannen darf es nicht gelingen, auch heute noch bestimmend auf unser Leben einzuwirken".[16]

Der *Deutsche Fußball-Bund*, der *Deutsche Sportbund* und der Berliner Senat reagierten enttäuscht auf die Nachricht aus London. In Berlin erklärte man, daß alle notwendigen Vorkehrungen für die Sicherheit der Mannschaften und Zuschauer getroffen worden seien. Bundestrainer Berti Vogts sagte: "Nun haben es einige Randgruppen geschafft, daß der 20. April wieder ein denkwürdiges Datum darstellt."

Rechte wie linke Chaoten hatten es geschafft, aus einem Un-Tag einen Gedenk-Tag zu machen. Man sieht sie innerlich feixen, wenn man sich an die Aussage von Hermann Lutz, dem Vorsitzenden der *Gewerkschaft der Polizei*, erinnert: "Die Absage des Spiels zeugt von einer Besonnenheit und Nüchternheit, die auch deutschen Fußball-Funktionären und Politikern gut zu Gesicht gestanden hätte." Schützenhilfe bekamen die Warner an der Geburtstagsfront natürlich von der *ZEIT*. Wo ansonsten Liberalität gefordert wird, wurde in diesem Fall rechter Gefahr kräftig nach Staat und Ordnung gerufen:

"Es ist keine Schande, daß es in Berlin nicht zur Konfrontation mit den britischen Spielern und ihren berüchtigten Fans kommt. Die Absage erging gerade zur rechten Zeit ... [D]amit wird suggeriert, der 20. April erinnere nur an ein paar wildgewordene Militante. Seine Dimension erhält das Problem jedoch, weil die Bundesrepublik gerade in der Mitte unsicher wird ... Als dem DFB in seiner versammelten Naivität klargemacht wurde, was sich mit dem Datum 20. April neuerdings verbindet, erwiderten die Herren: Nun erst recht! Das Motiv für solche Intransigenz liegt auf der Hand: der Welt zeigen, daß 'wir' anders geworden sind. Deshalb sollten die Völker der Welt auch bei den Olympischen Spielen in Berlin uns Deutschen die erworbene Unschuld bestätigen."[17]

Der 20. April bleibt *ad eternas* Führers Geburtstag. Fußball soll wohl die logische Fortsetzung des Rassismus mit anderen Mitteln sein. Fußballspielen an Führers Geburtstag wäre der unstatthafte Versuch, "Normalität" vorzutäuschen. Und die Bewerbung für die Olympischen Spiele im Jahr 2.000 war der unzulässige Versuch Deutschlands, sich im Purgatorium von den Spielen 1936 zu reinigen. Leni Riefenstahl läßt grüßen!
Die ganze Diskussion hat etwas Absurdes. Dabei wäre die Lösung einfach. Bei befürchteter Randale werden Sicherheitskräfte bereitgestellt. Wohin wollen uns Kommentatoren stellen, wenn die Geburtstage toter Diktatoren und Nazi-Größen unser Leben diktieren. Wohin eine solche Verkrampftheit führt, zeigte eine weitere Meldung nach der Länderspielabsage. Der *Deutsche Fußball-Bund*, vom *ZEIT*-Geist genügend "sensibilisiert", überlegte, ob man das Europameisterschafts-Qualifikationsspiel gegen Wales am 26. April 1995 überhaupt noch austra-

gen dürfe. Der Grund: Der 26. April ist der Geburtstag von Rudolf Heß.

Die Listen der Schuld

Im März 1994 kam ein Film von unglaublicher Kraft in die deutschen Kinos: *Schindlers Liste*. Es war die Geschichte des deutschen Industriellen Oskar Schindler, der während der deutschen Besatzung eine Emaillefabrik in Krakau eröffnet und mehr als 1.000 Juden vor dem Tod retten kann, indem er sie für sich arbeiten läßt. Schindler ist eine zwielichtige Gestalt: Frauenheld, geldgierig, ein Hasardeur.

Steven Spielberg, der amerikanische Regisseur von *Der weiße Hai* und *Jurassic Park*, bewegte mit seinem Film Millionen in aller Welt. Besonders in Deutschland wurde der Film zu einem Erfolg, der in seiner Anstoßwirkung nur mit der 15 Jahre vorher ausgestrahlten Fernsehserie *Holocaust* zu vergleichen ist. Schulklassen gingen geschlossen in die Vorführung. In den ersten fünf Wochen sahen über zwei Millionen Deutsche *Schindlers Liste*. Wochenlang fragten sich Nachbarn und Freunde: "Hast Du ihn schon gesehen?" und meinten damit den indirekten Imperativ: "Jeder sollte dieses Werk sehen!" Der Regisseur nannte die Premiere in Frankfurt, noch vor der Aufführung in den USA und in Polen, "die wichtigste", und Bundespräsident Richard von Weizsäcker sagte, daß "wir für diesen Film dankbar sein können".

Noch nie war ein Kinofilm dermaßen gelobt worden. Ein "einzigartiges Ereignis" (*Westdeutsche Zeitung*), "ein Pflichtfilm für alle Deutschen" (*Prinz*), ein "Dokument des Wahrhaften" (*Frankfurter Allgemeine Zeitung*). Hier sei es gelungen, "soweit das überhaupt menschenmöglich ist, die Shoah darzustellen, und zwar so, daß sich jeder der Zuschauer den Bildern nicht entziehen kann" (*Allgemeine Jüdische Wochenzeitung*). Kritik gab es so gut wie keine. Und wenn welche aufkam, wurde sie abgetan. Wochenlang debattierten Deutschlands Meinungsführer gegen eine Handvoll Kritiker: Man machte es sich zu einfach, indem man der Vorgabe der ZEIT folgte: "Das Unfaßbare an Spielbergs Film liegt darin, daß es für die Kritik an ihm keinen Maßstab gibt."[18] Selbstverständlich gibt es auch Maßstäbe für Filme über den Holocaust: storyline, filmische Umsetzung, Regie, schauspielerische Leistung, Filmmusik etc. Dann bleibt es den Rezensenten überlassen, einen Film als "gut" oder "schlecht" zu besprechen. Dazu aber traute sich in Deutschland kaum einer. Abweichende Meinungen wurden nicht geduldet. Diese filmische Aufarbeitung hatte per se "gut" zu sein, glaubt Bardo Fassbender in der *Neuen Rundschau*.

"Der vielleicht gewichtigste Grund für die positive Aufnahme des Films durch die 'progressive' Kritik aber ist, daß Steven Spielberg ein Jude ist. Das hat die gewöhnlichen Regeln politisch korrekten Sprachgebrauchs außer Kraft gesetzt. Im Regelfall gilt es als unzulässig, die Judenvernichtung in Unterhaltungsform zu behandeln. Noch unzulässiger aber ist es, als Deutscher einen Juden, der sich künstlerisch mit der Vernichtung seines eigenen Volkes auseinandersetzt, zu kritisieren. Das ist ein Sphäre, die deutsche Kritik sich hütet zu berühren."[19]

Der Schriftsteller Henryk M. Broder warf Abweichlern von der pro-*Schindler*-Kampagne vor, das Geschäft des Antisemitismus zu betreiben. Sigrid Löffler hatte in der *Wochenpost* den Hollywood-Stil des Films kritisiert, Will Tremper (*Welt*) wurde aus dem Kontext heraus zitiert, um ihn zu diffamieren, und Günther Rühle vom *Tagesspiegel* bedauerte, daß viele Leute viel Geld mit dem Schicksal der Juden verdienten. Michael Wolffsohn, Professor an der Bundeswehrhochschule in München, wehrte sich in seiner Apologie der Angegriffenen gegen das In-die-rechte-Ecke-Stellen von Kritikern des Films:

"Um der Quasi-Inquisition zu entgehen, politisch 'korrekt' zu sein und nicht als 'Antisemit' abgestempelt zu werden, dürften ihn besonders in Deutschland die meisten 'hervorragend' finden. Ich gestehe: Auch ich halte 'Schindlers Liste' für ein Meisterwerk. Trotz und wegen meiner Bewunderung für diesen Film sage ich: Als Film muß er sich der Filmkritik stellen. Filmkritik wiederum kann nicht nur nach historisch politischen Maßstäben urteilen, sondern auch ... nach ästhetisch filmischen."[20]

Doch genau dieses Betrachten des Films als Kunst, als Ästhetik, war PC-gerecht verboten, was die ganze Debatte prägte. Kritiker bedauerten dies in deutlichen Worten:

"Selten war ein mittelmäßiger Film so gut, eine wichtige Diskussion so schlecht. Selten setzten die Deutschen ein so wichtiges Nachdenken über einen Film so abgrundtief deutsch in den Sand. ... Der erste Stall (der Kritik), über dem ein Heiligenschein schwebt, hält jeden ernstgemeinten Einwand, der sich auf die Ästhetik des Films bezieht, kategorisch für eine Straftat und ahndet sie mit dem Tugendterror der political correctness."[21]

DIE ZEIT wußte natürlich auch, woran das liegt: "Mit Spielbergs Film bewältigt Hollywood ein zweites Mal die deutsche Vergangenheit, und die Deutschen, wahre Meister im Aussitzen ihrer Geschichte, schauen zu."[22] Das war eine ziemlich unfaire Unterstellung, denn Anfang der 80er Jahre hatte der Berliner Produzent Atze Brauner der *Berliner Filmförderungsanstalt* vorgeschlagen, eben diese Geschichte Schindlers zu verfilmen. Die Buchvorlage aber war den deutschen Medienwächtern zu banal, eben nicht "betroffen" genug. *Hollywood* ist für viele deutsche Medienmacher geradezu die Inkarnation des Inkorrekten. Weil sie zu großen Teilen nur langweilige Second-Hand-Ware produzieren, schimpfen sie auf die amerikanischen Regisseure, denen es immer wieder gelingt, eine gute *story* zu erzählen, die auch noch die Produktionskosten einspielt, anstatt dumpfe Sozialkritik zu üben. Dabei hatte Brauner schon lange vor den Betroffenheitsaposteln erkannt, daß man den millionenfachen Mord an Juden der Öffentlichkeit am besten durch die Schilderung von Einzelschicksalen in Erinnerung bringt.

Museale Korrektheit

Im April 1994 diskutierte Regensburg über eine Plastik am Südportal des renovierten Doms. Es handelte sich um eine steinerne Abbildung eines Schweins, an dessen Zitzen drei Juden saugen. Dieser offen dargestellte Antijudaismus aus dem Mittelalter verlange nach einer Entfernung der Skulptur, befanden die einen, während andere sagten, dieser Schandfleck für die Christen solle bleiben, wo er war, allerdings mit einer kommentierenden Tafel. Ohne es zu merken, hatten beide Seiten historisch konforme Handlungen vorgeschlagen: Die Negierung der Geschichte durch Entfernung oder die Reinterpretation der Vergangenheit durch eine Zusatztafel. Keiner erkannte, daß auch die Menschen des ausgehenden 20. Jahrhunderts die Vergangenheit nicht bereinigen können. Wie für alle Epochen gilt auch für unsere Zeit das Diktum des Historikers Leopold von Ranke, wonach jede Epoche "unmittelbar zu Gott" ist und daher aus sich heraus begriffen werden muß. Das heißt, daß jeder Vorgang *sui generis* einzigartig ist und nur im Hinblick auf die Zeitumstände interpretiert werden kann. Die Maßstäbe der Politischen Korrektheit können nicht an eine 800 Jahre alte Skulptur angelegt werden.

Das bildliche Darstellungsverbot historisch inkorrekter Zeugnisse traf zur gleichen Zeit, als in Regensburg diskutiert wurde, eine Ausstellung über Hitler-Porträts. Die Fotoausstellung *Hoffmann & Hitler. Fotografie als Medium des Führer-Mythos*, zuvor im Münchner Stadtmuseum präsentiert, wurde vor der Eröffnung in Berlin überraschend abgesagt. Ausschlaggebend, so der Direktor des *Deutschen Historischen Museums*, Professor Christoph Stölzl, war die Bitte des Vorsitzenden der Jüdischen Gemeinde Berlin, Jerzy Kanal. "Es tut uns weh", sagte Kanal, und Stölzl respektierte die Bitte. Dabei ging es nicht um die kommentarlose Zurschaustellung der Physiognomie des Führers oder den ästhetischen Wert der Bilder, sondern um die Analyse, wie Hitler durch das Medium Fotografie die Massen erreicht hatte. Es ging um die Enthüllung, wie der Leibfotograf Heinrich Hoffmann aus einer Schießbudenfigur den Retter des Reiches, den *GRÖFAZ*, den "Größten Feldherrn aller Zeiten", aber auch den vermeintlichen Kinderfreund und Hundenarren entstehen ließ. Mit der Absage wurden mündige Bürger entmündigt. Sehen und eigenständig werten, ein Selbstverständnis in der Bürgergesellschaft seit der Aufklärung: hier wurde es auf dem Altar der Historischen Korrektheit geopfert. Für *DIE ZEIT* natürlich kein Problem, denn sie traut dem Bürger nicht zu, zwischen Glorifizierung und Propaganda unterscheiden zu können:

> "[D]ie Entspanntheit, derlei neugierig anzusehen, wie etwa Schulkinder, denen der historische Lernstoff durch Anschauung gegenwärtig gemacht wird, können die in Deutschland lebenden Juden, die ihres Friedens nicht mehr sicher sind, unmöglich aufbringen; und wir, die wir eine erdbebensichere Gefestigtkeit deutscher Demokratie nicht voraussetzen sollten, dürfen es nicht."[23]

In unfreiwilliger Parallele zum jüdischen und islamischen Bilderverbot wird damit ein Anathema über die bildliche Darstellung des Absoluten gelegt. Hitler darf nicht bebildert werden - das absolute Böse kann gar nicht sichtbar gemacht werden. Und wenn es doch ans Tageslicht kommt, dann muß es in einem Kraftakt verschüttet werden. Als bei Aufräumarbeiten im Berliner Stadtzentrum Reste des von den Sowjets gesprengten, von der DDR überbauten Warteraums für die Fahrbereitschaft der Reichskanzlei entdeckt wurden, plädierte der Senat für Abdichten und Zumachen: "Bei Unterschutzstellung, Erhaltung und Zugänglichkeit werden die marginalen und eher zufällig verbliebenen Reste im nachhinein eine unangemessene Aufwertung erfahren." Ein kleiner Raum, ein paar liegengelassene Gegenstände, einige dilettantische Fresken von SS-Soldaten waren die gesamte Hinterlassenschaft. "Fahrer oder Führer?" fragte da die *Frankfurter Allgemeine Zeitung*:

> "In der einstigen und neuen Hauptstadt inflationiert eine sonderbare Gedenkkultur. Die künstlerisch ausgestalteten Mahnmale und Gedenkstätten, die an die Greuel der NS-Diktatur erinnern, sind mittlerweile kaum noch zu zählen. Dieser übergreifenden Topographie simulierten Terrors stehen die authentischen baulichen Relikte der Diktatur ... gegenüber ... Würde ein erhaltener und zugänglicher Fahrerbunker tatsächlich auf unangemessene Art aufgewertet? Das Gegenteil ist der Fall. Wer ihn abreißt, baut am fiktiven mythenträchtigen Führerbunker."[24]

Zum fünfzigsten Jahrestag des versuchten Staatsstreiches gegen Hitler vom 20. Juli 1944 zeigte die Bundesrepublik Deutschland in der Washingtoner Kongreß-Bibliothek eine

Ausstellung unter dem Titel *Gegen Hitler: der deutsche Widerstand gegen den Nationalsozialismus.* Was den Deutschen in dieser Ausstellung korrekt, würdig und informativ schien, war in den Augen der amerikanischen Kritiker sehr inkorrekt und so nicht zu akzeptieren, denn hier wurde die deutsche Demokratie nach dem Zweiten Weltkrieg in der Kontinuität des deutschen Widerstandes gegen Hitler gesehen und nicht ausschließlich als Ergebnis der Befreiung durch die Alliierten. Eine Ausstellung nur über den deutschen Widerstand, das schien in Washington inopportun.[25]

Manchmal hat die museale Korrektheit etwas mit der Angst vor dem historischen Erbe zu tun. Die Bundesregierung hatte sich Anfang 1995 darum bemüht, die amerikanischen Streitkräfte zur veranlassen, ihre seit Kriegsende benutzten Freizeiteinrichtungen auf dem Obersalzberg bei Berchtesgaden auch weiter zu unterhalten. Der bayerische Ministerpräsident Edmund Stoiber fürchtete, daß, wenn die Amerikaner abzögen, eine "Wallfahrtsstätte für Ewiggestrige" auf dem Gelände des ehemaligen Berghofs Hitlers entstehen könnte. Der zweite Wohnsitz des Verbrechers soll künftig auf Grund der "besonderen historischen Belastung des Geländes" gemeinverträglich genutzt werden. Ein böses Kapitel der deutschen Geschichte wird so durch Weggucken aus der Welt geschafft. Aber in Deutschland scheint die Sorge über die korrekte Abbildung der Vergangenheit genauso wichtig wie die Ausstellung mit den Zeugnissen der Vergangenheit. Der Eröffnung des *Hauses der Geschichte der Bundesrepublik Deutschland* in Bonn im Sommer 1994 ging eine jahrelange Debatte um die, im Sinne des Wortes, Inhalte voraus. Jürgen Habermas etwa warf der Auswahlkommission "neuen Revisionismus in [der] ... Gestalt von Exponaten" vor. Wessen Geschichte sollte vermittelt werden? Die des Kanzlers oder "Geschichte von unten", so die versuchte Polarisierung. Verblüfft waren die Kritiker bei der Eröffnung: beide Blickwinkel harmonierten.

Museale Korrektheit ist auch das Verbot der historischen Darstellung, die Angst davor, auf Militärflugzeugen ein Hakenkreuz am Leitwerk anzubringen. Im Berliner *Museum für Verkehr und Technik* bemühte sich das Personal - politisch korrekt - mit Erfolg darum, daß ein Hakenkreuz von einer Luft-waffenmaschine entfernt wurde. In der Flugzeugwerft Ober-schleißheim, einer Filiale des *Deutschen Museums* in Mün-chen, ging man sogar einen Schritt weiter. Damit die Besucher und Military-Freaks ein schlechtes Gewissen mit nach Hause nehmen, wenn sie die in tarngrün und staubgrau renovierten Flugzeuge wie etwa den Standardbomber der deutschen Luft-waffe im Zweiten Weltkrieg, die He 111, bestaunt haben, wur-den Teppiche auf dem Boden ausgelegt: acht kleine Einheiten, auf die im Spezialverfahren schwarz-weiß-Fotos zerbombter Städte aufgedruckt sind. Die Münchner Künstlerin Sabrina Hohmann will damit "die Distanz zwischen Opfer und Täter" verringern.

Korrekt war im Juli 1995 das Plädoyer der Bundestagspräsi-dentin Rita Süssmuth für die Umbenennung des Berliner Reichstages in "Deutscher Bundestag". Inspiriert vom Verpak-kungskünstler Christo (korrekt natürlich Jean-Claude und Chri-sto) wollte sie den Kern ändern, indem sie die Umhüllung wechselt. Warum? Ist es mangelnde Geschichtskenntnis? Weiß Frau Süssmuth nicht, daß der "Reichstag" Sitz des ersten de-mokratischen Parlamentes Deutschlands war? Oder verwechselt sie, ganz in Anlehnung an den Zauberkünstler Christo, Form und Inhalt? Der Name des Bauwerkes bleibt, auch wenn die demokratisch gewählten Volksvertreter wechseln. Das Gebäude *heißt* Reichstag, in ihm *tagt* der Deutsche Bundestag. Die *FAZ* fragte daraufhin: "Wieder einmal puristische 'Vergangenheits-bewältigung'?"[26] Oder der unnötige Versuch, historische Brük-ken, die sich auch in Gebäudenamen manifestieren, hinter sich abzubrechen?

Wir stehen in Deutschland erst am Anfang einer Diskussion über Gedenkstätten, die an den Terror und den organisierten Massenmord der Hitler-Zeit erinnern sollen. Wie mit der Ver-gangenheit umzugehen ist, hatte Bundespräsident Richard von Weizsäcker in seiner Rede zum 40. Jahrestag des Kriegsendes auf eindrucksvolle Weise erläutert:

"Schuld oder Unschuld eines ganzen Volkes gibt es nicht. Schuld ist, wie Unschuld, nicht kollektiv, sondern persönlich ... Wir alle, ob schuldig oder nicht, ob jung oder alt, müssen die Vergangenheit annehmen. Wir alle sind von ihren Folgen betroffen und für sie in Haftung genommen. Jüngere und Ältere müssen und können sich gegenseitig helfen zu verstehen, warum es lebenswichtig ist, die Erinnerung wachzuhalten."[27]

Weizsäcker hatte daran erinnert, daß es kaum einen Staat gibt, der in seiner Geschichte immer frei geblieben ist von schuldhafter Verstrickung in Krieg und Gewalt, daß aber der Völkermord an den Juden beispiellos in der Geschichte sei. Eine Gedenkstätte in Deutschland muß alle Opfer der Gewaltherrschaft ehren, vor allem jedoch die Opfer des Holocaust. In der früheren DDR sah man dies anders. In "antifaschistischen" Mahnmalen wie dem KZ-Buchenwald wurde das Leiden der kommunistischen Gefangenen weit stärker gewürdigt als das Leiden der Juden oder der Zigeuner, obwohl kommunistische Funktionshäftlinge bei der Unterdrückung anderer Häftlinge mit den SS-Wachmannschaften kollaboriert hatten. Zwar darf man nicht soweit gehen, Täter und Opfer zu verwechseln. Aber neue Aktenfunde über Buchenwald erhellen das Vorgehen und die Politik der SED in der unmittelbaren Nachkriegszeit, als Beweise unterdrückt wurden, um den Mythos des kommunistischen "antifaschistischen Widerstandes" nicht zu gefährden.[28]

Auftrag solcher Stätten ist es, das größte Verbrechen, das jemals von Deutschland und den Deutschen begangen wurde, in seiner Unvorstellbarkeit zu dokumentieren. Mit der Inflationierung von Mahnen und Gedenken wächst aber auch die Kritik. "Wider die Inflation der Gedenkstätten", wider den "Erlebnisraum Holocaust", spricht sich Dirk Schümer in der *Frankfurter Allgemeine Zeitung* aus.[29] Am Beispiel Berlin führt er aus, daß alle 23 Bezirke an Aspekte der Gewaltherrschaft erinnern. Ein deutsches Holocaust-Memorial entsteht in unmittelbarer Nähe zur früheren Reichskanzlei, ein jüdisches Museum wird gebaut. Schon jetzt gibt es eine Vielzahl von Ausstellungen, Lesungen und Seminaren zu diesem Thema. Am Bebelplatz, dem Ort der Berliner Bücherverbrennung, wurde eine unterirdische, leerstehende Bibliothek, mit Panzerglas überdacht, errichtet. Aber kann man mit immer mehr Gedenkstätten und einem Plus an

"Gedenkstättenarbeit" auch eine Verschärfung des Bewußtseins erreichen, wie es Weizsäcker gefordert hatte?

"Dieser Aufbruch zu immer neuen Gedenkstätten birgt die Gefahr der Profanisierung des grauenvollen Geschehens ... [G]ibt es tatsächlich einen Zusammenhang zwischen der Anzahl von Gedenkstätten und dem Grad an Toleranz in diesem Land? Eher wird die späte Flut der Mahnmale für kommende Geschlechter vom narzißtischen Betroffenheitskult unserer Zeit zeugen ... So aber sind die Nachgeborenen mit einem Beschuldigungsritual konfrontiert, das sie nicht trifft oder das sie bestenfalls als Show wahrnehmen ... Der unwidersprochene Kausalnexus, den die Gedenkstättenlobby behauptet, verheißt nun, mit immer mehr Mahnmalen Rassismus und Fremdenfeindlichkeit zu bekämpfen. In Wahrheit könnte es gerade umgekehrt kommen und die Kultur des ritualisierten Gedenkens auf die Abstumpfung der Nachgeborenen hinauslaufen."[30]

Der jüdische Historiker Michael Wolffsohn spricht sich gegen die Wattierung der Erinnerung durch zentrale Gedenkstätten aus. Hier in Deutschland gebe es "Tatorte", da bedürfe es keines "Erlebnisraumes Judenvernichtung" wie etwa des in Washington errichteten Holocaust-Memorials.[31] Warum dann die Verve, mit der selbst der mit der "Gnade der späten Geburt" versehene Bundeskanzler Kohl einen solchen Bau in Deutschland vorantreibt? *Der Spiegel* weiß, warum sich der Kanzler historisch korrekt verhält:

"Er hat die wohlverdiente Prügel nicht vergessen, die er allenthalben bezog, weil er 1985 US-Präsident Ronald Reagan nötigte, mit ihm gemeinsam den Soldatenfriedhof Bitburg zu besuchen, auf dem auch SS-Männer begraben sind."[32]

Die Angst vor einem Tadel durch die Weltöffentlichkeit darf aber nicht Grund dafür sein, das Gewissen durch den Bau eines solchen "Gedenk-Disneylands" zu entlasten. Gefordert ist der Mut, statt hunderte Orte des Erinnerns zu errichten, denen monatlich neue hinzugefügt werden, die Beschäftigung mit den realen Konzentrationslagern wie Bergen-Belsen oder Buchenwald auf sich zu nehmen. Der Erinnerung wird nicht dadurch geholfen, daß Deutschland mit einem Netz von Gedenktafeln überzogen wird. Ein zuviel an Schuld-Gedenken ist möglich, wie ein Leser in einem Brief an die *Frankfurter Allgemeine Zeitung* schrieb:

"Die nichtverantwortliche deutsche Enkelgeneration ist schließlich genügend umerzogen. Bei ihr wird es eines Tages aber auf inneren Widerstand stoßen, überall in Deutschland mit Holocaust-Mahnmalen konfrontiert zu werden und so auf ewige Zeit indirekt auch selbst am Pranger stehen zu sollen."

Junge rechtsgeleitete Straftäter sind der Beweis. NS ist "in" - Rebellion gegen jüdische Friedhöfe gibt den Skinheads den Kick, den ihr sonst so armseliges Leben nicht bereithält. Die DDR war und ist hier Mahnung. Die dauernde Betonung der antifaschistischen Grundlagen des ostdeutschen Staates wurde zum Ritual, der Neofaschismus, weil tabu, zur Versuchung.

Die neuen Indianer Amerikas

Obwohl die Politische Korrektheit auch den Alltag in Deutschland zu durchdringen beginnt, löst sie bittere, polemische Debatten hauptsächlich dann aus, wenn Intellektuelle sich auf dem sensiblen Terrain der historisch korrekten Vergangenheitsdarstellung bekriegen. Anders in Amerika. Dort sind es die vulgärsten Erscheinungsformen, die mit den heftigsten Auseinandersetzungen einhergehen und oft existenzbedrohende Dimensionen haben. Als sexistisch angefeindete Professoren fürchten um ihre Lehrstühle. Weiße Vorgesetzte, die nicht genügend Schwarze einstellen und befördern, schneiden selbst schlecht ab, wenn es um einen weiteren Sprung die Karriereleiter hoch geht. Auch im Allerheiligsten der Politischen Korrektheit, der Universität, sind es weniger die hehren Ideale als die kleinen, dreckigen Praktiken des Alltags, die das neue Leben bestimmen.

Nur in einem winzig kleinen Reich des absoluten Geistes weht ein Gegenwind. War es um 1990 herum der Vorwurf, politisch inkorrekt zu sein, der zur Allzweckwaffe im universitären Kampf um akademische Besitzstände taugte, so war es unter den wenigen Geläuterten schnell der Gegenvorwurf, politisch korrekt zu sein. Längst ist in den USA der wahrhaft Intellektuelle jemand, der dem anderen vorhält, Substanzlosigkeit hinter den antrainierten Floskeln der *Correctness* zu verbergen. Zu den kuriosen Auswüchsen der Inflation des PC-Vorwurfs gehört es, wenn der Angriff gegen Personen gerichtet wird, die ihrerseits inkorrekt sind und sich selbst einen Namen als Gegner des PC-Kults gemacht haben.

Die beste Illustration liefert das afroamerikanische Geistesleben. Der vor allem von schwarzen Frauen verfolgten Linie, Afroamerikanismus zu kanonisieren und zu institutionalisieren, indem Fakultäten für *black studies* eingerichtet werden, widersetzten sich früh jene, die an die einigende Kraft der Hautfarbe auch dort nicht glauben konnten, wo sie angeblich antirassistisch benutzt wurde. Audre Lorde, die 1992 verstorbene Schriftstellerin, war die Speerspitze und das populäre Ideal der Korrekten. Ihre Selbstdefinition ging selten unterhalb der Drei-Zeilen-Marge vonstatten, war Lorde, die Literaturprofessorin an der etablierten Ostküste, doch eigentlich eine afroamerikanische feministische lesbische Kriegerin-Mutter, die dann noch das karibische Element, den Ort der Sehnsucht und des Zweitdomizils, unterzubringen hatte. Gerade auch die deutsche Frauenbewegung war begeistert von Lorde, einte sie doch die Hetera- und Lesben-Fraktion durch ihr duales Bekenntnis zum Lesbentum und zur Mutterschaft. Gegen Schriftstellerinnen wie Lorde oder Alice Walker und gegen männliche Afroamerikaner, die häufig aus der Soziologie kamen, protestierten beständig Hochschullehrer wie Henry Louis Gates. Gates, Professor in *Harvard*, machte geltend, der schwarze Mittelständler belüge sich, wenn er sich aufgrund von Hautfarbe und kulturellem Hintergrund Gemeinsamkeiten mit der *inner city underclass*, also der Mehrzahl der armen Schwarzen, andichte. Gates, alles andere als ein Marxist, sah die afroamerikanische Gemeinde dennoch durch Klassengegensätze gespalten. Versöhnungsutopien brandmarke er als Kitsch. Inkorrekter kann man kaum sein. Dennoch - wo Mitte der 90er jemand getroffen werden soll, wird er zum Korrektling erkoren. So beschimpfte der undogmatische konservative afroamerikanische Kulturkritiker Albert Murray Gates als getrieben von "zuviel politisch korrektem Karrierismus".[33]

Der Streit zwischen Murray und Gates bildet den Endpunkt einer langen Entwicklungslinie akademischen Streits zwischen Schwarzen und Schwarzen. Angefangen hatte alles mit der Institutionalisierung multidisziplinärer Studien in den 30er Jahren. Die Amerikanistik wurde geboren, um einen als verbindlich angesehenen, zentralen Wertekanon mittels der entsprechenden Literatur (Hawthorne, Thoreau, Emerson, Whitman) zu perpetuieren. Seit den 60er Jahren nagten die Vorläufer der Politischen Korrektheit an der Amerikanistik und forderten die Öffnung. Schwarz zu sein begann, "in" zu sein: "Als schwarz galt fortan, wer einen Urgroßvater aus Ghana oder eine Ahnfrau aus Äthiopien vorzuweisen hatte, auch wenn die Haut so hell sein mochte wie die von Sofia Loren."[34] Europäer begannen, in den USA überrascht Menschen kennenzulernen, die sich als schwarz bezeichneten, aber höchstens ein 64stel afroamerikanische Abstammung vorzuweisen hatten.

Ende der 70er entstanden die ersten *black studies departments* und bald akademische Programme in diesen neuen Fachbereichen. *Native american studies* kamen hinzu, *women's studies, gay and lesbian studies* Programme. Ideologisch waren die afroamerikanischen Fakultäten eine Fortsetzung des Streits um Assimilation/Integration oder lieber Separatismus/Konflikt. Die versöhnliche Linie fand politisch in Martin Luther King ihre Fortsetzung und akademisch in einer Vielzahl renommierter afroamerikanischer Geisteswissenschaftler. Die radikale Linie wurde in Malcolm X und akademisch im Afrozentrismus fortgesponnen, also der Lehre, daß der Mangel an Melanin Weiße nicht nur weiß, sondern auch böse und minderwertig mache, daß alle Kultur aus Afrika komme und der weiße Teufel stets an der Zerstörung dessen arbeite, was Schwarze aufbauen. In Reinkultur wirken diese Phrasen lächerlich. Doch Verschwörungsängste sitzen tief. Wenn heute eine Mehrzahl schwarzer Amerikaner sich vorstellen kann, Aids sei eine von Weißen aus dem Labor - höchstwahrscheinlich der CIA - in die schwarzen Ghettos getragene Waffe zur Vernichtung der Afroamerikaner, so hat der Afrozentrismus sein spalterisches Werk bestens erledigt. Wie sehr dieses Werk der Spaltung das verletzt, was in den 50ern und 60ern als Vision für das künftige Zusammenleben der Rassen in Amerika geprägt worden war, zeigt sich in jenem Projekt, das gleichsam der Ahnherr aktivistischer Politischer Korrektheit war: dem *busing*. Jahrelang wurden in den USA schwarze Kinder über weite Strecken in weiße Schulen gefahren, um Integration herbeizuzwingen. Dies hatte das Oberste Gericht 1954 zum Ziel erklärt. Vier Jahrzehnte später sah sich Amerika mit der Einsicht konfrontiert, daß "das rigide Erzwingen von Integration - *busing*, Quoten - kontraproduktiv sein kann".[35] Doch niemand hätte nach 1954 geahnt, daß die Forderung nach Integration in ihr Gegenteil umschlagen würde, daß das Recht auf Getrenntsein behauptet würde. Wobei nicht immer nur um ideologische Grundsatzpositionen gerungen wurde.

Bei allem Streit um universitäre Programme, Abschlüsse und Zuordnungen ging es immer auch um Pfründen, Ressourcen und Stellen. Als Motiv und Rechtfertigung diente die Umschreibung des Kanons. Der Kanon, das sollten jene wichtigsten Werke der Literatur sein, die nun wirklich jeder gelesen haben sollte - in der Einsicht, daß die meisten ohnedies nicht mehr lesen. Kanon, das meint die Bücher, die an Schulen und Universitäten als Lektüre benutzt wurden, denen damit Prominenz und Zählebigkeit garantiert wurde. Durch die afroamerikanische Bewegung kamen Autoren wie W.E.B. DuBois, Richard Wright oder Ralph Waldo Ellison in den Kanon. Die schwarze homosexuelle Bewegung ergänzte Langston Hughes und James Baldwin. Die schwarze feministische Fraktion machte sich um die Wiedererweckung von Zora Neale Hurston oder Linda Brent verdient und rechtfertigte ihr Vorgehen, indem es zu einem schwarzen Frauen-Boom in der Literatur kam, der im Nobelpreis für Toni Morrison gipfelte. Durch den Einzug afroamerikanischer Literatur veränderte sich nicht nur der Kanon, es veränderte sich auch dessen Titel. Die Elitehochschule *Stanford* in Kalifornien benannte 1988 den obligatorischen Einführungskurs für Erstsemester um: Aus "Westliche Zivilisationen" wurde "Kulturen, Ideen und Werte". Platon, Rousseau und Freud begrüßten den algerisch-südamerikanischen Sozialisten Frantz Fanon in ihrer Nähe. Andernorts trat der Schöpfungsmythos der Irokesen der *Genesis* an die Seite. Sappho ersetzte Kant, der Sozialist Upton Sinclair vielerorts William Faulkner. Die wichtigste Enzyklopädie der amerikanischen Literatur, die *Columbia History of the American Novel*, erkannte plötzlich in der naiven Predigerin Harriet Beecher Stowe, der Autorin von *Onkel Toms Hütte*, die bedeutendste Autorin des 19. Jahrhunderts, weil sie "sozial konstruktiv" gewesen sei.[36] Konservative wie der Universitätsprofessor Allan Bloom wehrten sich vehement gegen diesen Kanon von links. In seinem Buch *The Closing of the American Mind* warnte er seine Studenten vor der freiwilligen Selbstbeschränkung des Geistes. Er versammelte, was wirklich wichtig zu sein schien. Darunter befanden sich in der Mehrzahl die berühmten *dead white European males*, tote europäische (also weiße) Männer, auch PPPP (*pale patriarchal penis people*) genannt. Es stand ein neuer gegen einen alten Kanon.

Multikulturalismus war jenes Schlagwort, das bald von den verschiedensten Seiten ins Feld geführt wurde. Multikulturalismus, ein Begriff, den erstmals Jimmy Carter bei seiner Nominierung als demokratischer Präsidentschaftskandidat 1976 benutzte, meinte den Abschied von der Illusion, Amerika sei eine Gesellschaft der *WASPs*, der weißen anglosächsischen, protestantischen Männer der judeo-christlichen Tradition, die noch heute von konservativen Amerikanern als Kern ihres Selbstverständnisses ausgegeben wird. Die Linke und die Liberalen forderten mehr, ein Bekenntnis zum Pluralismus, den Abschied von der Vorstellung, letztlich werde man sich doch am Kamin in Bostons nobler Backsteingegend Beacon Hill wiedertreffen. Multikulturalismus wurde organisatorisch und institutionell umgesetzt, indem PC-Fakultäten geschaffen wurden. Intellektuell überlebten unter dem gemeinsamen Dach die alten zwei Linien: die Gemäßigten, die die Notwendigkeit verstanden, Verschiedenartigkeit zu akzeptieren und aus diesem Wissen heraus den Dialog zu suchen. Dieser Multikulturalismus verlangte den Blick über den eigenen Tellerrand hinaus, suchte und glaubte an Verständigung. Die radikale Fraktion meinte Friktion, wenn sie vom Miteinander der Kulturen sprach, und vertrat das Diktum, daß Verständigung per se unmöglich sei. Multiple Kulturen hieß für sie das Bekenntnis zur Existenz und die Förderung von abgeschotteten Lagern, die strukturell zum Dialog unfähig waren und zu sein hatten.

"Multikulti" wurde in Deutschland schnell zum Schimpfwort für versponnene Romantiker, die sich die Frage gefallen lassen mußten, ob sie radikal-islamische Todesurteile gegen Dissidenten oder das Prinzip der Blutrache denn auch tolerieren wollten - und, falls nicht, wie sie ihren Wertekanon dann rechtfertigten. In Berlin wurde Ende 1994 ein Radioprogramm namens *Multikulti* geschaffen, das anders als die alten Fenster für fremdsprachliche Programme im "Gastarbeiterfernsehen" ein integriertes Konzept des kulturellen Austausches präsentieren wollte. Heraus kamen im wesentlichen doch die alten Spartenprogramme.

Von multipler Kultur zum Separatismus war es nicht weit, da nicht Toleranz, sondern Diversität bis zum Dissens die Kernerkenntnis der Multikulti-Fraktion war. Natürlich schuf man sich auch seine eigenen Probleme. So debattierten schwarze Unis in der amerikanischen Südstaatenmetropole Atlanta 1994 verzweifelt, ob sie denn eines *african american studies*-Programmes bedürften. Schwarze Hochschulen fragten sich und ihre streikenden Studenten zu Recht, wozu man eine schwarze Uni sei, wenn man dann noch ein Programm in Afroamerikanismus brauche. Sei man nicht angetreten, den schwarzen Aspekt in allen Disziplinen zu sehen und wertzuschätzen?[37]

Die Politische Korrektheit machte jedoch in der universitären Praxis allzu oft aus dem Feminismus - wie aus dem Afroamerikanismus - eine Farce. Die Universität von Virginia verbot "amouröse Beziehungen" zwischen Lehrkörper und Student, um Studentinnen vor erregten Professoren zu schützen, die sich gute Noten mit Liebesdiensten honorieren ließen. An einer amerikanischen Hochschule fühlte sich eine Studentin "sexuell belästigt", weil der Professor ein Foto seiner Frau im Badeanzug auf dem Schreibtisch stehen hatte. Auf einem anderen Campus wurde ein akademischer Lehrer von einer Kollegin aufgefordert, Manets *Olympia* von der Wand zu nehmen, weil das Gemälde die Frau als Objekt darstelle. Ein Literaturprofessor von der Universität New Hampshire hatte den Prozeß des Schreibens mit den Worten erklärt: "Du und der Gegenstand werden eins." Studentinnen fühlten sich durch die Metapher erniedrigt, der Hochschullehrer wurde beim universitätsinternen Büro zur Prävention sexueller Übergriffe angezeigt. Er wurde entlassen, zu einer Geldbuße und zu einer Sexualtherapie verurteilt.

All dies geschieht, weil Amerika besessen ist vom Thema des *sexual harassment*, der sexuellen Belästigung oder Nötigung. Das Ungleichgewicht öffentlichen Interesses ist bizarr. Wenn Hunderte Schüler mit Waffen in die Schulen kommen und Dutzende Pennäler jährlich im Klassenzimmer erschossen werden, stört das kaum jemanden. Wenn am *Antioch College* in Ohio ein Student einer Studentin den Arm um die Schulter legt, fliegt er von der Hochschule. Antioch hat nämlich die Kodifizierung von konformen Verhaltensweisen im Umgang der Geschlechter miteinander am weitesten getrieben und hierzu eine Richtlinie herausgegeben. Jeder Schritt einer zwischenmenschlichen Annäherung bedarf der Verbalisierung, die laut und verständlich erfolgen muß: "Darf ich mit meiner Hand Deinen Oberarm berühren?" Fragen, die unter Alkoholeinfluß gestellt werden, gelten als nicht gefragt. Nicht fragen gilt als versuchte Vergewaltigung. Erst nach einer Antwort, gleichfalls verbal, laut und deutlich, und erst nach der dann erfolgenden gemeinsamen Feststellung eines Konsenses darf berührt werden. Jeder Schritt bedingt dieses Procedere. Die Universität spricht von 20 Vergewaltigungen im Jahr 1993. Keine wurde bei der Polizei aktenkundig. Als Dossier existiert in den Räumen des "Verwaltungsbüros" der Hochschule nur ein Fall. Samstag abends hatte ein Student mit einer Studentin - nach unterschiedlichen Zeugenaussagen - "zu eng getanzt" oder sie geküßt. Der Täter, Randy, bereute öffentlich in der Unizeitung. Knapp entging er der Relegation. Randys Professor sagte: "Randys Selbstentleibung hat den Charme der Moskauer Schauprozesse."[38]

Das Wort "forefathers" wurde durch "ancestors" ersetzt, aus dem "chairman" wurde die "chairperson" oder schlicht der "chair". Aus "mankind" wurde "humankind". Doch aus dem Kampf gegen die sexuelle Gewalt ist in den USA längst ein

Volkssport geworden, die Denunziation, und da ein bloßer Verdacht oder eine bloße Empfindung ausreicht, sind die Paranoiker Amerikas aufgerufen, sich gegenseitig um die Existenz zu bringen. Wen kein Gericht erledigt, den erledigt der Skandal. Die Inflation der Vorwürfe verrät schon vieles über ihre Glaubwürdigkeit. In einer landesweiten Erhebung unter amerikanischen Schülern der Klassen 8 bis 11 gaben 85 Prozent der Mädchen und 76 Prozent der Jungen an, sexuell belästigt worden zu sein. Schülerinnen erstreiten Tausende von Dollars von Schulbehörden, weil an der Schulmauer ein pornographisches Graffito zu sehen ist, in dem die Betroffene dargestellt war. Aber auch Jungen klagen. Die amerikanische Anwaltschaft freut sich über die gewinnbringenden Fälle. Die Hysterie scheint keine Grenzen zu kennen. Auf dem Flughafen von Minneapolis hatte sich eine Frau "traumatisiert" gefühlt über die unerwartete Körperberührung beim Abtasten durch die Sicherheitsbeamten. Sie klagte. Sie war Stewardess.

Nur vor dem Hintergrund der spezifisch amerikanischen Sensibilitäten, die beim Thema Rasse und beim Thema Geschlecht emporgespült werden, läßt sich verstehen, woher die Faszination eines Fernsehspektakels kam, das die ganze Nation in den Bann schlug. Clarence Thomas, ein konservativer schwarzer Staranwalt und Bundesrichter, sollte an das Oberste Gericht bestellt werden. Anita Hill, ebenfalls schwarz, junge Juraprofessorin aus der Provinz, beschuldigte Thomas bei den *congressional hearings* zur Bestätigung der Nominierung durch den Präsidenten der sexuellen Belästigung in Wort und Tat. In Europa stieß die amerikanische Faszination, die der Fall und die Direktübertragung der Zeugenaussagen hervorrief, auf Unverständnis. Dabei war es nicht Voyeurismus, was die US-Bürger den Aussagen Anita Hills lauschen ließ. Hier trafen die beiden großen PC-Helden, die Schwarzen und die Frauen, aufeinander. Hier beschuldigten sich zwei Opfer gegenseitig, Täter zu sein, und trugen dabei doch die Insignien ihres Opfertums, ihre Hautfarbe, im Gesicht. Eine schwarze Frau durfte einem schwarzen Mann vorwerfen, was jeder weiße Zuschauer dachte, aber öffentlich zu sagen sich nie getraut hätte. Hill agierte aus der doppelten Deckung heraus - geschützt durch Hautfarbe und Geschlecht.

Beim Umgang mit Frauen und Schwarzen geht die Gesellschaft der USA nicht grundsätzlich anders vor als Deutschland bei Versuchen, den Frauenanteil zu steigern. Während in den USA der öffentliche Diskurs eher auf Liberalismus abstellt und Enklaven sich in Form von Hochschulen für Frauen und Afroamerikaner halten, fehlen in der Bundesrepublik die traditionellen Schutzräume gerade im Bildungswesen, dafür ist die ideologische Ausrichtung separatistischer. Was in Deutschland Quoten sind, ist in Amerika die *affirmative action* und die *reverse discrimination*, die umgekehrte Benachteiligung. So haben die weißen Förster der Nationalparks in Kalifornien geklagt, weil sie praktisch überhaupt keine Aufstiegschancen mehr haben: freie Stellen sind zur Aufstockung des Durchschnittsanteils von Frauen und Schwarzen de facto zu 100 Prozent für Frauen und Schwarze reserviert. In der US-Bundesfinanzverwaltung sind schwarze Frauen im Verhältnis zu ihrem Anteil an allen Erwerbstätigen zehnfach überrepräsentiert - gilt nun ein weißer Mann als bevorzugt einzustellen? Und in der Bundesrepublik?

> "Wenn an einer [deutschen] pädagogischen Hochschule mit 80% Frauenbeschäftigung eine Stelle mit dem Zusatz ausgeschrieben wird: 'Bei gleicher Qualifikation erhalten weibliche Bewerber den Zuschlag', so handelt es sich um eine sinnwidrige Anwendung von PC zu sexistischen Zwecken,"

rügt Gert Mattenklott.[39]

Doch der dies geschrieben hat, ein Germanistik-Professor, der in Berlin eine attraktive Stelle besetzen wollte, taugt selbst kaum als Opfer der Regelungen, die er beschreibt. An der *Freien Universität* ringen seit 1994 korrekte und inkorrekte Fraktionen um die Besetzung eines Lehrstuhls. Selbstverwaltung, Gremien, Senat und Öffentlichkeit versuchten zu entwirren, was inhaltlich angemessen sei. Mattenklott schnitt nicht schlecht ab, so daß sich seine Leser fragten:

> "Worüber echauffiert sich Mattenklott so? Wenn Mattenklott geschwätzig bemüht ist, als Opfer der 'Profiteure der PC' zu er-

scheinen, so wirkt dies doch zum mindesten komisch angesichts seines gerichtlichen Sieges über die PC-Vertreterinnen in der Lehrstuhlfrage."[40]

Es ist leicht vorherzusehen, daß die verfassungsrechtliche Haltbarkeit von Quotenregelungen, bei denen per Definition das Einzelschicksal hinter einer als erwünscht angesehenen Komposition der jeweiligen Gesamtgruppe zurückstehen muß, noch häufig und in den verschiedensten Varianten auf den Prüfstand kommen wird: auf den juristischen, politischen und gesellschaftlichen. Amerika und Deutschland arbeiten bislang verschieden. In Berlin gibt es einen Ansprechpartner für Homosexuelle bei der Polizei, einen Schwulenbeauftragten. In New York wird über den Prozentsatz debattiert, der bei Neueinstellungen Homosexuellen vorbehalten bleiben sollte. Die statistische Erfassung jeder Ungleichheit kann flugs in ein normatives "Ändert die Politik" umgemünzt werden - doch was darf reglementiert werden, und ab wann stellt sich die Frage nach den Grenzen der Reglementierung? Muß der Geschlechter- und Rassenanteil der Studenten an einer US-Hochschule der Bevölkerung streng kongruent sein oder mit Spielräumen? Oder muß schlicht *ein* Anforderungsniveau gelten? Das schlechtere Abschneiden von schwarzen Jugendlichen bei den amerikanischen Hochschulzugangstests wird in der öffentlichen Debatte in Amerika damit begründet, schwarze Kinder seien sozial benachteiligt und würden Fragen ausgesetzt, die kulturell nicht dem entsprächen, was sie als eigenes Erbe einbrächten. Das etwas krude Modell suggeriert: weiße Vorstadtkinder aus den wohlhabenden *suburbs* wachsen mit Schubert auf, schwarze Jugendliche lernen natürlicherweise haitianischen Steeldrum-Reggae kennen, werden aber hinterhältigerweise nach Schubert gefragt. Nun ist offensichtlich, daß die Kapazität der Schulverwaltungen, auf den jeweils individuellen Hintergrund an kultureller Prägung abgestimmte Fragebögen für Tests zu entwerfen, begrenzt ist. Es kann nur allgemein verbindliche Inhalte geben, die auf Inklusivität und nicht Abschottung bedacht sind.

Man kann sich leicht vorstellen, um wieviel schärfer eine solche Debatte um Chancengleichheit und PC-äquivalente Prüfungen und Klassenzimmer in einem Land ausfällt, das noch viel zerrissener ist als Deutschland oder Nordamerika. Im Grunde genommen geht es um den Zugang von Minderheiten. Südafrika beispielsweise beherbergt eine Gesellschaft, in der unter den neuen Bedingungen darüber gestritten wird, ob die Schüler statt Proust und Oscar Wilde nicht besser Chinua Achebe (der aus Nigeria stammt) und Ellen Kuzwayo (eine schwarze Südafrikanerin) lesen sollen. Wenn um den schulischen Kanon gestritten wird, läßt sich am besten bemessen, wie kräftig die Anspruchshaltung einer Gruppe durchgedrückt wurde, die sich in einem bestimmten Sinne politisch korrekt verhält.[41]

Quoten, Sonderregelungen, Ausnahmebestimmungen tragen zur politischen Labilität bei. Die Anlaufphase für den republikanischen Teil des amerikanischen Präsidentschaftswahlkampfes verlief während der ersten Monate des Jahres 1995 dergestalt, daß jeder der bereitstehenden Kandidaten seiner Opposition gegen *affirmative action*, Quoten und Gegendiskriminierung Ausdruck verlieh. Deutschland durfte zwar noch keine Thomas/Hill-Anhörungen erleben und verspürte auch geringes Interesse, dem O.J. Simpson-Prozeß zu folgen, der in den USA quasi eine vulgäre Neuauflage der Anhörungen war, diesmal mit echtem Blut und einer weißen Frau - Flittchen oder Märtyrerin im Dienste der Rassenversöhnung? - als Opfer.

Wir brachten nur kleine Skandale hervor. Doch auch in Deutschland gilt: nichts macht sie pikanter, als wenn Diplom-Opfer antreten, anderen Meister-Opfern den akademischen Grad abzusprechen. Wolf Biermann, Alfred Hrdlicka und Henryk M. Broder lieferten, kommentiert von Daniel Cohn-Bendit, zur Jahreswende 1994/95 eine Kostprobe, als sie sich gegenseitig als Alibi-Juden schmähten und der Wiener Bildhauer Hrdlicka dem nach Hamburg ausgebürgerten Sänger aus Deutschlands Osten gar im ehemaligen SED-Zentralorgan *Neues Deutschland* die Nürnberger Rassengesetze "an den Hals" wünschte. Einen ähnlichen Universalitätsanspruch hatte die Kontroverse zwischen der Feministin Alice Schwarzer und dem Starfotografen Helmut Newton. "Antisemitisch" und "faschistisch" zu sein - das sind die beiden tödlichsten Angriffswaffen unter den geistigen Kurzstreckenraketen. Hrdlicka/Broder/Biermann benutzen verständlicherweise gern den Antisemitismus-Vorwurf bzw. dessen bittere Zurückweisung. Alice Schwarzer, die Frau hinter *Emma*, benutzte den Vorwurf "faschistoider Propaganda" gegen den deutschjüdischen Emigranten Newton, dessen beanstandete Fotos zumeist nackte, blonde Germaninnen in heldenhaften Posen zeigten.[42] In Deutschland enden derlei Streitigkeiten meist vor Gericht, in Amerika meist mit dem Ruin. Frau Schwarzer verlor ihren Prozeß; sie durfte 19 Fotos des Künstlers nicht abdrucken, nur um zu beweisen, daß dieser ein Faschist sein sollte. Dem Beobachter bleibt die Erkenntnis, daß die Inflationierung des Faschismus-Vorwurfs eigentlich zwangsläufig und normal ist. Pro neuerrichteter Gedenkstätte ist im Jahresschnitt mit drei Enthüllungen zu rechnen, daß der berühmte linke Publizist Soundso in Wahrheit ein Judenhasser sei und er dies bislang nur immer gleich geschickt wie perfide versteckt habe.

Eine saarländische Kommission zur Kräftigung der Bildung schrieb über das doppelt heikle Feld der Universität und der dort arbeitenden Frau:

"Üben infolge vorzeitiger Beendigung der Amtszeit weder die Rektorin bzw. der Rektor noch die Prorektorin bzw. der Prorektor ihr bzw. sein Amt aus und kann die Wahrnehmung der Geschäfte nicht ohne schweren Nachteil für die Fachhochschule bis zur Neuwahl einer Rektorin bzw. eines Rektors ruhen, so bestellt die Ministerin bzw. der Minister für Wissenschaft und Kultur eine Professorin auf Lebenszeit bzw. einen Professor auf Lebenszeit der Fachhochschule als kommissarische Leiterin bzw. kommissarischen Leiter. Sie bzw. er ..."[43]

Schwerfälliger geht es wohl kaum. PC ist ein Gemeinplatz geworden, wenn selbst CSU-Politiker Parteiversammlungen mit "Liebe Parteifreundinnen und -freunde" ansprechen, wenn Rita Süssmuth (jüngst als "das, was von '68 übriggeblieben ist" bezeichnet) die CDU dazu bringen kann, quotierte Listenplätze für Frauen festzuschreiben. Das Korrekte ist ins Zentrum gerückt; wer sich absetzen will, verdammt den anderen als Zentrist und Anpasser. Das Totschlagargument gilt in beide Richtungen. Es gilt dies hüben und drüben, in Amerika und

Deutschland. Es wird schick, inkorrekt zu sein, weil man damit vorgeben kann, auch gegen die Institutionen der buchhalterischen Korrektheit (also Universitäten und, immer stärker, die öffentliche Verwaltung) eingestellt zu sein.

Der Sturm der populären Helden

In Amerika kommt der Widerstand gegen die *Political Correctness* primär und originär von der Populärkultur, nicht von der etablierten Szene der elitären, universitätsnahen Hochkultur. Die linken Eliten glauben zur gesellschaftlichen Heilung und zum Fortschritt beitragen zu müssen. Die Populärkultur dagegen spürt instinktiv, daß ihr ein entscheidendes Moment der Provokation in die Hand gelegt wird, wo die politisch korrekte Haltung herrscht. Dies verdeutlicht kaum jemand in exaltierterer Pose als Rush Limbaugh. Wenn der alleinunterhaltende Fernseh- und Rundfunkmoderator auftritt, startet er eine Kampfshow, die ihren Unterhaltungswert aus dem overkillmäßig dosierten Einsatz aller nur erdenklichen Provokationen bezieht. Limbaugh ist Rechter, sein Live-Publikum ist erzkonservativ, beide ergänzen sich in ihrer Ablehnung all dessen, was an Amerika ihrer Anschauung zufolge immer schon falsch war: Großstädte und Einwanderer, elitäre Kunst und die Ostküste, Atheismus und Intellektuellentum, Liberalismus und Washington. Während sein Ahnherr Morton Downey Junior noch das aggressive Streitgespräch pflegte - wie es in Deutschland etwa Sendungen wie *Einspruch* oder *Der heiße Stuhl* versuchten -, enthält sich Limbaughs Sendung jeder Balance und jedes Versuchs, ausgewogen zu sein. Limbaugh hetzt solo und erzählt Witze, deren bevorzugte Objekte die gleichgelagerten Unfähigkeiten von Schwarzen, Juden, Frauen, Liberalen und Künstlern sind. Mit dieser Masche ist Limbaugh längst auch zum Bestsellerautor geworden.

Doch es wäre zu kurz gegriffen, seinen Erfolg nur auf eine billige Lust am Krawall zurückzuführen. Limbaugh ist erfolgreich, weil er einer tiefsitzenden Empfindung Ausdruck verleiht: eben nicht nur der, daß etwas falsch läuft zwischen Atlantik und Pazifik, sondern vielmehr jener, daß Aggression und Streit Urtugenden des Umgangs miteinander zu sein haben, daß geschimpft werden dürfe und müsse, daß es so etwas wie die Volksseele und deren gesundes Empfinden gebe, daß beide marginalisiert seien, wo *Political Correctness* regiert, daß man sie aber gerade im politischen Geschäft bitter nötig hat. Durch Limbaugh oder Kollegen wie den Radio-Skandalisten Howard Stern wird PC dorthin zurückgedrängt, wo sie herkam.[44] Die Verlierer der Reagan-Revolution, die mit Clinton den Ausbruch aus ihrem Elfenbeinturm versuchten, werden zurück in die Universitäten gescheucht. Das wahre, handelnde Amerika, so die Botschaft, bedarf ihrer nicht und gedenkt, die Clinton-Jahre zu einem kurzen Intermezzo zu machen und zu einer historischen Aberration zu degradieren. Der rechte Wahlsieg in den USA bei den Zwischenwahlen Ende 1994 gab der parteipolitisch organisierten Variante des PC-Hassertums eine Leitfigur. Der aus dem Südstaatenland Georgia stammende Geschichtsprofessor Newt Gingrich verkörpert, wie weit man mit Inkorrektheit in der Politik kommen kann. Er ist die kongressgewordene Inkarnation Limbaughs. Er wird gewählt, weil er sagen darf, was nicht gesagt werden sollte - und er darf es sagen, weil Mainstream-Amerika glaubt, seiner zu bedürfen, weil es die Politische Korrektheit als künstlich und oktroyiert empfindet. Der *backlash* ist da.

Und er verschont mittlerweile nichteinmal mehr das Allerheiligste von PC. Im Juli 1995 beschloß der Verwaltungsrat der Universität von Kalifornien (UC) unter der Leitung des republikanischen Gouverneurs des Bundesstaates, Pete Wilson, daß an den neun Universitäten mit 162.000 Studenten von 1996 an Geschlechter- und Rassenquoten bei der Zulassung von Studierenden und bei der Besetzung von Lehr- und Verwaltungsstellen unzulässig sind. Der Anteil der Studenten, der nur über Leistungskriterien und ohne Berücksichtigung jeder sozialen Determinante zugelassen werden muß, wurde von 40 bis 60 Prozent (je nach Universität und Fachbereich) auf 50 bis 75 Prozent erhöht. Damit kippte UC Berkeley, das neue Jerusalem der Korrektheit, jäh in das feindliche Lager. Wilson, der sich um die Nominierung als republikanischer Präsidentschaftskandidat bemühte, drängte auf das Anti-PC-Votum auch aus wahlkampftaktischen Gründen. Die Bundesregierung in Washington sprach prompt von einem "schrecklichen Fehler" und drohte mit der Kürzung der Fördermittel für das kalifornische Bildungswesen. An zwei Zahlen, die Wilson publicity-trächtig einsetzte, kam Clintons Verteidigung der *affirmative action* jedoch nicht vorbei: Umfragen wiesen 60 Prozent der Amerikaner als Gegner von Rassen- und Geschlechterquoten aus. Solider - weil von der UC-Verwaltung bestätigt - war die andere Ziffer: Von den über *affirmative action* zugelassenen Studenten schlossen nur sieben Prozent ihre Ausbildung erfolgreich ab.

Noch gibt es enge Grenzen, innerhalb derer sich die PC-Gegnerschaft in den USA von der Populärkultur in die Politik übersetzen läßt. Gingrich ist Stratege und weiß bestens, welche Axiome er besser nicht verletzt. Die Hetze gegen das von Clinton politisch durchaus korrekt besetzte Kabinett (Hispanics, Schwarze, Frauen, Homosexuelle sind erstmals alle vertreten) kann nicht überdecken, daß die PC-Gegnerschaft für die amerikanische Rechte ein Werkzeug ist und nur in zweiter Hinsicht Glaubenssache. Doch sie weiß, daß rechts sein schick ist, weil rechts provoziert, Bewegung verspricht und den pseudo-sozialdemokratischen Konsens verletzt. In der Populärkultur ist die PC-Gegnerschaft so tief verwurzelt, daß die Rechte keine Nachwuchsprobleme haben wird.

Die junge Generation der Amerikaner goutiert die Cartoon-Serie *Beavis and Butthead*, die *RTL 2* in einer übersetzten Fassung auch an die deutsche Kundschaft bringt. *Beavis and Butthead* läuft im Musiksender *MTV*. Die Teenager-Fangemeinde wird bestens auf Widerstand gegen das PC-Programm getrimmt. Ihr Gegner ist der schwächliche Hippielehrer der beiden Vorstadtkinder, die in der Serie als Helden reüssieren. Der Lehrer steht für all das, was in den 70ern "in" war. Er verwirklicht sich selbst im Dichten und Gitarrenspiel, liebt Tiere und die Natur, hat Verständnis für verhaltensgestörte Jugendliche und singt zu den Vöglein im Walde. In einer besonders populären Episode instruiert Lehrer van Driessen die beiden Knaben, die Klassensprecher werden möchten: "Es wird Zeit, daß ihr politisch korrekt werdet!" und überreicht hierzu Ausgaben der fiktiven (?) Handreichungen *Heal Your Pain* (Heile deine Schmerzen) und *Men Who Feel* (Männer, die fühlen). Seine Kultur der Versöhnung trifft bei *Beavis* und *Butthead* (auf deutsch etwa: "Blödmann" und "Arschgesicht") auf Hohn und Spott, und natürlich merkt der freundliche Korrekte dies nicht. Die Jugend ist subversiv, sieht Mädels als *chicks*, die es "aufzureißen" gilt, grillt Frösche und wäscht Pudel in der Waschmaschine. Anti-PC macht Spaß, lehrt die Serie. Nichts ist der Jugend lieber, nichts auf dem Bildschirm populärer.[45] Eine abgeschwächte Variante, die um ihrer Abschwächung willen entsprechend ältere Zuschauerkreise erreicht, ist die amerikanische TV-Seifenoper *Eine schrecklich nette Familie,* die ebenfalls im Sender *RTL* zur besten Sendezeit dem deutschen Publikum offeriert wurde. Diese Seifenoper "trotzt allen Regeln der political correctness", hat der Essayist Henryk M. Broder einmal festgestellt. So könne sich Al Bundy, der erfolglose Familienvater und Schuhverkäufer, beispielsweise in seiner Einstellung zur Frau zu Positionen bekennen, "die längst im Geschlechterkampf gemeuchelt wurden".[46] Den selbsternannten Abweichlern von der Doktrin ist jede Provokation recht. Al Bundy ist nett, weil PC blöde ist: diese Lektion sitzt.

Die Maske des Opfers entrissen

Die Politische Korrektheit behauptet, die Wiedergutmachung für Verletzungen zu sein. Nichts provoziert mehr als die Enttarnung von Verletzungen als nur eingebildet. Aus diesem Kontext bezog ein Streit in den Vereinigten Staaten seine Brisanz, der in den Jahren 1993 und 1994 Schlagzeilen machte. Die einen sahen in der Geschichte die "schwerste Krise der Psychiatrie", die anderen einen "Generalangriff auf die psychologisch-psychiatrische Profession". Was war geschehen in dem Land, das sich selbst als therapeutische Gesellschaft geoutet hat und in dem jeder neben dem Telefon am dringendsten eines Psychologen bedarf?[47]

Es geht um eine Familie. Die Tochter suchte einen Psychiater auf. Der stellte unter Hinweis auf 80 Prozent der Fälle, in denen die Dinge ähnlich seien, fest, sie habe verschüttete Erinnerungen an sexuellen Mißbrauch in der Familie. Ihre diversen Beschwerden, unter anderem Magersucht und Depressionen, seien Symptome dieser verdrängten Erfahrung. Die Tochter wurde aufgerufen, nach der Erinnerung zu forschen, sich gehen zu lassen. Unter Zuhilfenahme einer "Wahrheitsdroge" genannten Pillensammlung und etlicher vollgekritzelter Blatt Papier gelangte die Tochter schließlich zu der Einsicht, daß sie im Alter von zwei oder drei Jahren vom Vater mißbraucht worden sei. Der Vater wurde mit dem Vorwurf konfrontiert - auch dies ein Ratschlag des Psychiaters, anschließend wurde der Kontakt abgebrochen. Der Vater verlor weite Teile seines Freundeskreises und einen lukrativen Job. Die empörte Mutter ließ sich scheiden. Fünf Jahre später kehrte die Tochter reumütig zurück und gab an, ihr sei eine falsche Erinnerung "eingepflanzt" worden. Der Vater klagte auf acht Millionen Dollar Schadensersatz gegen den Psychiater. Er gewann. Die Fahndung nach Möglichkeiten, sich selbst in die politisch korrekte Opferrolle zu flüchten, hatte einen Dritten zum wahren Opfer und schließlich zum Sieger gemacht.

Mittlerweile existieren in den USA Dutzende Selbsthilfegruppen für Menschen, die glauben, daß ihnen falsche Erinnerungen eingeredet worden sind. Stets war es dasselbe, was den Kern der Erinnerung ausmachte: Du warst Opfer. Daher waren Therapie und Ergebnis politisch korrekt und die Wahrheit dessen, was da herausgefunden worden war, nicht anzuzweifeln. Die Flut der Anschuldigungen hat eine eigene Gesetzgebung nach sich gezogen, denn sexuelle Gewalt gegen Kinder in irgendeiner Form zu tolerieren ist so undenkbar, daß sich kein US-Politiker diesem Vorwurf aussetzen möchte. Also hat mittlerweile fast jeder zweite US-Bundesstaat ein Gesetz, das die Fristen regelt, innerhalb derer ein Mißbrauchs-Verfahren (zivil- und strafrechtlich) nach der Wiedererlangung der verschütteten Erinnerung (*recovered memory syndrome*) begonnen werden kann. Nicht die behauptete Tat bestimmt also Verjährungs- und Verfolgungsfristen, sondern der Zeitpunkt der Rückerinnerung.

In den Vereinigten Staaten scheinen immer mehr Menschen Opfer eines Kultes zu werden. 1991 gewannen zwei Töchter vor Gericht gegen ihre 76jährige Mutter eine Zivilklage. Die Töchter behaupteten, vor Jahrzehnten in blutigen Ritualen mit tödlichem Ausgang für andere Beteiligte mißbraucht worden zu sein und seitdem unter Persönlichkeitsspaltung zu leiden. Hochrechnungen zufolge müßte jeder Amerikaner ein paar Leichen im Vorgarten vergraben haben, wenn die These, man sei einmal Opfer eines satanischen Rituals gewesen, in allen behaupteten Fällen stimmen würde. In einer Studie der Universität von New York in Buffalo gab ein Drittel der befragten 2400 Psychiater an, Patienten zu haben, die sich als Opfer solcher Rituale betrachten. Der Kult um psychische Deformationen ist aus Amerika nicht wegzudenken. Nirgendwo ist die Opferrolle leichter zu bekommen als im Reich der seelischen Verkrüppelungen, nirgendwo ist sie schlechter hinterfragbar. Mit zwei Jahren fast dem Teufel geopfert worden zu sein, kann jeder behaupten. Schwarz oder behindert zu sein, ist dagegen nunmal leider nachprüfbar.

Der Vulgärpsychologismus unserer Zeit, der kleinste gemeinsame Nenner bei jeder Form der Verständigung und in der therapeutischen Gesellschaft Leitfaden für das Alltagsverhalten (zur Wahl des Partners und zur Wahl der neuen Arbeitsstelle gibt es Ratgeber, die sprachlich und inhaltlich dieselben Schritte anraten), hat längst seine eigene Sprache kreiert. Während politisch korrekt aus "Häftling/Sträfling/Gefängnisinsasse" ein "Kunde des Korrektursystems" wird und man davon spricht, bei einem gelungenen militärischen Beschuß feindlicher Stellungen seien "Ziele positiv bedient" worden, sind Formulierungen aus dem weiteren Psycho-Umfeld am tiefsten in das Alltagsverhalten eingesunken. Dies gilt in Deutschland und Amerika gleichermaßen. Die 80er Jahre bescherten der Bundesrepublik einen Boom von Esoterik und Okkultismus. Tarotleger, Wundersteinbenutzer, Urschreier, Rebirther, Handleser, Baghwankinder, Hobbyinder, Hüpftherapeuten, Reinkarnationsfachleute, Pendelexperten, Pyramidensitzer, Astrologiejünger, Wellenbeweger, Seelenmasseure, PSI-Experten, Amateur-Schamanen, Wünschelrutengänger und spiritistische Sitzer waren akzeptabler als ein gemeiner Verfechter der Marktwirtschaft. Jedes Kind lernte in der Selbsterfahrungsgruppe, daß man nicht "man" sagen soll, sondern "ich". Weil alles schrecklich subjektiv war, mußten Sätze mit "ich denke" oder "ich glaube" eingeleitet werden. Abschwächungen paßten ins Bild der Seelenerkenntnis, darum hielten "also" und "irgendwie" ihren Masseneinzug. In den USA erlangte der Begriff des *inner child* notorische Berühmtheit; Schriften zu diesem Thema gibt es inzwischen auch in Deutschland in jeder besseren Bücherstube. Das "Kind drinnen" war die Chiffre für Verletzlichkeit und Weichheit der New-Age-Gesinnung. Nicht umsonst ist das *inner child* jene Instanz, der Beavis und Butthead am häufigsten verbal und körperlich an die Gurgel gehen.

In Deutschland trat der Ökoterrorismus dem Okkultismus zur Seite. Müllsortieren, Altpapierstapeln, Rohstoffschonen, Kompostieren, Alu-Knäuel-Basteln und Spülmittel-Abschaffen waren verbindliche Verhaltensweisen. Deutschland sortierte gut und schlecht nicht mehr danach, wer bei rot über die Ampel ging, sondern im rhetorischen Bekenntnis zu den Einsichten in die Vergänglichkeit und Endlichkeit der Ressourcen und aller daraus zu ziehenden Schlußfolgerungen. Zu diesen gehörte das klare Bekenntnis zu sanftem Tourismus und selten zu waschenden Wollpullovern. Strauß war schlecht, Seife war schlimmer. Konsumkritik in Zeiten der Politischen Korrektheit verlangte nicht mehr, Steine zu werfen und Politiker zu entführen, sondern für Umfrageergebnisse zu sorgen, wonach 1995 fünf Prozent aller Deutschen Kauf-krank, zehn Prozent Angst-krank und zwanzig Prozent Spiel-krank seien.

Die Umweltmoden, die wahlweise den sauren Regen, Holzschutzmittel, Asbest, wahnsinniges Rindfleisch, schlecht durchleuchteten Fisch, Hormonmilch, Glukose-Wein, überzähliges Ozon am Boden oder löchriges in der Stratosphäre als ultimative Menschheitsgefahr ausmachten, folgten immer demselben Ritual: "Unsichtbare böse Geister bevölkern die Metropolen"[48]. Als Opferlamm dient der Aufpreis für Ökohäuser, Bioäpfel, Recycling-Verpackungen oder den "guten" weil lösungsmittelfreien Holzlack. Kritik ist tabu. Als im Frühjahr 1995 in Berlin der Klimagipfel tagte, wagte der *Economist* ein Titelblatt, das einen Pinguin auf der Sonnenliege am Strand zeigte, der es sich unter einem Schirm und mit einem Drink gutgehen ließ. Darüber stand: "Stay cool about our changing climate" - keine Aufregung wegen der Klimakatastrophe. Einen solchen Affront hätte sich in Deutschland niemand geleistet. Das Enttarnen der Motivation hinter der Öko-Hysterie läuft in der Bundesrepublik erst langsam an.[49] Bei der Verleihung des Franz-Karl-Maier-Preises für politische Leitartikel in deutschen Zeitungen würdigte im September 1995 der Jury-Vorsitzende Wolfgang Wagner den Preisträger Andreas Müller, der über den "Popanz Ozon" geschrieben hatte: Ein regionales Fahrverbot bei Ozon mit einem Pollenflugverbot zugunsten der Heuschnupfengeplagten zu vergleichen sei "eine fast schon kühne Auflehnung gegen das Verlangen nach political correctness, das ja nicht nur in Amerika, sondern auch bei uns zu öder Gleichförmigkeit führt."[50] Doch derlei Auflehnung ist selten.

Was dem um Alternativen ringenden PC-Bürger seine Ethno-Musik und der VHS-Öko-Kurs boten, war dem Amerikaner sein *awareness ribbon*. Schleifchen und Anstecknadeln in allen Farben, *buttons* und *pins* in unbegrenzter Häufung demonstrierten in plakativer Kürze die richtige Einstellung beim jeweils angesagten PC-Top-Thema. Solidarität war für wenige Cents zu haben. Besonders eindringlich war die Solidarität mit den Aids-Opfern, inzwischen auch in Deutschland eine politisch korrekte Seuche. Wobei für die Krankheit gilt, was Johannes Gross einmal bemerkt hat: "Die Syphilis durfte als Lustseuche bezeichnet werden; Aids soll keinesfalls so genannt werden." Der billige Schulterschluß mit den jeweiligen Star-Opfern funktionierte nach demselben Prinzip wie die Kumpelei mit entfernten Verwandten in einer der Selbsthilfegruppen. Stets ging es darum, sich selbst zum Mit-Opfer zu machen, zumindest zum Mit-Leider. Durch nichts konnte man leichter Opfer werden als durch - selten überprüfbare - psychische Altwunden und eben die billige, plakettenbehängte Solidarität mit wahren Opfern. Das "Betroffenheitsprinzip" wurde totalisiert. Opfer war, wer das Gefühl hatte, irgendwie Opfer zu sein. Und die Vergangenheitsform von "Opfer" war jenes berüchtigte Wort *survivor*. Pompös wurde unter dem Titel "Überlebender" nachgelitten unter dem Alkoholmißbrauch des geschiedenen Schwippschwagers oder den Stief-Großeltern, die schokoladesüchtig waren. In egomanischer Selbststilisierung gaukelte sich die breite Mittelschicht Amerikas die Scheinkollektivität gleichrangiger Opfer vor. Wobei PC-gerecht jede Abhängigkeit keine *addiction*, sondern ein *habit*, eine Gewohnheit, war und jede Droge statt *drug* schlicht *substance* genannt wurde. Dramatisch übersteigert wurde selbst sprachlich nur die eigene, oft angemaßte Opferrolle, nie der Kern der Sache.

Die amerikanische Hochkultur hat in David Mamets Theaterstück *Oleanna* eines der wenigen bitteren Pamphlete gegen die *Political Correctness. Oleanna*, Anfang 1993 uraufgeführt und auch in Deutschland, beispielsweise in Nürnberg, mit großem Erfolg inszeniert, handelt vom Krieg zwischen einem Professor und seiner Studentin. Während die junge Frau in drei Akten vom naiven, eher dummen Landmädchen zur souverän mit allen Schikanen arbeitenden, hennagefärbten Bestie reift, versinkt der anfangs in jeder Situation dominante Lehrer in Ohnmacht. Die Studentin hatte ihm zu Beginn lediglich vorgeworfen, die Inhalte seines Literaturunterrichts nicht so "herüberbringen" zu können, daß sie davon zu profitieren in der Lage wäre. Sie hält sich für minderbemittelt und befürchtet eine schlechte Zensur. Ihr Lehrer sucht sie zu trösten, verspricht Nachhilfeunterricht, extrapoliert sein zynisches Bewußtsein und stellt die akademische Lehre und seine eigenen Bücher in Frage. Die Studentin bezahlt für die Universität, sie erwartet Glaubenssätze. Äußerungen des Professors wie "man kann über alles reden", das Angebot einer Nachschulung oder die letztlich zugesagte gute Note - Notengebung sei ein böses Spiel, hatte der Professor gemeint - werden im Verlauf des Stückes zu Anklagepunkten. Planmäßig wird jede Stellungnahme des Älteren in Schemata eingebaut, die zwangsläufig zu dem führen, was sie zu beweisen trachten: Gewalt gegen Frauen. Zunächst war dem Professor, der noch auf ein neues Haus und auf einen Lehrstuhl hoffte, bald aber beides verliert, die körperliche Gewalt nur vorgeworfen worden. Gemäß der Codices der Universität ist es versuchte Vergewaltigung, wenn ein Mann "seinen Körper in eine Frau hineindrückt". Das macht der Professor, indem er seiner Studentin bei einem heftigen Streit für ein paar Sekunden den Weg zur Tür versperrt. Er wird als Vergewaltiger gebrandmarkt und lehnt sich schließlich auf: am Ende schlägt er die Studentin dann tatsächlich.

Die Reaktionen auf *Oleanna* waren geschlechtstypisch.[51] Während Männer häufig zu jubeln und zu klatschen anfingen, als der Professor endlich gegen die "Hexe" handgreiflich wurde, waren Frauen oft emotional auf der Seite der Studentin zu finden und beklagten mit ihr die sublime Form der allgegenwärtigen Anmache, die von Männern ausgehe. In Amerika hat kein Drama seit langem ähnlich polarisiert. Für Männer wird in *Oleanna* das wahre Opfer geoutet: sie selbst, Opfer des militanten Feminismus. Frauen scheinen sich bestätigt zu sehen, daß sie noch immer die wahren Opfer sind. Für Männer ist *Oleanna* ein Kultstück über den Wahnsinn der *Political Correctness* und ihrer Tendenz, vorgefaßte Meinungen in immer neuem Gewand und voraussagbar zu duplizieren: PC als *self-fulfilling prophecy*.

Ansonsten beschränkt sich die Kritik der amerikanischen Hochkultur an der Politischen Korrektheit auf Statements. Literatur-Nobelpreisträger Saul Bellow sagte: "Sobald die Zulus einen Tolstoi haben, werden wir ihn lesen." Doch bewegendes Theater, das konventionell als biederes Sprechtheater daherkommt, gleichwohl aber den Geist der Zeit ins Mark trifft - das hat bislang fast nur *Oleanna,* das mittlerweile auch verfilmt wurde, geleistet. Einem ähnlichen Impetus folgte auch der amerikanisch-iranische, in New York arbeitende Dramatiker Reza Abdoh, der 1995 starb. Auf deutscher Seite legte Dietrich Schwanitz 1995 seinen Roman *Der Campus* vor, der sich thematisch eng an *Oleanna* orientiert: Schauplatz einer gleichgelagerten Handlung ist die Hamburger Universität, und deutsche Gremien-Grabenkämpfe ergänzen den Geschlechterkampf. Anti-PC-Literatur der eher heiter-spöttischen Art findet sich häufig, wenn auf '68 zurückgeblickt wird, beispielsweise in den Romanen und Erzählungen von Jens Johler.

Es ist geradezu absurd, daß Mamets Stück "anklagend" ist. Denn Mißstände anzuklagen, dienlich zu sein, gesellschaftlich zu nützen, den Fortschritt zu befördern, kritische Kunst zu sein, die sich auseinandersetzt, das war genau jener Vorschriftenkanon von '68 an die Kunst, der zu verzerrten Wertmaßstäben der

Kritik führte, ein westliches Gegenstück zum sozialistischen Realismus - wenn Thomas Mann plötzlich hinter Heinrich zurückstehen soll, weil der früher politisch klüger war.

In Deutschland sind die Opfer der Politischen Korrektheit mannigfach. Fernsehzuschauer haben es zu tolerieren, daß andere Leute sie aufzuklären wünschen. Hier gibt es für die deutsche Tendenz zu moralisieren ein hervorragendes Betätigungsfeld. Fernsehen mußte nach '68 wieder erziehen. Moderatoren, die wie Franz Alt daherkommen, sind in einem freien Land undenkbar, in Deutschland zwangsläufig. Doch daß zum Sparen von Rohstoffen, zum Wiederverwerten von Altpapier, zum schonenden Umgang mit der Umwelt und zum Stehenlassen des Autos aufgerufen wird, stört niemanden. Undenkbar freilich wäre, daß in einem politischen Fernsehmagazin wie *Report* oder *Monitor* ein Beitrag über den Beschäftigungsimpuls unter Stadtreinigern gesendet würde, schmisse denn ein jeder sein Butterbrotpapier einfach auf die Straße. Subversive, ironische, sarkastische Intelligenz ist im moralisierenden Deutschland nicht erlaubt. Der Deutsche hat gut zu sein und sein Butterbrotpapier aufzuheben. Nicht zu unterschätzen ist die politisch korrekte Durchdringung eines zentralen Bereiches der Alltags- und Populärkultur: des deutschen Witzes. Jahrzehntelang war der Witz ethnischer Natur - man spottete über Ostfriesen oder Bayern, über Italiener, Türken oder Juden. Das war irgendwann unglaublich inkorrekt. Das Feld wurde von hinten aufgerollt, und legitim blieb einzig - wenn auch mit Abstrichen - der Ostfriesenwitz. Parallel schob sich eine Gattung des Witzes in den Vordergrund, die Walter Grasskamp recht drastisch eingeordnet hat:

"Hierzulande (hatte) der Übergang vom Ostfriesen- zum Mantafahrerwitz die Ablösung des ethnischen durch den *Life-Style*-Rassismus mit einer ziemlichen Verspätung besiegelt ..."[52]

Ob nun Life-Style-Rassismus eine zu drastische Kennung ist oder nicht - unbestreitbar ist, daß der Witz sich Milieus zuwandte, die komplex umschrieben wurden: sozial, kulturell, durch die Ausstattung mit definierten Konsumgütern. Die geographisch-ethnische Herkunft allein reichte nicht mehr zum

Verspotten. Dem Mantafahrer-Witz gleichgestellt ist hier der Blondinen-Witz, der die Friseuse des Mantafahrers oder die idealtypische Sekretärin karikiert. Der Blondinen-Witz hat aber den Nachteil, PC-technische Fehldeutungen zuzulassen. Er ist so frauenfeindlich, wie Mantafahrer-Witze männerfeindlich sind. Sein Angriffspunkt ist eine Verhaltensweise, nicht das Geschlecht. Weil aber Frauen Gegenstand des Blondinen-Witzes sind, konnten Fehldeutung und Boykottaufruf nicht ausbleiben. Bundesfamilienministerin Claudia Nolte höchstselbst bekannte in einer Fernsehsendung (kurz bevor sie 1994 Ministerin wurde), der Blondinen-Witz sei ihres Erachtens so frauenfeindlich, daß er verboten werden müßte.

Zu den prominentesten Opfern der richtigen Einstellung in Deutschland gehört der Held. "Diese Kunstfigur haben die Nazis auf den Schlachtfeldern des Zweiten Weltkrieges geopfert, und seitdem schämen wir uns für ihn", hat der Feuilletonist Rolf Giesen erkannt.[53] Bezeichnenderweise schämen wir uns nicht für die Nazis, sondern für ihn, den Helden, wir betrauern seine Bereitschaft zur Unterwürfigkeit, seine Eilfertigkeit, sein Heldentum in den Dienst des Nationalsozialismus zu stellen. Seine Bereitwilligkeit zur funktionalen Selbst-Nazifizierung hat uns vom deutschen Helden entfremdet, und in Giesens Analyse leidet darunter vor allem der deutsche Film. Hier ist politisch richtig, was historisch korrekt ist. Die Politische Korrektheit des Verhaltens der Gegenwart ist die Umkehrung des politisch korrekten Verhaltens in der Vergangenheit, eine gehobene Bereitschaft zur Wiedergutmachung, reuige Terminologie beispielsweise. Harald Martenstein hat dazu ein Beispiel beschrieben, den namenskundlichen Umgang mit dem neuen südöstlichen Nachbarland. "Tschechien ist eine Tschechei, die an die Zeit ihrer Versklavung nicht erinnert werden möchte", schreibt Martenstein. Und er erkennt:

"Jedesmal, wenn das Wort 'Tschechien' ausgesprochen oder hingeschrieben wird, ein unharmonisches, unrhythmisches, von Zischlauten umzingeltes Wort, in jedem dieser Momente stellt sich die Verlegenheit erst recht ein."[54]

Jene Verlegenheit, die vermieden werden sollte. Hier liegt der Kern des deutschen Problems. Statt unverkrampft zu sein, wie Bundespräsident Roman Herzog es wünscht, sagen wir voller Nachdruck: "Nein, wir sind nicht befangen".

Die Politische Korrektheit ist die späte Form einer legitimen Form von Autorität durch jene, die sich als antiautoritär verstehen. Als Strafe ist soziale Ächtung vorgesehen. Nichts aber reizt die Künste mehr, als gegen Konsens-Gebote zu verstoßen.

"Je autoritärer das PC-Regime auftritt, desto stärker wird der antiautoritäre Impuls, der ebenfalls zum geistigen Gepäck der 68er Generation gehört. Es gibt inzwischen viele Leute, die 'eigentlich' politisch links stehen, sich aber einen Spaß daraus machen, in Gesellschaft durch provozierend 'rechte' Äußerungen aufzufallen. Man kann in gewissen Milieus nicht mehr gleichzeitig links und rebellisch sein ... Unter Druck wird die Kunst interessanter ... Wahrscheinlich fördert PC das, was in diesem Jahrhundert sich relativ selten blicken ließ: das konservative Kunstwerk."[55]

Oleanna von David Mamet ist der Beweis, daß Politische Korrektheit in der Kultur gleich lähmend wie aufstachelnd wirken kann. Im Deutschland der Jahre unmittelbar nach der Wiedervereinigung war es absehbar, daß die künstlerische Auseinandersetzung mit der Politischen Korrektheit nicht die einzige bleiben würde. Der Sturm, der sich in Deutschland erhob, war keiner, dem es vorrangig um künstlerische Freiheiten ging.

Der Sturm der "Neuen Rechten"

Politische Korrektheit war in den USA das Selbstbehauptungswerkzeug von Minderheiten und die Waffe der anerkannt Benachteiligten gegen die Mehrheit. PC in Amerika war die Kombination aus Schlafmittel und Handschelle, die es möglich machte, in Universitäten von einer Gesellschaft des 21. Jahrhunderts zu träumen und sie gleich so festzuzurren, daß Macht kanonisiert würde, der Weiße also auch in der Minderheit seinen Platz gewahrt bekäme. Dann wurde das Wort zum Kampfbegriff der Schablonenbrecher, die Kampf statt kontrollierte

Aufgabe forderten, denen die liberalen Dozenten als feige Kapitulanten galten. Ganz ähnlich wurde in Deutschland die Historische Korrektheit zum Haßobjekt der "Neuen Rechten". Deren programmatischer Urtext, der *Anschwellende Bocksgesang* von Botho Strauß, liest sich allerdings wie ein Abschied, nicht wie ein Pamphlet. Er fordert nichts, er beweint. Strauß und die anderen "Verschwurbelten", wie der Kritiker Harald Martenstein sie getauft hat,[56] litten nur umso kräftiger; immerhin, sie getrauten sich nun zu ersehnen, was lange tabu war. Daß das Ersehnte nicht in eine Zeit paßte, in der Deutschland amerikanisierter war als jemals ein Land zuvor, bemerkten sie nicht.

Amerika wäre ein Modell, könnte man es sich zum Modell machen. Der wertminimalistische Staat pflegt seinen engen Kanon durch ideologische Überhöhung und sinnhafte Pflege. Die wertefreie Gesellschaft ringsum akzeptiert dies und teilt den Glauben an Demokratie, Lincoln, die Verfassungsväter, die starke Armee und die Flagge. Mehr bedarf es nicht. Das System scheint profan, ist aber vital wie kein zweites. Kristallisationspunkte reichen, wo Kongruenz zwischen Staat und Gesellschaft eine Chimäre ist. Deutschland wird dies nie erreichen. Die Neue Rechte fordert den wert- und traditionszentrierten Staat, der die Masse zügeln und ihr Ziele statt Konsumgegenstände einimpfen soll. Dies ist das Deutsche an der Neuen Rechten und das, wo sie irrt: Kongruenz zwischen Staat und Gesellschaft scheint in ihrer Analyse ebenso unabdingbar wie die Wertdurchdrungenheit des Staates. In Polyphonie zu denken, verabscheut der Rechte auch nach 1989. Botho Strauß wird einsam bleiben. Die Masse wird ihm nicht den Gefallen bereiten. Weil er das weiß, leidet er an der wertlosen Masse nicht minder als am wertfreien Staat. Doch die Überzeugung des letzteren zöge erstere eben nicht hinterher.

Wo Strauß die neue Zeit nach 1989 beschaut, zelebriert er zunächst den eigenen Abschied. Er empfindet "vor der freien Gesellschaft ... Scheu", sieht sich als "Außenstehenden". Die Gesellschaft ist ein "politisch-technischer Selbstüberwachungsverein", in dem "die Worte in der Not kein Gewicht mehr haben". Das Sinnbild dieses Anderen, der Gesellschaft, ihr Organisationszentrum ist der Moderator. Er macht alle gleich, nimmt alle gleich ernst, stellt alles nebeneinander. Der Moderator betreibt "die widerwärtige Vergesellschaftung des Leidens und des Glückes". Das "Gespenst des Infotainments" geht um, verloren gehen der Sinn für Verhängnis und das Verständnis für Formen des Tragischen, alles wird vermittelt, die Sinne betäubt, das Menschliche "abgemäßigt". "Das Regime der telekratischen Öffentlichkeit ist die unblutigste Gewaltherrschaft und zugleich der umfassendste Totalitarismus der Geschichte." Das Gegenbild ist eine Extrapolation des intellektuellen Idylls zwischen Dichterstaat und Gartenlaube. Wie jahrzehntelang die Linke, so fordert auch Strauß, "die Demokratie benötigte von Anfang an mehr Pflanzstätten für die von ihr Abgesonderten". Er beschwört den "Garten der Befreundeten", der wenigen zugänglich ist und "aus dem nichts herausdringt, was für die Masse von Wert wäre". Hier leben wieder "die Würde und das Wunder des Zwiegesprächs". Aus diesem Reich des Geistes sollen Werte kommen, "Autorität, Meistertum".

Wirksam werden sie aber erst nach der Krise. Zwischen den Satten im Medienland und den ganz Fremden draußen "wird es Krieg geben". Erst danach kann aus der Enklave der Kunst die Rettung kommen. Strauß sieht seine Rolle als eine, die erst nach der Apokalypse wirksam wird. Er ist der Messias, der nur der Arche bedarf, um die Katastrophe überleben und hernach retten zu können, was übriggeblieben ist.

Daß seine Zustandsbeschreibung so neu nicht ist, ahnt er. Die Masse, die gefürchtete, ist immer gleich: "Der Untergrund ist allezeit der gleiche Matsch." Die These, daß wahre Gleichmacherei im Namen der Freiheit aus eigenen Stücken gewählt wird, stammt von Alexis de Tocqueville. Im Land atomisierter Freiheiten, so sah es der Franzose schon im letzten Jahrhundert in Amerika voraus, werden die Räume der Freiheit beliebig. Frei werden sich alle zur Nuance an Individualität nur im Konsumieren entscheiden. Freiheit macht Freiheit banal und stiehlt sie so. Nur wahre Freiheit, nicht totalitäre Diktatur, macht wahrhaft gleich, denn auch den Abweichler, der Strauß sein will, degradiert sie zur normalen Varianz des Immergleichen. Unterschiede sind nicht entscheidend. Strauß will den entscheidenden Unterschied. Er sieht ihn nicht, wenn er mit Intellektuellen in Cafes sitzt, in denen auch die verhaßten Medien-Moderatoren dieselben Einsichten formulieren könnten.

Tocqueville, der Straußens Satz: "Sind wenige reich, so herrscht Korruption und Anmaßung, ist es das Volk insgesamt, so korrodiert die Substanz" geteilt hätte, leitet die Gefährdung von Institutionen ab, die ihm erhaltenswert scheinen. Die Freiheit muß an der Freiheit scheitern, da sie gleiche Freiheiten und damit Gleichheit produziert, und das ist schade. Strauß sagt: Die Freiheit muß an der Freiheit scheitern, und das ist gut so. Denn nur danach kann aus dem Garten der Weisen die Rettung kommen. Doch immer da, wo Strauß den Status der Gesellschaft auf dem Weg zur Gleichheit bemessen will, irrt er. Über Deutschland zu behaupten, Majorität und Minorität benutzten dieselbe Sprache, "dasselbe konforme Vokabular der Empörungen und Bedürfnisse", ist gerade im Blick auf Amerika unangemessen. Die therapeutische, ich-bezogene Gesellschaft, in der Ratgeber für Karriere- und Beziehungskrisen dieselben Entscheidungswege anraten, ist in den USA weit fortgeschrittener, weil im Kern bejaht. Deutschland lebt von der Sehnsucht so vieler nach der Gartenlaube des Geistes, nicht nach der Verwirklichung im Supermarkt. Der Respekt vor der Masse herrscht in den USA. Dort sprechen 60- und 20-jährige dieselbe Sprache ("cute, neat, awsome, far out, gosh" usw.). In Deutschland sind es erste verwegene Bundestagsabgeordnete, die "Blödsinn" oder "Sch..." von der Bonner Kanzel rufen. Doch das Land, es mag sie hierfür nicht.

Daß Strauß nicht immer neues schreibt, daß er vordringlich seine Ohnmächtigkeit im Angesicht der agnostischen Konsum-Masse beklagt, die Windsurfen und neue Formen der Event-Party wichtiger findet als neue Strauß-Bücher, daß er bei der These von der Amerikanisierung Deutschlands das zutiefst dezente und demokratische an der Profanität jenseits des Atlantiks nicht erkennt und deutsche Larmoyanz einklagt, daß er den USA die Fähigkeit, im Banalen den Wert zu erkennen, abspricht, eben diesen Prozeß aber in Deutschland zu sehen glaubt, wo ja vielmehr ein Geist des eskapistischen Hedonismus denn der verordneten Konsumenten-Gleichheit herrscht, sei ihm nachgesehen. Sein Essay hat Wirkung gezeigt. Ein Jahr lang wurde Botho Strauß beschimpft. Der deutsche Denker outet sich als rechter Träumer, lautet der Kern-Vorwurf, und niemandem schien aufzufallen, daß ein Vorwurf dies nicht sein kann. Das eigentliche Verdikt war denn auch ein moralisches: Verrat. Die reformfeindlichen Reformer von '68 hatten ihren Feind enttarnt.

Strauß selbst schwieg lange. Die längst ins Überproportionale abgleitende Rezeptionsgeschichte seines Textes hat zu bizarren Konstellationen geführt, die selbst wieder aufs Herrlichste erläutern, wie Politische Korrektheit in Deutschland funktioniert und wie die Reaktionsmuster ganz ähnlich sein können wie in den USA. Im Dezember 1994 schwang sich *Theater heute* dazu auf, Strauß nicht den Kampf, sondern den Abschied zu erklären. Mit "gönnerhafter Oberlehrer-Attitüde" beziehungsweise "miesepetriger Musterschülerhaftigkeit" betete die Zeitschrift herunter, gegen welche Übereinkünfte der Schriftsteller verstoßen habe, indem er dem Abdruck des *Bocksgesangs* im Band "Die selbstbewußte Nation" zugestimmt hatte.[57]

In diesem von den Journalisten Heimo Schwilk und Ulrich Schacht herausgegebenen Sammelband meldeten sich erstmals die 89er, wie sie sich selbst nennen, zu Wort.[58] Die Beiträge sind von unterschiedlicher Qualität. Aber das verstellt nicht den Blick auf die eigentliche Leistung des Buches, nämlich die Attacke gegen verkrustete Denkschemata aus der Hinterlassenschaft der vorausgegangenen Generation der 68er. In einer der ersten Buchrezensionen wagte die *Frankfurter Allgemeine Zeitung* den Blick in die Glaskugel:

"In den zu erwartenden Verrissen des ... Sammelbandes ... wird zu lesen sein, daß jetzt der geistig-politische Unrat hervorgeschwemmt wurde, den man bisher mühsam zivilgesellschaftlich und politisch korrekt eingedämmt habe. Den Bürokraten der 'political correctness' bietet der Band in der Tat Stoff in Hülle und Fülle. Kaum einer der Autoren hat sich bemüht, das zu vermeiden."[59]

Zur Politischen Korrektheit gehört, daß bei Sammelbänden vorrangig darüber debattiert wird, wer eigentlich nicht bei und mit wem zusammen schreibend gesichtet hätte werden dürfen.

Strauß hatte sich in die falsche Gesellschaft begeben, und deshalb forderte *Theater heute* seine Verdammung. Alas! Deutschlands Publizisten und Theatermenschen erkannten die Gefahr und wandten sich nun ihrerseits gegen die Zeitschrift *Theater heute*. Es sei nicht fein, Strauß wie einen bockigen Pennäler in die Ecke zu stellen, und die Essenz von Kritik an einem Dichter dürfe nicht sein, den Anschluß an linkes Mainstream-Gerede zu suchen und konstatieren zu müssen, der Gescholtene teile diese Verzweiflungsgeste nicht länger. Diese Ohrfeige erhielt *Theater heute* just in einer Zeit, in der Strauß beileibe nicht der einzige Rechtsgewendete war, den zu outen dem eigenen Empörungshaushalt gut tat. Der Regisseur Frank Castorf wünschte sich in einem Interview, in dem er Rückschau hielt auf die geistige Stimmung in der DDR Ende der 80er Jahre, ein wenig Provokation:

"Vor sechs Jahren saß ich in Karl-Marx-Stadt in der Kantine und dachte, diese DDR, diese Nichtbewegung, diese Dekadenz. Wir brauchen ein neues Stahlgewitter, wir brauchen faschistoide, vitale Gedankengänge, dachte ich, daß man sich sehnt nach etwas, was Bewegung heißt. Man muß Leuten die Affirmationssucht nehmen, sie vor irritierende Gedanken stellen, daß sie sagen: Das darf man doch nicht."

Ein neuerlicher Sturm der Entrüstung brach los - der linke Intendant aus dem "PDS-Kiez", wie die *Frankfurter Allgemeine Zeitung* die Volksbühne zu charakterisieren pflegt, plötzlich Kryptofaschist?[60] Vor allem das Zitieren des Jüngerschen Begriffs "Stahlgewitter" wurde von Kritikern als Indiz genommen, hier sei ein neuer Rechtsgewendeter enttarnt worden - und das, wo gleichzeitig in der Volksbühne am Rosa-Luxemburg-Platz im Herzen Berlins Ernst Jünger PC-gerecht als homophiler Frauen- und Friedenshasser gebrandmarkt wurde. Zu Jünger schrieb der Journalist Thomas Kielinger:

"100 Jahre alt zu werden und weiter zu publizieren und Ernst Jünger zu heißen, ist in den Augen jener ein Ärgernis, die sich diesen Autor seit Jahrzehnten einfach wegwünschen aus der Gegenwart, weil er quer zu aller 'political correctness' steht."[61]

Zur Nagelprobe auf die Existenz der Historischen Korrektheit waren jene 29 Autoren angetreten, die der Sammelband von Schwilk und Schacht zusammenführte. Das "Manifest der konservativen Intelligenz in Deutschland", so der Klappentext, bricht mit den Paradigmen derer, die "den Marsch durch die Institutionen" bereits durchlaufen haben und heute als Grünen-Bundestagsabgeordnete, C-4-Hochschullehrer oder Berliner Theaterintendanten das geistige Klima Deutschlands bestimmen. Viele der Errungenschaften der 68er wollen die mit der Gnade der späteren Geburt Gesegneten nicht missen: die Stärkung der Gesellschaft gegenüber dem Staat, die Zurückdrängung des Muffs und der Bigotterie, die sexuelle Revolution und die Emanzipation der Frauen. Die Revolution hat aber ihre Kinder gefressen, ist zu einer selbstzerstörerischen Ideologie verkommen. Dagegen wehrt man sich.

Worum geht es den Herausgebern? In ihrem Vorwort stellen sie Deutschland eine fatale Diagnose. Der kränkelnden Bundesrepublik fehle es an "Selbstbewußtsein". Dafür gebe es "bösen Grund" - die Jahre des Nationalsozialismus: "Jedes Nachdenken über deutsche Identität muß sich dieses bösen Grundes - als Konsequenz temporärer, nicht dauernder deutscher Selbstverfehlung - bewußt sein." Dieses Selbstbewußtsein aber ist der Boden, auf dem sich die Zukunft gestaltet. Ohne sich selber bewußt zu sein, ohne zu wissen, wer man ist, kann es kein Selbstvertrauen geben. Und ohne Vertrauen auf sich selbst wird es nie Normalität und damit Berechenbarkeit geben. Berechenbarkeit aber ist das, was die Deutschen sich selber schulden und das Ausland zu Recht fordert: eine "selbstbewußte Nation", die ihre sozialen, kulturpolitischen, wirtschaftlichen und außenpolitischen Probleme mit neuem Schwung angeht. Dazu sind die abgedroschenen Antworten der 68er nicht mehr geeignet; sie haben ausgespielt. An ihre Stelle müssen nicht unbedingt neue Leerformeln von rechts treten, dafür ist die angebliche "Wanderung" des Schriftstellers Botho Strauß vom linken zum rechten intellektuellen Spektrum Ausdruck. Stattdessen müssen unverbrauchte Kräfte in Deutschland nach unbequemen Lösungen suchen. Die Frage ist nicht länger links oder rechts, sondern bewußt doppeldeutig: "What's right?"

Ein spannungsvoller Autorenkreis schreibt über "Identität, Konflikt, Interesse und Widerstand": die Publizisten Brigitte Seebacher Brandt und Klaus Rainer Röhl, Ernst Nolte, Rainer Zitelmann, Michael Wolffsohn, Ansgar Graw, Michael J. Inakker, Alfred Mechtersheimer und, in der dritten Auflage, der Bürgerrechtler Wolfgang Templin sowie Peter Gauweiler (CSU). So unterschiedlich die Aussagen, so variierend die Qualität der Beiträge: alle Autoren plädieren für die Annahme der Nation, was eigentlich eine Selbstverständlichkeit sein müsse. Aber ein Land, dessen sogenannte Intellektuelle Angst bekommen, wenn der Postminister vorschlägt, die Postwertzeichen künftig mit dem Wort "Deutschland" statt mit "Deutsche Bundespost" zu bedrucken, hat die von den 89ern angetretene Diskussion bitter nötig. Eine Diskussion findet jedoch nicht statt, stattdessen wird verteufelt. Der Publizist Ralph Giordano hat einmal die Deutschen ermahnt:

> "Wenn ein Franzose sagt: 'Ich bin ein Franzose', dann erklärt er nur seine Nationalität. Aber wenn ein Deutscher sagt 'Ich bin stolz, ein Deutscher zu sein', dann ist er eine Bedrohung für seine Nachbarn."

Es scheint politisch nicht in Ordnung zu sein, wenn man als Deutscher stolz ist auf sein Land.

> "Mit frischem Gesichtsausdruck, gut gekleidet, rotten sie sich in Bars zusammen, in Cafés oder in den Universitäten. Ihre Köpfe konspirativ zusammengesteckt sprechen sie mit ernster Miene über Geschichte, Philosophie und den Zustand der deutschen Nation."

So warnt die britische Sonntagszeitung *Observer* vor den rechten, revisionistischen Intellektuellen.[62] Eine Graphik beschreibt die Hitliste der Neokonservativen: "In" sind Botho Strauß, Friedrich Nietzsche und Hans Magnus Enzensberger, "Out" sind Günther Grass, Jürgen Habermas und Karl Marx. Als Beweis für einen neuen Nationalismus müssen die Bühnen in Deutschland herhalten, weil sie angeblich nur noch Stücke von Goethe, Schiller und Kleist spielen - oder die Volksmusik mit ihren "traditionellen Kostümen". Es steckt schon Böswilligkeit dahinter, dieselbe Böswilligkeit, mit der die frühere britische Premierministerin Margaret Thatcher nach dem Fall der Mauer ein geheimes Konklave führender britischer Akademiker zusammenzog, die den Deutschen "Angst, Aggressivität und Machthunger" bescheinigten.

Die Berliner Politikwissenschaftlerin Gesine Schwan beantwortet in einer Besprechung des Sammelbandes *Die selbstbewußte Nation* die Frage, ob wir eine neue Rechte brauchen, mit einem eindeutigen "Nein".[63] "Es geht darum, genauer zu erkennen, daß die Schuld, die die NS-Generation auf sich geladen hat, fortwirkt." Frau Schwan vertritt nicht die Auffassung, daß sich die Generation der Enkel schuldig gemacht hat. Sie spricht allerdings davon, "daß das Verschweigen der Schuld in den informellen Bereichen der Familien und den Schulen bis heute zur Zerstörung des Selbstwertgefühls und zur Verantwortungsscheu beiträgt." Das "Verschweigen" soll also der Grund für die deutsche Selbstbewußtseinsamputation sein.

Nun ist es offensichtlich, daß heute nicht mehr behauptet werden kann, die Beschäftigung mit der dunkelsten Periode der deutschen Geschichte sei ungenügend. Wo soll bei der Omnipräsenz von Paraffinumzügen, Betroffenheitsritualen, "Singen für den Frieden" und "Geschichte von unten"-Workshops noch etwas "verschwiegen" werden? Mindestens seit der Ausstrahlung der von Millionen von Fernsehzuschauern gesehenen Serie *Holocaust* wird die Öffentlichkeit von den Medien immer wieder neu zu einer Reflexion über die deutsche Geschichte veranlaßt - manchmal sogar gezwungen. Der 50. Jahrestag des Kriegsendes diente dazu, immer wieder gegen die Vergeßlichkeit und gegen das Leugnen der schwarzen Kapitel unserer Historie anzugehen. Nicht umsonst fragen sich Psychologen, ob die gebetsmühlenartige Wiederholung der Schuld, diese ständige Selbstreflexion, bei einer jüngeren Generation ermüdend wirkt und Abwehrreaktionen auslöst. Wer immer nur der *underdog* ist, der will sich von diesem Manko befreien - und sei es durch Gewalt.

Gemeinsam ist den Kritikern in dieser Debatte über Segen und Unsegen eines deutschen Selbstbewußtseins, daß sie einem Pawlowschen Reflex erliegen, wenn sie die angeblich "rechten"

Vokabeln wie "Volk", "Nation" oder "Gemeinschaft" hören. Sie reagieren darauf mit rhetorischen Modulen, die jeweils neu zusammengesetzt werden und sich dadurch auszeichnen, daß sie moralisch korrekt sind, weil sie das Rückwärtsgewandte ansprechen. "Gerade wir als Deutsche" heißt es dann. "Verharmlosung" ist ein oft gebrauchter Begriff, der jeweils mit "menschenverachtend" oder "zynisch" gekoppelt wird. Das gezischte Wort "Wutundtrauer" wird ausgelöst. In einer Replik auf die Kritik der Linken schrieb Heimo Schwilk in der *Frankfurter Allgemeinen Zeitung*:

"Die Reihung der gängigsten Denunziationsepitheta ('verkommen', 'krankhaft', 'widerlich', 'obszön', 'widerwärtig', 'ekelhaft', 'heuchlerisch') ergibt eine Nomenklatur des Pathologischen, die den kritisierten Gedankengängen Krankhaftigkeit unterstellt und die Autoren aus dem zivilisierten Diskurs ein für allemal ausschließt."[64]

Die Historische Korrektheit erstreckt sich in Deutschland auch auf die Romanliteratur. Der 1992 erschienene spekulative Roman *Fatherland* des britischen Journalisten Robert Harris beginnt im April 1965. Die Wehrmacht hat den Zweiten Weltkrieg gewonnen, und das Großdeutsche Reich erstreckt sich nun vom Rhein bis zum Ural. Ringsherum sind Satellitenstaaten mit Marionettenregimen entstanden, auch in Großbritannien. In Berlin steht das *Europäische Parlament*. Die Bevölkerung der *Europäischen Gemeinschaft* arbeitet für das Reich. Am Vorabend des 75. Geburtstags Adolf Hitlers soll der amerikanische Appeasement-Präsident Joseph P. Kennedy (der Vater von John F. Kennedy) nach Berlin kommen, um die Detente mit der einzig verbliebenen globalen Supermacht einzuläuten. Vor diesem Hintergrund versucht der Berliner Kommissar Xaver März eine Mordserie aufzuklären. Schon bald erkennt er einen Zusammenhang: die Beteiligten, hohe SS-Offiziere und Nazi-Größen, waren Teilnehmer der Wannsee-Konferenz, mit der die "Endlösung der Judenfrage" begann. Bis in das Jahr 1965 hatte die SS verhindert, daß die Wahrheit über die Ermordung von Millionen von Juden an die Öffentlichkeit kam. Kaum ein Deutscher interessierte sich für das Schicksal der "irgendwo" in den Osten "deportierten" Juden. Kommissar März zerrt die schreckliche Wahrheit ans Licht, und eine amerikanische Journalistin veröffentlicht die Dokumente. März bezahlt die Wahrheit mit seinem Leben. Die Absolution der Nazis für die Eroberung Europas durch die Amerikaner, so das Ende des Romans, wird scheitern.

Die Rezeption dieses Romans in Deutschland war vernichtend. *DIE ZEIT* sprach von einem "frivolen Politthriller" und von einer "Provokation",[65] und das *Deutsche Allgemeine Sonntagsblatt* charakterisierte *Fatherland* als "monströses Szenario".[66] 25 deutsche Verlage lehnten den Erwerb der Lizenzrechte ab, bis sich ein schweizerisches Druckhaus fand, das glaubte, man könne den Roman veröffentlichen. Etwas Ungeheuerliches war hier geschrieben worden: Deutschland hatte den Zweiten Weltkrieg gewonnen. Der Vorwurf wurde laut: Wer so etwas druckt, der hätte es am liebsten zutreffen gesehen, und Leute, die so ewas lesen, lassen sich vielleicht von dem Gedanken leiten, daß die Welt besser sei, wenn Deutschland gesiegt hätte. Es war ein Unterhaltungsroman, ein "packender" noch dazu, wie selbst die *taz* zugeben mußte,[67] mit Elementen der Liebe und der Leidenschaft zwischen dem deutschen Kommissar und der amerikanischen Journalistin vor dem Hintergrund eines der größten Verbrechen in der Geschichte der Menschheit - all das war eine Ungeheuerlichkeit. "Die sogenannte 'Endlösung' ist kein Stoff für Kolportage und historische Spekulation", ermahnte das *Sonntagsblatt*. Unbeachtet blieb bei den Kritikern die Ernsthaftigkeit des britischen Autors. Sein Buch war keine Glorifizierung deutscher Siege, sondern eine Warnung vor dem Vergessen und der Appeasementpolitik. Eine Politik, die der Westen heute erneut im Angesicht serbischer Aggressoren und anderer Kriegstreiber im ehemaligen Jugoslawien betreibt. Der Autor verstand sich auch als Warner vor einer nach der Wiedervereinigung hegemonialen Bundesrepublik. In seiner Analyse des *Fatherland*-Beispiels für die politische Kultur in Deutschland schreibt Bardo Fassbender, daß hinter der Kritik an dem Roman

"... vor allem das Mißtrauen der deutschen Intellektuellen gegenüber dem eigenen Volk [steht] ... Wenn nun der Nationalsozialismus nur in gelehrter Form behandelt werden soll, um 'Mißverständnissen' vorzubeugen, wird ein weniger unschuldiges, aber ebenso leicht verführbares Publikum vorausgesetzt. Aus gleichen Gründen soll davon abgesehen werden, Hitlers Verbrechen belletristisch zusammen mit alltäglichen Erlebnissen und Erfahrungen der Menschen seiner Zeit darzustellen, unter denen es doch auch positive wie Liebe und Freundschaft gegeben hat."[68]

Es ist ein ähnlicher Sachverhalt, wenn 50 Jahre nach dem Selbstmord Hitlers das Bayerische Finanzministerium, welches über die Lizenz von Hitlers *Mein Kampf* verfügt, dem renommierten Münchner *Institut für Zeitgeschichte* den kommentierten Nachdruck nicht erlaubt, und zwar mit folgendem Argument:

"Angesichts der hohen Sensibilität auch des Auslands gegenüber rechtsradikal motivierten Gewalttätigkeiten und Ausschreitungen in Deutschland ist zu befürchten, daß die beantragte Genehmigung im Ausland auf Unverständnis stoßen und möglicherweise das Ansehen der Bundesrepublik Deutschland beeinträchtigende Kritik hervorrufen würde."[69]

Die *Wochenpost* schreibt dazu:

"Ist unser Gemeinwesen nicht gefestigt genug, um die Veröffentlichung von 'Mein Kampf' (wie die Berichterstattung im Ausland darüber) zu verkraften? Schließlich ist 'Mein Kampf' auch nicht mehr als dies: ein Buch. Das Tabu, das über Hitlers Machwerk gelegt wurde, sichert dem widerlichen Buch eine Aura des Besonderen und Dämonischen, die es nicht verdient."[70]

In Jerusalem wurde im Februar 1995 in der Knesset entschieden, daß *Mein Kampf* in Israel erscheinen könne. "Das Buch, das zum Holocaust führte", dürfe nicht unterschlagen werden, meinten Abgeordnete im israelischen Parlament. Die beiden Übersetzer und Herausgeber waren sich einig, daß *Mein Kampf* (*Mahawaki*) für die Jugend in Israel als historische Quelle zugänglich gemacht werden müsse. Der Diplomat und Schriftsteller Vittorio Segre analysierte daraufhin die Beweggründe für die Zulassung des Machwerkes. Es handele sich erstens um die "Fortsetzung des Normalisierungsprozesses gegenüber Deutschland", zweitens sei es Teil des "natürlichen Prozeß[es] historischer Revision" und drittens "Ausdruck des Sicherheitsgefühls eines Landes, das genügend stark und reif geworden ist, um sich Fragen zu stellen".[71] Kann das nicht auch für Deutschland gelten?

Die Hamburger Polizei beschlagnahmte im Dezember 1993 26 Exemplare der Originalausgabe des Buches *Fatherland*, weil Hakenkreuz und Reichsadler auf dem Umschlag der Ausgabe prangten. Der Verleger *Haffmans* in Zürich hatte dem vorgegriffen. Der Schutzumschlag der deutschen Ausgabe zeigt nur eine verfremdete EU-Flagge mit einem schwarzen Adler. Der kulturpolitische Sprecher des *Zentralrats der Juden in Deutschland*, Michel Friedman, hatte die Beschlagnahmung begrüßt. Das Buch habe er zwar nicht gelesen, doch sei es gefährlich, mit Nazi-Symbolen "naiv" umzugehen, sagte Friedman. Zur Kritik an einem Sujet gehört eigentlich immer die Kenntnis der Sache. Da war der Buchrezensent der *Süddeutschen Zeitung* weitsichtiger: "Wer knopfgroßen Hakenkreuzen nachjagt, zersplittert nicht nur seine Kräfte. Er könnte auch vergessen, daß die wirklichen, die großen Hakenkreuze anderswo lauern."[72]

Der Münchner *Piper-Verlag* sah sich Anfang 1995 mit der Frage konfrontiert, ob der deutsche Buchmarkt alles verträgt, was geschrieben wird.[73] Eine Woche vor dem Erscheinungstermin hatte der Verlag die Auslieferung des Buches *Auge um Auge - Opfer des Holocaust als Täter* des Amerikaners John Sack unterbunden, alle Exemplare wurden eingestampft. In dem Buch wird das Schicksal von Überlebenden des Holocaust rekonstruiert, die nach ihrer Befreiung in Polen Gefängnisse und Lager beaufsichtigten, in denen Zehntausende von Deutschen festgehalten wurden, um die SS-Schergen herauszufiltern. Wie die Holocaust-Opfer mit ihrer neuen Rolle als Peiniger zurechtkamen, schildert der Autor, selbst jüdischer Abstammung, am Beispiel zahlreicher Racheakte an Deutschen. 200.000 Deutsche wurden in Lagern zusammengetrieben; der Journalist John Sack schätzt die Zahl der Toten auf 60.000 bis 80.000. Das Buch könne so mißverstanden werden, als ließe sich der Holocaust mit anderen Verbrechen aus dieser Zeit vergleichen oder gar aufrechnen, begründete der Verlagschef die kurzfristige Entscheidung. Mit Blick auf den 50. Jahrestag der Befreiung von Auschwitz müsse alles vermieden werden, was die Diskussion in eine falsche Richtung lenken könnte, erklärte der Verlag. *DIE ZEIT* verzichtete auf einen Vorabdruck, weil sie Täter nicht zu Opfern machen wollte. In den Vereinigten Staaten war das Buch bereits zwei Jahre zuvor erschienen. Vor allem in der jüdischen Presse wurde die Art der Aufmachung mit ihren drastischen Schilderungen kritisiert ("Ein Jude peitschte einen Deutschen aus"), ohne daß jedoch die Fakten angezweifelt wurden. Über die Art der Aufmachung muß man sprechen. Dies ist legitim und Teil des politischen Diskurses.

Noch sind solche Reaktionen Einzeltaten. Aber wenn der *Piper*-Verlag den Rückzieher mit der Begründung untermauert, "viele drastische, wörtliche Darstellungen" hätten ihre Entscheidung bestärkt, so bleibt dies unverständlich. Wenn der Holocaust geschildert wird, dürfen die Bilder auch nicht am KZ-Tor stehenbleiben. *Auge um Auge*, so der Verfasser, sei das Ergebnis einer siebenjährigen Recherche. Sein Buch handele über den Holocaust und über die Juden, die dafür im Jahr 1945 Rache nahmen: "Die Rache war gering im Gegensatz zum Holocaust selbst, und sie würde nicht stattgefunden haben, wäre es nicht aufgrund des Holocaust."

Für die *Frankfurter Rundschau* bleibt das Buch eine Ungehörigkeit und wird willentlich von Eike Geisel als Nazi-Persilschein mißdeutet:

"Es bleibt ... die Frage, warum diese rechtsradikale Infamie bei Piper veröffentlicht wird und nicht in Häusern, die eigene Lektorate für Holocaust-Revisionisten unterhalten. Es muß mit der Verschiebung der Mitte nach rechts zu tun haben und mit dem glücklichen Umstand, daß ein Jude die Drecksarbeit erledigt."[74]

Eine "Verschiebung nach rechts", weil sich hier der verständliche, wenn auch nicht entschuldbare, in sechs Jahren Okkupation und Terror aufgestaute Haß seinen Weg bricht? Wer unterscheidet zwischen gut und böse, zwischen lesenswerter und verdammenswerter Literatur? "Nein, es werden keine Bücher mehr auf Scheiterhaufen verbrannt in Deutschland", schreibt der Mitherausgeber des Bandes *Die selbstbewußte Nation*, Heimo Schwilk, "aber es gibt wieder geistlose Brandstifter, die bislang ungestört ihr Handwerk der Diskurszerstörung betreiben dürfen. Dabei läßt sich gerade unter Linken eine sittliche Verrohung, eine Verwilderung des Denkens beobachten, die alles überbietet, was bislang von der sogenannten 'intellektuellen Rechten' zu hören und zu lesen war."[75] Die Diffamierung als "wüstes Dokudrama" erfüllt diesen Tatbestand.

Die Verteidiger des Sack-Buches beklagten den Akt der Zensur, die Gegner des Bandes argumentierten mit dessen Inhalt. Ein Kritiker, der keine Gefahr läuft, der rechten Szene zugeordnet zu werden, brach das Tabu und argumentierte für die Veröffentlichung nicht aus Gründen der publizistischen Freiheit, sondern aus inhaltlichen Erwägungen:

"Den industriellen Massenmord haben Juden weder erfunden noch betrieben. Aber wären sie dazu in der Lage? Eine widerliche Frage; die hypothetische Antwort muß lauten: Ja. In Deutschland wird die Frage aus guten Gründen nicht gestellt, hier ist es sogar tabu, sich Juden als Rächer, Miethaie, gewöhnliche Gauner vorzustellen. Nur als Nathan, den Weisen, hat der Nachkriegsdeutsche seinen Juden akzeptieren wollen ... Sind etwa Juden Menschen wie du und ich? Die Zensur dieser Frage durch einen Verlag wirkt ungewollt als PR-Aktion - als politisch-korrektes Wasser auf die Mühlen der 'Auschwitz-Lügner'. Durch die Ikonisierung der Opfer wird die Schrecklichkeit des Genozids nicht geleugnet, aber doch abgemildert: Wenn die Todesmühle das Opfer zum Heiligen geläutert hat, erhält sie in der Schuldbuchhaltung des Tätervolkes zuletzt noch einen Sinn."[76]

Der Streit ging in seine vorerst letzte Runde, als der *Kabel* Verlag für *Piper* in die Bresche sprang und Sacks Buch veröffentlichte. Natürlich ließ sich der Verlag den PR-Effekt des Streitens wider die Historische Korrektheit nicht entgehen und merkte an, man bringe Sack auf den Markt, weil man als Verlag nicht bereit sei, "Rücksicht auf die eilfertigen Warner zu nehmen". Dies löste seinerseits eine neue Woge der Protest-Schriften aus.[77]

Eine Kaskade von Verrissen, Verteidigungsschriften, Verrissen der Verteidigungsschriften und Verteidigungsschriften der Verrisse löste der Roman *Ein weites Feld* von Günter Grass aus. Im Spätsommer 1995, noch vor seinem Erscheinen, wurde das Werk bildlich und literaturkritisch zerrissen, und zwar auf dem Titelbild des *Spiegel* (21. August 1995) vom Literatur-Chefkritiker der Nation, Marcel Reich-Ranicki, persönlich. Auf sieben Seiten zerpflückte der Literaturpapst den Roman und schrieb "über das Scheitern eines großen Schriftstellers". Die Kritik an der Kritik kam postwendend. Der Tenor: wie kann man ein solches Titelbild drucken, wie kann man gerade den großen deutschen Schriftsteller Grass zerpflücken? Im nächsten Schritt hieß es dann, höchst historisch korrekt, wer erst Bücher demontiere, der verbrenne sie vielleicht auch. Empörte Mahnwachen versammelten sich vor dem Gebäude des *Spiegel*. Die *Süddeutsche Zeitung* sprach von "Feldzug",[78] der Schriftsteller Johannes Mario Simmel von einem "an Mordlust grenzenden Haß", und Grass selbst benutzte das Totschlagverteidigungsargument: "Deutschland hat *da* eine Vorgeschichte." Will sagen, scharfe Kritik an Autoren sei seit der NS-Verfolgung und Ermordung von Schriftstellern tabu.

"Natürlich setzte das Titelbild auf den grellsten Effekt", schrieb die *FAZ*:

"Natürlich appelliert es an den niedrigen Instinkt der Schadenfreude ... Doch was hätten die liberalen Wochenblätter am selben Tag ohne dieses Titelbild gemacht? Auch ihre Literaturkritiker haben hinten im Feuilleton den Grass-Roman schlecht gefunden. Jetzt aber konnten die politischen Redakteure auf den ersten Seiten zugleich den gutmeinenden Intellektuellen Grass vor einer angeblich politisch motivierten Schmutzkampagne in Schutz nehmen. Verrisse lesen macht Spaß; größer wird der Spaß aber, wenn man zugleich dem Opfer ritterlich hilft ..."[79]

Eine Gruppe heldenhafter Ritter, die zur Verteidigung eines Schriftstellers nach vorne galoppiert, ist eine hehre Vorstellung. Nur: was gab es zu verteidigen? In der Literaturszene wird mit harten Bandagen gekämpft. Herr Grass sollte dies selber am besten wissen.

Denk-Tage

Zwei Generationen nach dem Tode Hitlers wurde in Deutschland, aber auch bei unseren europäischen Nachbarn darüber diskutiert, ob das Ende des Zweiten Weltkrieges für die Deutschen - politisch korrekt - in erster Linie eine militärische Niederlage war oder die Befreiung von einer verachtenswerten Führung. Heinrich Böll schrieb in einem fiktiven Brief an seine Söhne: "Ihr werdet die Deutschen immer wieder daran erkennen können, ob sie den 8. Mai als Tag der Niederlage oder der Befreiung bezeichnen."[80] In den Nachkriegsjahren wurde in der deutschen Öffentlichkeit kaum darüber nachgedacht und noch weniger davon gesprochen. Erst 1970, aus Anlaß des 25. Jahrestages der Kapitulation der Wehrmacht, wandten sich der damalige Bundespräsident Gustav Heinemann und Bundeskanzler Willy Brandt der Frage zu, wie der Tag einzuordnen sei. In den darauffolgenden 15 Jahren sprachen deutsche Politiker jeder Couleur übereinstimmend vom "Jahrestag der Beendigung des Zweiten Weltkrieges", von der "deutschen Kapitulation", oder dem "Ende der Hitler-Diktatur". "Tag der Befreiung" sagte niemand. 1985, vier Jahrzehnte nach Kriegsende, sprach Bundespräsident Richard von Weizsäcker vor dem Parlament in Bonn erstmals vom "Tag der Befreiung", fügte aber im nächsten Satz hinzu:

"Niemand wird um dieser Befreiung willen vergessen, welche schweren Leiden für viele Menschen mit dem 8. Mai erst begannen und danach folgten. Aber wir dürfen nicht im Ende des Krieges die Ursachen für Flucht, Vertreibung und Unfreiheit sehen."[81]

Im Rückblick überfordert man die Deutschen des Jahres 1945, wenn man glaubt, sie hätten sich nach sechs Jahren Krieg, nach einem Zusammenbruch von historischer Dimension und angesichts einer ungewissen Zukunft gleich "befreit" gefühlt. In einer Umfrage der Zeitung *Die Woche* sagte der frühere General-bundesanwalt Alexander von Stahl:

"Die Alliierten wollten Deutschland besiegen. In den Augen der Deutschen waren sie nicht die Befreier, sondern die 'Besatzer'. Das eigene Elend und die Trauer über die Toten, die zerstörten Städte, die verlorene Heimat waren so groß, daß es nur noch ein Gefühl des 'Wir sind noch einmal davongekommen' gab."

Der CDU-Politiker Alfred Dregger beantwortete die Frage so:

"Wer Deutschlands Niederlage 1945 leugnet, verharmlost Hitler. Dieser hatte durch seine verbrecherische Politik bewirkt, daß un-sere Kriegsgegner mit seinem Regime auch Deutschland vernich-ten konnten ... Unsere 'Befreiung' besteht darin, daß die Kriegs-gegner von einst heute unsere Freunde sind."[82]

Der Historiker Rainer Zitelmann kritisiert in seinem Buch *Wohin treibt unsere Republik* jede Einengung:

"'Befreiung' bedeutete die Niederlage vom 8. Mai natürlich für viele Insassen der Konzentrationslager, 'Befreiung' bedeutete die Niederlage auch insofern, als mit ihr zugleich die nationalsozia-listische Diktatur endete. Allerdings war 'Befreiung' weder von der Sowjetunion noch von den Westalliierten intendiert. Wer dies behauptet, verwechselt Kriegspropaganda und tatsächliche histo-rische Beweggründe. Nicht zuletzt das Verhalten der Alliierten gegenüber dem deutschen Widerstand und das Unterlassen jedes Versuches, den Massenmord in den Vernichtungslagern (etwa durch Bombardierung der Zugverbindungen) zu stoppen, sind Hinweise dafür, daß 'Befreiung' nicht das Ziel war. Daß die Nie-derlage 'uns alle' befreit habe, konnte nur ein westdeutscher Prä-sident sagen, der damit die Menschen in der DDR ausklammerte, für die ja der 8. Mai keineswegs Befreiung bedeutete, sondern den nahtlosen Übergang zu einer nunmehr kommunistischen Diktatur."[83]

Wie soll man politisch korrekt mit dem Jahrestag umgehen? 1945 hatten die Sieger nicht die Absicht der Befreiung. Die Di-rektive JCS 1067 an General Eisenhower lautete: "Deutschland wird nicht besetzt zum Zwecke der Befreiung, sondern als be-siegte Feindnation." Der Herausgeber der *Welt am Sonntag* und frühere emigrierte jüdische Besatzungsoffizier der US-Armee Ernst Cramer schrieb in einem Leitartikel: "[H]istorisch wäre es falsch, den 8. Mai generell als Tag der Befreiung begehen zu wollen. Er ist vielmehr, trotz des Sieges über den Nationalsozialismus, der die Welt so positiv veränderte, ein Tag vielfältiger Trauer."[84] Die *Süddeutsche Zeitung* zog den Schluß: "Fast schon könnte man den Eindruck gewinnen, ein zweiter Historikerstreit werde vom Zaun gebrochen."[85] Die Wochenzeitung *Rheinischer Merkur* erkannte das typisch Deutsche an dieser Diskussion: "Ungewöhnlich am derzeitigen Auf- und Überkochen mancher Debattierzirkel ... ist die brustklopfende Leidenschaft, mit der historische Selbstverständlichkeiten verkündet und vereinnahmt werden."[86] Historische Korrektheit - ein mit typisch deutscher Vehemenz ausgetragenes Wortgefecht der Ideologen?

Ein Streitpunkt bei dieser Auseinandersetzung war der von der *FAZ* am 7. April 1995 veröffentlichte Aufruf von rund 120 rechts-konservativen Publizisten, Politikern, Journalisten und Bürgern unter dem Titel "8. Mai 1945 - Gegen das Vergessen". Zu den Unterzeichnern gehörten etwa Unionsfraktions-Ehrenvorsitzender Alfred Dregger, der frühere Generalbundesanwalt Alexander von Stahl (FDP), Entwicklungshilfeminister Carl-Dieter Spranger (CSU) sowie der sich später auf Druck der Partei von seiner Unterschrift distanzierende frühere Verteidigungsminister Hans Apel (SPD). Die Initiatoren kritisierten in ihrem Aufruf, daß der 8. Mai "von Medien und Politikern [einseitig] als 'Befreiung' charakterisiert [wird]. Dabei droht in Vergessenheit zu geraten, daß dieser Tag nicht nur das Ende der nationalsozialistischen Schreckensherrschaft bedeutete, sondern zugleich auch den Beginn von Vertreibungsterror und neuer Unterdrückung im Osten und den Beginn der Teilung unseres Landes." Ein lückenhaftes Geschichtsverständnis aber, so die Unterzeichner, könne nicht "Grundlage für das Selbstverständnis einer selbstbewußten Nation sein".

Politisch korrekt wurde den Unterzeichnern die "Flucht in die Vergangenheit" vorgeworfen, so von Heribert Prantl in der *Süddeutschen Zeitung*. Der Kommentator behauptete, es sei wohl kein Zufall, "daß der erste Eingriff in den Grundrechtskatalog, die Änderung des Asylgrundrechts, in eine Zeit fällt, in der der Ruf nach 'Einordnung der NS-Vergangenheit' immer lauter wurde - und in der nicht nur Asylbewerberheime brannten, sondern auch KZ-Gedenkstätten und Judenfriedhöfe geschändet wurden".[87] Damit stellte er einen direkten Zusammenhang zwischen der Mehrheit der Mitglieder des Deutschen Bundestages, die 1993 für eine Änderung des Asylgesetzes stimmten, und den Hakenkreuzschmierern her. *DIE ZEIT* benutzte für ihre Charakterisierung des Aufrufs die Vokabel "widerlich".[88]

Die Diskussion um den 8. Mai verdeutlicht, mit welch harten Bandagen die politisch korrekte Linke um die intellektuelle Lufthoheit kämpft. Sogar die *taz* mußte zugeben, daß alte PC-Positionen überholt sind und daß ein Gedenken auch der deutschen Opfer zeitgemäß sei: "Ein Ansinnen, dessen Legitimität über Jahre von der Linken unter den Barrikaden eines verschwiemelten Antifaschismus begraben wurde."[89] Und die Berliner *Wochenpost* erinnert die Linke an ihr eigenes Diktum von der "Freiheit der anderen (Meinung)": "[W]äre die Öffentlichkeit der Republik tatsächlich so liberal, wie sie gerne wäre, dann hätten die gewichtig daherkommenden Aufrufer nur eines getan: Sie hätten offene Türen eingerannt."[90] Es gehe der Linken, so Eckhard Fuhr in der *FAZ*, weniger um das Was, als um das Wer:

"Seitdem ... konservative Intellektuelle und Politiker in einem Aufruf an diese Ambivalenz des 8. Mai erinnert und sich dagegen verwahrt haben, diesen Tag einseitig als Tag der Befreiung zu feiern, sind diese Selbstverständlichkeiten zum Politikum und zu einer Frage der *political correctness* geworden. Es kommt in Deutschland sehr darauf an, wer politische oder historische Wahrheiten ausspricht. Wichtiger als das, was einer sagt, ist, mit wem zusammen er es sagt."[91]

Apel hatte zusammen mit den Falschen unterschrieben, mit Zitelmann und den beiden Herausgebern der *Selbstbewußten Nation*, Schacht und Schwilk. So konnte es nicht ausbleiben, daß Ralph Giordano dem Aufruf die vorhersehbare Ehre erwies, ihn als "Krebsgeschwür" und seine Autoren als "Metastasen" zu bezeichnen. Dies wiederum zwang die Initiatoren zum erneuten Abdruck des Aufrufes in der *FAZ* vom 28. April 1995, diesmal mit dem Zusatz, man wolle "dem Meinungsterror der 'political correctness' entgegentreten". Daß Zitelmann, der sich in jedem Bannstrahl zu sonnen versteht, der ihn verächtlich trifft, die Kritik an PC somit usurpiert und deren Nützlichkeit als Werkzeug gegen allerlei Tugendwächter erkannt hat, macht indes die Auseinandersetzung mit Politischer Korrektheit nicht überflüssig. Genauso darf das Hickhack um eine nach Alfred Dreggers Rückzug schließlich abgesagte Veranstaltung der Aufruf-Initiatoren in München nicht ablenken von den Grundwahrheiten des 8. Mai, die in persönlich motivierten Fehdezügen unterzugehen drohen. Theodor Heuss konnte vom Kriegsende noch als "tragischste und fragwürdigste Paradoxie" sprechen, weil die Deutschen "erlöst und vernichtet in einem gewesen" seien. Nach 50 Jahren überwiegt die historische Chance, die in eine weitreichende kulturelle, politische und soziale Befreiung mündete. Befreit wurde Deutschland eben auch von jenen, die den 8. Mai als Niederlage empfinden mußten. Unterhalb der historischen Dimension, in der Wahrnehmung des einzelnen, herrscht ein präzises Verständnis dafür, wie verwoben die Begriffe "Befreiung" und "Niederlage" sind. In einer Umfrage der ZDF-Sendung *halb 12* (9. April 1995) stimmten auf die Frage: "Was bedeutet der 8. Mai für Sie?" 33% der Befragten mit "Befreiung", 26% mit "Niederlage" und 41% mit "Beides". Die Bevölkerung schätzt demnach die Bedeutung des Gedenktages irgendwo zwischen Befreiung und Niederlage ein und beweist damit ein wesentlich prononcierteres historisches Gespür als die historisch-korrekte Meinungsführerschaft.

Mit zunehmendem Abstand vom Zweiten Weltkrieg und der Gewaltherrschaft Hitlers erkennt man in der deutschen Öffentlichkeit, daß beide Begriffe - besiegt oder befreit - eine historische Legitimation besitzen. Die Vertreibung von Millionen Deutschen, der Tod von zwei Millionen Flüchtlingen schien erstmals zur 50jährigen Wiederkehr des Endes des Zweiten Weltkrieges ein Thema für die Öffentlichkeit. In einer ganzen Reihe von Fernsehsendungen wie dem ARD-Beitrag *Operation Donnerschlag* (vom 9. Februar 1995) über die Bombardierung

Dresdens wurde an die Zerstörung der deutschen Städte durch die alliierte Luftwaffe, an die Flucht der Deutschen aus dem Osten und auf eindrucksvolle Weise an den Holocaust erinnert. Die meisten Rundfunk- und Fernsehbeiträge arbeiteten mit Interviews der damaligen Opfer. Alte Menschen, die ruhig und sachlich über ihr Grauen erzählten: über den Untergang der mit Flüchtlingen überladenen *Wilhelm Gustloff*, die Vergewaltigung durch russische Soldaten, die Dresdner Feuersbrunst oder die Gefangennahme als junger Soldat. Es schien fast so, als hätten sich diese Menschen ein halbes Jahrhundert lang für das ihnen Widerfahrene geschämt. Erst langsam beginnt die erzählerische Verarbeitung dieses großen Themas deutscher Geschichte. Der Schriftsteller Walter Kempowski, der in seinem kollektiven deutschen Tagebuch der Monate Januar und Februar 1943 *Das Echolot* die Augenzeugen selbst zu Worte kommen läßt, schreibt an einer Fortsetzung, und dabei geht es um eine Dokumentation des Leidens der vertriebenen Deutschen aus den Ostgebieten. Bisher, so sagte Kempowski bei einer Lesung in Bonn, sei dieses Thema "tabuisiert" gewesen. Wer darüber sprach oder schrieb, wurde jahrzehntelang als Revanchist diffamiert.

"Aber man macht es sich zu leicht, wenn man in dieser Verdrängung allein die Konsequenz 'linker' Meinungsherrschaft sieht. Natürlich ist gar nicht zu bestreiten, daß in den aufgeklärten Milieus der Bundesrepublik Vertreibung und Vertriebene zu den am besten gesicherten Tabus gehörten - verteidigt mit der dicken Berta des Revanchismus-Verdachts und der Drohung des Ausstoßes aus dem Kreis der politisch Satisfaktionsfähigen. Aber auch die Rücksichten der Union auf die Vertriebenen können nicht darüber hinwegtäuschen, daß sie in erster Linie deren Stimmen als Wähler galten. Kurz: die meisten Bundesbürger haben das Thema seit langem eher als peinlich, zumindest als unzeitgemäß, wo nicht als Ärgernis empfunden ... Wenn die Vertreibung nicht als unser aller Sache angenommen worden ist, dann in erster Linie, weil die Vertriebenenpolitiker sie so unnachsichtig zu ihrer Sache gemacht haben",

kommentiert Hermann Rudolph.[92] Es gab eine verbreitete Vorstellung, Erinnerungen könnten als "Aufrechnung" disqualifiziert werden. Für den Kommentator der *Frankfurter Allgemeinen Zeitung*, Johann Georg Reißmüller, war diese Sorge bezeichnend für das schwierige Verhältnis der Deutschen zu ihrer eigenen Vergangenheit:

"Wer an sie [die deutschen Opfer] erinnert, dem schlägt in Deutschland sogleich der Vorwurf entgegen, er wolle 'aufrechnen'. Das ist eine als Anspruch ans Gewissen zurechtgemachte Unwahrheit. Den Völkermord an den Juden, die von Deutschen verübten Massenmorde an Polen, Tschechen, Russen bemäntelt nicht und die Schuld Deutschlands am Zweiten Weltkrieg verkleinert nicht, wer möchte, daß im Gedächnis der Nation auch die ungezählten Deutschen einen Platz haben, die am Ende des Krieges und nach dem Krieg von massenmordender Hand starben. Doch es sind nur wenige unter unseren Politikern, die zu solchem Gedenken aufrufen."[93]

Der früh verstorbene Bonner Journalist Ludolf Herrmann äußerte schon 1985 Zweifel an bestimmten Formen der Vergangenheitsbewältigung. Für Herrmann war eine Aufarbeitung nur von Titanen zu bewältigen. Die Welt aber besteht aus Durchschnittsbürgern:

"Die Erlösung von Hitler kam dadurch, daß er besiegt wurde, sie geschieht nicht, indem wir uns heute seiner Greueltaten erinnern. Natürlich bleibt es notwendig, uns die Schrecken des Faschismus und die Versuchungen zu ihnen stets mahnend vor Augen zu halten. Wenn aber die Erinnerung zum Akt der Erlösung selbst würde, bedeutete jedes auch nur nachlässige Vergessen das volle Wiederaufleben der Schuld. Das liefe auf eine Verurteilung der Deutschen hinaus, für alle Zeiten ahasverisch zwischen den Gedenksteinen ihrer furchtbaren Vergangenheit umherirren zu müssen. Es gehört aber zum Charakter von Vergangenheit, daß man sie nicht nur annehmen kann oder muß, sondern daß ihre Präsenz vergeht. So grauenhaft die Wirklichkeit auch war, sie sinkt dennoch unaufhaltsam in die Vergangenheit zu anderer Vergangenheit herab und verliert an Bedeutung für Gegenwart und Zukunft. Das Recht, nach vorne zu schauen, macht sich auch dann geltend, wenn das, was zu unserer Geschichte gehört, so dämonisch war wie der Nationalsozialismus."[94]

Mit Richard von Weizsäcker stand ein in jeder Hinsicht korrekter Bundespräsident an der Spitze des Staates. Weizsäckers Nachfolger Roman Herzog dagegen verstieß zunächst gegen die von seinem Vorgänger errichteten Wortrituale, als er zu seiner Wahl im Mai 1994 den Begriff der "Entkrampfung" benutzte. Bei seiner Antrittsrede vor der Bundesversammlung in Berlin nannte Herzog es ein "Wunder", daß die Deutschen in ihrer Gesamtheit den Bundespräsidenten in Berlin wählen durften, und dann sprach er die Bürger an, die er in den kommenden fünf Jahren zu repräsentieren habe: er werde alles daran setzen, sagte er, "der Bundespräsident aller Deutschen zu sein". Schließlich sprach er von seinem Wunsch, einer "unverkrampften" Nation vorzustehen.

"Da fehlen sechs Millionen Ausländer", schrieb die *Frankfurter Rundschau* empört.[95] "So viel Sensibilität hätte man verlangen können, in diesen Zeiten, in denen eine andere Hautfarbe genügt, um durch die Straßen gehetzt zu werden." Der SPD-Fraktionsgeschäftsführer Peter Struck nannte die Rede "katastrophal", der Bundestagsabgeordnete Wolfgang Ullmann (Bündnis90/Die Grünen) bedauerte "zutiefst", daß der Bundespräsident nicht die "Integrationsoffenheit" Deutschlands in den Vordergrund gestellt habe, und der Abgeordnete Freimut Duve (SPD) hatte Herzog die "Diskriminierung ausländischer Mitbürger" vorzuwerfen. Der neue Bundespräsident war von denen, die politisch korrekt dachten, bei einem unverzeihlichen Fehler ertappt worden, als er auf das von Weizsäcker eingeführte und ritualisierte Betroffenheitsrepertoire, "formelhaft bis zum Nichtssagenden", so die *Frankfurter Allgemeine Zeitung*, verzichtete: "Daß die Rede keine wirklichen Angriffsflächen bot, war ihren Verächtern gleichgültig. Die Verdächtigung findet immer, wonach sie sucht."[96] Herzog hatte darauf verzichtet, Entsetzen über die Verbrechen des Nationalsozialismus zu äußern und Betroffenheit über die Benachteiligung der Frauen und Behinderten einzustreuen, er hatte nichts über das Waldsterben gesagt, kein Wort zu § 218 (pro) oder zur Euthanasie (contra), zur Frauenquote, zum Verbot der Republikaner, zur Abschaltung der AKWs, zum Tempolimit auf Autobahnen und zu verkehrsberuhigten Zonen, nicht eine Andeutung von Abschiebestop für abgelehnte, kurdische Asylbewerber, kein Mitleid mit Kleinkriminellen und Junkies, nicht einmal ein Wort zur doppelten Staatsbürgerschaft. Eine "unverkrampfte" Ansprache ohne professionelle Betroffenheit - das war den deutschen Tugendwächtern suspekt. "Wer kommt oder was bringt eigentlich auf die Idee, Entkrampfung sei gleich ahnungslos, anmaßend oder respektlos?", fragt Hermann Rudolph in einem Kommentar im *Tagesspiegel*:

> "Offenkundig ist es nicht Herzogs Formulierung, die der eigentliche Grund für die Kritik ist, sondern jener Schwarm von Befürchtungen und Argwohn, Vermutungen und Unterstellungen, der heute über jeder Debatte hängt - immer bereit, sich auf jemanden zu stürzen, der nicht dem gerade gelittenen Bild politischen Verhaltens entspricht."[97]

Aber viele Ermahnungen bleiben nicht ohne Wirkung. Bei seiner Antrittsrede im Juli 1994 schrieb die *taz* denn auch über den neuen Bundespräsidenten hocherfreut: "Herzog macht es diesmal allen recht", und der Linksaußen der Union und frühere Redenschreiber Weizsäckers, Friedbert Pflüger, lobte die Rede als "ganz ausgezeichnet". Herzog sprach ausdrücklich all das an, was nach seiner Wahl im Mai nicht zur Sprache gekommen war. In dieser Rede ließ Herzog die deutsche Öffentlichkeit nicht darüber im Zweifel, daß der nationalsozialistische Völkermord an den Juden mit anderen Untaten auf der Welt nicht verglichen werden könne, und er warnte vor der Gewalt gegen Ausländer. Die Aussagen waren für sich genommen eine Selbstverständlichkeit, wichtig und richtig zugleich. Traurig nur die Ritualisierung. Aber der neue Bundespräsident bewies Souveränität, als er am 13. Februar 1995 bei der zentralen Gedenkstunde zum 50. Jahrestag der Zerstörung Dresdens durch britische und amerikanische Bomber zur Trauer und Erinnerung aufrief:

> "Genau das ist der Geist, aus dem heraus wir auch um die deutschen Opfer unserer Geschichte trauern ... Und wir verwahren uns dagegen, daß irgend jemand unsere Trauer so auslegt, als wollten wir die Verbrechen, die Deutsche an den Menschen anderer Völker ... begangen haben, gegen die eigenen Kriegs- und

Vertreibungsopfer aufrechnen. Um unsere Geschichte geht es, nicht um die der anderen. Aus der eigenen Geschichte lernt man immer noch am besten."[98]

Bei der Gedenkfeier in Dresden waren von britischer Seite der Oberbürgermeister der von der Luftwaffe während des Krieges schwer getroffenen Stadt Coventry und der anglikanische Bischof der Stadt sowie der Herzog von Kent als Repräsentant des britischen Königshauses anwesend: eine Geste, die von den Dresdnern mit Wohlwollen und Sympathie aufgenommen wurde. Trotzdem gab es an diesem Tag, was Hermann Rudolph im *Tagesspiegel* "Das Recht [der Deutschen] auf die eigene Trauer" nannte:

"[E]s gibt auch eine sozusagen umgekehrte Aufrechnung, die mit dem Hinweis auf die deutsche Schuld am Kriege und die Ungeheuerlichkeiten, mit denen Deutsche Europa überzogen, die Leiden und Verluste, die Deutsche erlitten, verdrängt ... Es ist gut, daß die Gedenkfeierlichkeiten auf den Grundton der Versöhnung gestimmt sind. Es ist auch richtig, daß in Dresden die Partnerstädte dabei sind, die Opfer deutscher Angriffe waren. Aber der Wille zum 'Nie wieder' kann den Schmerz über vernichtetes Leben, zerstörte Schönheit, ausgelöschte Heimat und Herkünfte nicht aus der Welt schaffen. Er darf es auch nicht. Es gibt ein Recht auf Trauer um das Verlorene. Es ist unmenschlich, Menschen zu nötigen ... sich dafür zu rechtfertigen."[99]

Für die *International Herald Tribune* war der Tag des Erinnerns an die Toten von Dresden ein längst fälliges Zeichen eines zunehmenden Selbstvertrauens der Deutschen. Eine neue Generation könne heute offen und ohne politische Hintergedanken über diesen Gedenktag sprechen:

"Es ist ein Symbol des deutschen politischen Erwachsenwerdens, daß es im Vorfeld dieses Gedenktages in der öffentlichen Diskussion um mehr ging als um die Zerstörung dieser Stadt ... Es ist völlig natürlich, daß die Deutschen der Verbrennung der Menschen in Dresden gedenken. Es ist eine Lektion über die Schrecken des Krieges für uns alle."[100]

Völlig natürlich - aber politisch inkorrekt. Der Schriftsteller Ralph Giordano dagegen glaubte im Vorfeld der Veranstaltung,

Bundespräsident Herzog in einem offenen Brief vor einer versöhnlichen Rede warnen zu müssen. Dresden, schrieb er, sei "das Paradebeispiel, das Lieblingsmodell der professionellen Aufrechner" und werde von ihnen "seit jeher zur Entsorgung der deutschen Verbrechen mißbraucht". Damit verunglimpfte er jene Bürgerrechtler in der früheren DDR, die seit 1982 an jedem Jahrestag des Angriffs auf Dresden im Angesicht der Stasi für Frieden und Freiheit gebetet hatten, und er hatte wohl auch nicht an die Mehrheit der Dresdner gedacht, die, wie eine Meinungsumfrage bestätigt, die Zerstörung ihrer Stadt als eine Folge des von den Nationalsozialisten begonnenen Krieges erkennen. Kanonikus Oestreicher aus Coventry, der mit seinen jüdischen Eltern noch rechtzeitig aus Deutschland auswandern konnte, sprach sich in Dresden für eine Versöhnung aus, "denn vor Gott sind wir alle Sünder".

Das Feuilleton der *Süddeutschen Zeitung* sah die politische Korrektheit gefährdet und verstieg sich zu der Behauptung, daß Feierlichkeiten wie die zum 50sten Jahrestag der Vernichtung von Dresden vor allem einem Zweck dienen:

> "Sie sind späte Entnazifizierungsliturgien ... Am Ende des Jahres werden die Deutschen dann die Wandlung endgültig hinter sich haben: Aus den Tätern werden die Opfer geworden sein ... Sie bewirken Fatales: die Nivellierung jeder Schuld."[101]

In Deutschland wird nicht vergessen, daß es deutsche Bomber waren, die als erste Stadt Warschau im Bombenterror der Luftwaffe zerstörten. Schuld wird nicht nivelliert. Sie bleibt als Ganzes bestehen. Mit der Zeit aber weicht sie der Verantwortung, und der stellt sich Deutschland im Erinnerungsjahr 1995 unumwunden.

Der "Fall" Heitmann

Die Vertreter der Politischen Korrektheit in Deutschland scheuen sich manchmal nicht, mit Tricks zu arbeiten, die zwar funktionieren, aber Menschen beschädigen. Heribert Prantl von der *Süddeutschen Zeitung* hat es immerhin geschafft, mit dem sächsischen Justizminister Steffen Heitmann einen Bewerber um das Amt des Bundespräsidenten so in Bedrängnis zu bringen, daß er sein Vorhaben unter dem Druck einer manipulierten Meinungsbildung aufgeben mußte. Heitmann stand seit Anfang seiner Kandidatur unter Feuer. In einer von den westdeutschen Meinungsmachern beherrschten Medienlandschaft mußte es ein Ostdeutscher wie er schwer haben. Der frühere Pfarrer und Kirchenjurist in Dresden, in der Wendezeit Rechtsberater einer Bürgerrechtsgruppe, war still und zurückhaltend und alles andere als ein Mann, der in der Öffentlichkeit große Wirkung erzielen konnte. Ihm fehlte es an Erfahrung für die politische Rhetorik Westdeutschlands. In einem von abgedroschenen "Dummdeutsch"-Phrasen beherrschten Politiker-Jargon, in dem jeder jederzeit über alles und jedes "betroffen" ist, wirkte seine klare und formelfreie Sprache so, als brauche er noch einige Zeit, um sich im wiedervereinigten Deutschland zurechtzufinden. Anders als bei Weizsäcker war bei Heitmann vom Zeitgeist wenig zu spüren.

Es fehlte Heitmann "offensichtlich an Erfahrung und Verständnis für die politischen Rituale Westdeutschlands. Auch hier gibt es so etwas wie *political correctness* zumindest in der stark formalisierten Politiker-Sprache. Wer klug ist, vermeidet Reizwörter und gefährliche Tabus oder macht zumindest einen verbalen Kotau vor deren Hohepriestern", resümierte folgerichtig die *Süddeutsche Zeitung*, nachdem sie drei Tage vorher Heitmann hatte ins Messer laufen lassen.[102] Für Heribert Prantl ist das "Wühlen im [vermeintlichen] braunen Schlamm" eine Lebensaufgabe, schrieb der *Rheinische Merkur*.[103] Der in solchen Dingen ungeübte Heitmann mußte zwangsläufig ausrutschen, denn er konnte auf dem Glatteis suggestiver Fragespiele nicht Kurs halten.[104] Nach dem Ritual der Politischen Korrektheit wurde Heitmann zu den Themen Frauen, Ausländer, NS-Vergangenheit und Europa zum Teil mit eigenen Aussagen konfrontiert und zum anderen Teil in die Enge getrieben. Die Nachrichtenagenturen brachten Textauszüge des Interviews. Das war dann praktisch das Ende seiner Kandidatur. Heitmann wolle "Frauen in der Mutterrolle einschließen" warnte die *Frankfurter Rundschau*.[105] Er versuche, die "Sonderrolle" der deutschen Vergangenheit zu leugnen, "wo doch jeder auf den ersten Blick erkennen kann, daß deutsche Politik jedenfalls hier und jetzt im Schatten des Holocaust und des deutschen Vernichtungskrieges stattfindet", befand *DIE ZEIT*.[106] Die *taz* nannte die Äußerungen Heitmanns "gemeingefährlich".[107] Kritik kam auch vom Jüdischen Weltkongreß und vom Vorsitzenden des Zentralrats der Juden, Ignatz Bubis. "Und wenn der Vorsitzende des Zentralrats der Juden einmal das Verdikt 'Wasser auf die Mühlen der Rechtsradikalen' gesprochen hat", kommentierte die *Frankfurter Allgemeine Zeitung*, "was bleibt einem Politiker dann noch anderes als Bußfertigkeit oder Resignation?"[108] Im November 1993 nahm Steffen Heitmann seine Kandidatur zurück. Was war an seinen Äußerungen so "gemeingefährlich"?

Der Schriftsteller Martin Walser hat hinterher, als Heitmann als Bewerber für das hohe Amt erledigt war, die Interview-Taktik von Prantl im *Spiegel* analysiert:

"Der Arme kennt nicht einmal das Reizklischee, mit dem er erledigt werden soll. Das muß ihm der liberale Erlediger vorkauen. Irgendwann in diesem Interview sagt Heitmann: 'Wir müssen ein normales Volk unter normalen Völkern sein'. Später, erst gegen Ende des Interviews, sagt er: 'Wir müssen lernen mit dieser furchtbaren Geschichte, die wir haben, umzugehen.' Darauf der Interviewer ... 'Normal' umzugehen? Wie soll man normal umgehen mit Millionen Morden?' Also, da fiel dem ein, daß Heitmann 10 oder 15 Antworten vorher das Wort 'normal' als Adjektiv gebraucht hat, 'normales Volk unter normalen Völkern sein'. Jetzt sagt Heitmann: 'Lernen, mit dieser furchtbaren Geschichte, die wir haben, umzugehen.' Aber der Interviewer tut, als habe er einen adverbialen Gebrauch gehört: 'Normal' umzugehen?' Und jetzt kommt ihm der Satz so, wie er zur Zeit gesagt werden muß, wenn man als politisch korrekt gelten will: 'Wie soll man normal umgehen mit Millionen Morden?' Damit ist der Interviewte in der Ecke, in die er gehört. Normal umgehen mit Morden?! Das ist ein schöner Manipulationsschritt von 'ein normales Volk unter normalen Völkern sein' zu 'normal umgehen mit Millionen Morden'. 'Normal' als Adverb bringt Heitmann in die Nähe zu den Tätern. Das ist der Routineschritt des Zeitgeistes."[109]

Auch Heitmanns angebliche "Frauenfeindlichkeit" entpuppte sich als klare, von der Sorge um das Wohl der Kinder getragene Menschenkenntnis:

"Ich will immer wieder darauf aufmerksam machen, daß man die ... [Kinder] auf der einen Seite, und Selbstbestimmung und Selbstverwirklichung auf der anderen Seite - nicht beides im vollen Umfang haben kann. Wer Selbstverwirklichung im vollen Umfang haben will, muß auf Kinder verzichten."

Daß die Selbstverwirklichung von Müttern auf Kosten der Kinder geht, ist eine Erfahrung, die jede berufstätige Frau, besonders in der ehemaligen DDR, bestätigen kann. Mehr Teilzeitarbeitsplätze forderte Heitmann für Frauen und Männer, die einem Beruf und ihrem Kind gleichermaßen gerecht werden wollen. Seine Aussagen zu Ausländern und Europa sind genauso vernünftig, ja geradezu alltäglich. Höchstens Inoriginalität ist ihnen vorzuwerfen. Von Ausländerfeindlichkeit oder Europamüdigkeit keine Spur.

Die "Meinung" zu Heitmann wurde gemacht, man könnte auch sagen: geschürt. Neuere Befunde der Medienforschung zeigen, daß Nachrichten über Menschen einprägsamer sind als Sachberichte, Negativmeldungen aufmerksamer aufgenommen werden als positive Berichte, und daß die Chance der Beeinflussung der Leser, Hörer und Zuschauer besonders groß ist, wenn es sich um einen neuen Problemkreis handelt. "Wenn alle drei Faktoren zusammenkommen, ist die Durchschlagskraft von Medienmeinung auf die Bevölkerung am höchsten", sagt der Medienwissenschaftler Andreas Püttmann von der *Konrad-Adenauer-Stiftung*. "Genau dies ist Steffen Heitmann zum Verhängnis geworden."

Eine Allensbacher Umfrage vom Oktober 1993 ergab eine mehrheitlich ablehnende Haltung gegenüber dem Kandidaten. Er wurde als "unsympathisch", "unsicher" und "altbacken" mit einem "überholten Frauenbild" charakterisiert. An anderer Stelle hatten die Meinungsforscher die wörtlichen Zitate Heitmanns, ohne Namensnennung, zur Abstimmung gestellt:

1) Wenn jemand sagt: "Die Leistung der Frau als Mutter muß wieder höher bewertet werden" - sehen Sie das auch so, oder sind Sie nicht dieser Meinung?
- "Das sehe ich auch so", erklärten 78 Prozent, "bin nicht dieser Meinung" 11 Prozent.

2) Wenn jemand zum Thema Ausländer in Deutschland sagt: "Man muß die Überfremdungsängste der Bürger ernst nehmen und auch so nennen dürfen." - sehen Sie das auch so, oder sind Sie nicht dieser Meinung?
- "Das sehe ich auch so" erklärten 64 Prozent; die Gegenmeinung vertrat nur jeder Vierte.

3) Hier haben wir einmal eine Meinung zur deutschen Vergangenheit aufgeschrieben. Wenn Sie das bitte einmal lesen, wie bewerten Sie diese Meinung? Finden Sie das richtig, was da gesagt wurde, oder sind sie nicht damit einverstanden? "Ich glaube, daß der organisierte Tod von Millionen Juden in Gaskammern tatsächlich einmalig ist - so wie es viele historisch einmalige Vorgänge gibt. Ich glaube aber nicht, daß daraus eine Sonderrolle Deutschlands abzuleiten ist bis ans Ende der Geschichte. Es ist der Zeitpunkt gekommen - die Nachkriegszeit ist mit der Deutschen Einheit endgültig zu Ende gegangen - dieses Ereignis einzuordnen, aber um Gottes Willen nicht wegzulegen!"
- "Finde ich richtig" antworteten 71 Prozent, "bin nicht damit einverstanden" nur 12 Prozent.

Die von Steffen Heitmann in seinem Interview geäußerten Auffassungen wurden somit von einer Mehrheit der deutschen Öffentlichkeit durchaus geteilt. Aber Heitmann sollte nicht der Mann sein, der bestimmte Ansichten aussprechen durfte. Er hatte gesagt, er wolle "dem Normalbürger eine Stimme ... geben in diesen Debatten". "Normalbürger", also jene Deutschen, die pünktlich zur Arbeit gehen und Mitglied im Fußballclub oder der Schützenbruderschaft sind, waren für Heribert Prantl "diejenigen, die ... üblicherweise Republikaner und DVU wählen," - eine Überheblichkeit, die schlechterdings nicht mehr zu überbieten war. "Die Zumutung" nannte der Hamburger *Stern*

Heitmann und druckte dazu ein entstellendes Photo des Kandidaten mit einer qualmenden Zigarre: "Ein Präsident für den Stammtisch."[110] Erledigt. In diesem Artikel trafen nach Meinung von Wolf Schneider, dem früheren Leiter der *Henri-Nannen-Journalistenschule* und Analytiker des Journalismus, "80 Teile Meinung auf 20 Teile Information". Eigentlich war es egal, was Heitmann sagen würde. Die Stimmung war gegen ihn. Nur 19 Prozent der befragten Bundesbürger sagten in der Allensbacher Umfrage, daß Heitmann das ausspreche, "was viele Leute wirklich denken". "Der Fall Heitmann erweist sich somit als klassischer Fall der Manipulation einer Bevölkerungsmehrheit durch eine Minderheit von Meinungsführern in den Medien", glaubt Püttmann von der *Konrad-Adenauer-Stiftung*.

Der in die Ecke Gedrängte äußerte sich ein Jahr nach seinem Verzicht auf die Kandidatur zu der Frage, ob er sich damals "hereingelegt" gefühlt habe:

> "Dieses Interview mit der Süddeutschen Zeitung war - das ist mir erst später in vollem Umfang deutlich geworden - darauf angelegt, mich gewissermaßen vorzuführen. Das war mir auch deshalb nicht so recht deutlich, weil ich ein Bild von der freien Presse hatte, das mir derartiges schlechterdings nicht möglich erscheinen ließ. Ich wußte noch nicht, daß auch die Meinungsfreiheit im Westen eine eingeschränkte sein kann, daß man auch hier mit Zensur rechnen muß - mit einer Zensur, die ihre Maßstäbe aus dem Zeitgeist bezieht."[111]

Die sogenannten "Meinungsführer" ordnen sich selbst zu zehn Prozent als "konservativ" oder "christlich-demokratisch" ein, zu fast drei Vierteln als "linksliberal" (21%), "liberal" (19%), "sozialdemokratisch" (17%), "grün-alternativ" (10%) oder "sozialistisch" bzw. "kommunistisch" (4%). In einem solchen Umfeld hatte eine konservative Werthaltung keine Chance. Ob Heitmann der bestmögliche Kandidat war, mag dahingestellt bleiben. Sicher ist: Heitmann wurde ein Opfer der Politischen Korrektheit.

Anfang Dezember 1994 wurde ein Brandanschlag auf die Union-Druckerei in Weimar verübt. Dort wird die rechtskonservative Wochenzeitung *Junge Freiheit* gedruckt. Zu diesem Anschlag bekannte sich eine ("man" will nicht glauben, daß es so etwas wirklich gibt) *Revolutionäre Lesbenfrauengruppe*. In einem Selbstbezichtigungsschreiben hieß es, "die Junge Freiheit sei der Versuch der Neuen Rechten, mit journalistischen Mitteln in politisch und kulturell bedeutsame Bereiche der BRD-Gesellschaft einzubrechen und sich dort zu konsolidieren."[112] (Immerhin wurden in dem Schreiben die "FaschistInnen" politisch korrekt angesprochen!) Eine Gruppe Berliner "Antifaschisten" ging noch weiter. Die Berliner Initiative *Stoppt Nazi-Zeitung* verschickte kleine "Mahnungen" an Kioske in ganz Deutschland, nachdem ein bewaffneter "Autonomer" im November 1994 die Druckerei überfallen und die Herausgabe der Abonnentenkartei erzwungen hatte:

"Sehr geehrter Zeitungshändler! Bei einem Besuch in Ihrer Verkaufsstelle hat man festgestellt, daß Sie dort Zeitungen mit faschistischem Inhalt anbieten ... Schicken Sie die betreffenden Blätter zurück bzw. legen Sie sie nicht mehr aus. Wenn davon keine mehr verkauft werden, wird man bald davon absehen, Sie weiterhin damit zu beliefern ... Zum Schluß noch ein Hinweis, den Sie hoffentlich nicht falsch verstehen: Uns wurde Ihre Adresse von einer Person oder Gruppe übergeben mit der Bitte, daß wir uns an Sie wenden. Wir haben nun nicht in der Hand, ob bzw. was diejenigen weiter unternehmen werden, falls Sie z. B. diese Zeitungen auch weiterhin anbieten."[113]

Die *Junge Freiheit* schrieb dazu in eigener Sache:

"Wohlgemerkt: Das zitierte Schreiben stammt weder aus China noch entsprang es der Feder eines albanischen Geheimdienstbeamten des Jahres 1985. So etwas geschieht heute."[114]

In den deutschen Medien, deren Radionachrichten fast jeden Schwelbrand in den Küchen von Asylbewerberheimen melden (dann aber mit dem Zusatz "Hinweise auf eine fremdenfeindliche Tat gibt es nicht" selber ad absurdum führen), blieb der

Angriff auf die *Junge Freiheit* merkwürdig unbeobachtet. Die "Säuberung" der Kioske von unliebsamen Pressepublikationen durch die linksextremistische "Antifa" schien in der deutschen Medienlandschaft eher Häme hervorzurufen. Die *taz* titelte dann auch: "Brandsätze gegen geistige Brandstifter."[115] Es bedurfte des Europa-Abgeordneten der Grünen, Daniel Cohn-Bendit, und des stellvertretenden Chefredakteurs der *Wochenpost*, um die deutsche Öffentlichkeit wachzurütteln. In einem Appell unter der Überschrift "Die Freiheit ist immer die Freiheit der Andersdenkenden" sprachen sich Politiker und Publizisten Ende Dezember 1994 gegen den Versuch von Linksradikalen aus, die *Junge Freiheit* in den Konkurs zu treiben. Es gehört im Zeitalter der Politischen Korrektheit Mut dazu, auch dem anderen Lager Pressefreiheit zuzugestehen: "Wir verurteilen diese Anschläge 'autonomer' Täter, die sich - historisch ignorant und moralisch anmaßend - gern als 'Antifaschisten' bezeichnen", hieß es in dem Appell. "Das Recht auf freie Meinungsäußerung gilt selbstverständlich für Zeitungen und Autoren des gesamten politischen Spektrums." Dennoch waren die Brandstifter erfolgreich. Die Druckerei kündigte den Vertrag mit dem Verlag der *Jungen Freiheit* fristlos. Den Mitarbeitern war nach Darstellung der Geschäftsleitung die Gefährdung nicht zuzumuten.

Der sogenannte "Antifaschismus" war für lange Zeit ein Richtungsweiser für gewisse linke Meinungsmacher. In der DDR blieb der Antifaschismus, so wie man ihn verstand, die wichtigste Legitimation der Führungs-Clique. Aus der Erinnerung an die Straßenschlachten gegen die SA im Berlin und Hamburg der 30er Jahre leiteten DDR-Bonzen die Herrschaftsgrundlage für die zweite deutsche Diktatur ab. Nachdem die Schüler von Theodor Adorno und Herbert Marcuse im Geist der *Frankfurter Schule* den Gang durch die Institutionen angetreten hatten, drückten sie als Interessenverband der politischen Klasse und vor allem der Medienlandschaft den Stempel auf.

"Seitdem ist in den Gehirnen all dieser Medienmacher eine Falsch-Programmierung über das Wesen des Totalitarismus installiert worden, so wie eine winzige, unsichtbare Elektrode zur

Willenslähmung und Desorientierung, wie sie die kleinen grünen Männchen in diesen Science-Fiction-Filmen immer in die Köpfe der Erdbewohner implantieren, um sie dann nach Belieben lenken zu können",

schreibt der Publizist Klaus Rainer Röhl.

"Dieser kleine Sender raunt unseren Linksliberalen pausenlos ins Ohr: Schläger von rechts sind etwas anderes als Schläger von links, Mord von links ist *nicht ganz* so verdammenswert wie Mord von rechts."[116]

In manchen Redaktionen legt man Wert darauf, den alten publizistischen Grundsatz von der Wichtigkeit einer Nachricht auf eine politisch korrekte Weise weiterzuentwickeln. Jeder Zeitungsvolontär bekommt in den ersten Wochen seiner Tätigkeit beigebracht, daß die Meldung "Hund beißt Briefträger" keine Zeile wert ist, während die von einem Briefträger, der einen Hund beißt, immer eine Chance hat, auf der Seite mit vermischten Nachrichten gedruckt zu werden. Auf eine historisch korrekte Nachrichtengebung angewandt heißt das, daß ein Brandsatz auf ein Haus mit türkischen Bewohnern eine Meldung verdient, ein Sprengsatz auf eine CDU-Geschäftsstelle in einem bewohnten Haus dagegen keinen Nachrichtenwert besitzt. In einem Brief an die *Frankfurter Allgemeine Zeitung* fragt ein Leser nach den Kriterien, nach denen in Deutschland Nachrichten zur Veröffentlichung ausgewählt werden:

"Zwei Agenturmeldungen in Ihrer Ausgabe vom 6. Juni [1994] haben meine Aufmerksamkeit gefunden: Eine berichtet von der Detonation eines Sprengsatzes an einem Haus mit 15 Bewohnern, die andere von einem Anschlag auf ein Haus mit zwei Brandsätzen, die sich nicht entzündeten ... Beide Vorfälle sind widerlich und müssen unser aller Wachsamkeit verdienen. Aber warum erscheint der Bericht zu dem zweiten auf der Titelseite und der vom weitaus größeren Schaden innen auf Seite 4?"[117]

Wie drüben in den USA existiert inzwischen auch in Deutschland eine *lingua politica correcta*, und damit ist nicht der Pressecodex des *Deutschen Presserates* in Bonn gemeint, wonach es vernünftigerweise unter Ziffer 12 heißt, daß "niemand

... wegen seines Geschlechts, seiner Zugehörigkeit zu einer rassischen, ethnischen, religiösen oder nationalen Gruppe diskriminiert werden [darf]." Bei der SPD-nahen *Friedrich-Ebert-Stiftung* wurde im Sommer 1994 bei einem Seminar mit jungen Redakteuren aus Ost- und Westdeutschland versucht, Grundsätze zum Antidiskriminierungsgebot zu formulieren.[118]

"... Diskriminierung geschieht meist aus einem naiven Interesse für das Anderssein. Man hebt ein Merkmal (z.B. die Hautfarbe) hervor und vergißt dabei ... : man äußert sich als Angehöriger einer privilegierten Gruppe über eine unterprivilegierte Gruppe."[119]

Ein Beispiel ist der Umgang mit Zigeunern. In einem von der *Deutschen Presse Agentur* übernommenen Text hieß es in der von der *Friedrich-Ebert-Stiftung* zitierten *Südwestpresse* am 6. Juli 1994:

"Hamburg (dpa). Immer mehr in Deutschland lebende Roma verkaufen nach Angaben von Familienexperten ihre Babys - meistens über kriminelle Zwischenhändler. Seit längerem häufen sich entsprechende Fälle, wie der Leiter der zentralen Adoptionsstelle für die vier norddeutschen Länder, Rolf Bach, sagte ... Vor allem finanzielle Not treibt Roma-Familien dazu, Babys zu verkaufen."

Politisch korrekt wurden bei dem Seminar der *Friedrich-Ebert-Stiftung* durch eine Akzentveränderung aus Tätern Opfer:

"Durch Überschrift und Eingangssatz wird hier die Schuld allein den leiblichen Eltern der verkauften Kinder zugesprochen ... 'Immer mehr Norddeutsche kaufen Kinder' ... brächte [wenigstens] die rassistische Anschuldigung aus dem Titel ... Das Interpretationsmodell, das dadurch entsteht, lautet 'Roma = Kinderhändler' und ist eines der hartnäckigsten Klischees."[120]

Eine Checkliste mit sieben Punkten für die Jungredakteure sorgt dafür, daß sie nicht aus Versehen in inkorrektes Fahrwasser geraten. Was nicht sein darf, kann auch nicht sein. Der Kult der Viktimisation, wo ein jeder Opfer der "Gesellschaft" (oder sonstiger undefinierter Größen), keiner aber Täter ist, macht aus der Sinti-Straftat nun die norddeutschen Käufer zu Verbrechern und nicht etwa bemitleidenswerten Partnern in dieser menschlichen Tragödie. Die Logik: Nach der Ermordung der Zigeuner in den Vernichtungslagern der Nazis können diese Umherziehenden ja per se kein Unrecht tun, sie sind die "Opfer der Opfer". Roman Rose, Vorsitzender des *Zentralrats deutscher Sinti und Roma*, präsentierte Ende 1994 ein "Diskriminierungsverbot in Rundfunk und Presse". Bei Berichten über Straftaten sollen die Medien künftig auf die Nennung von Volksgruppenzugehörigkeit, Nationalität oder Hautfarbe von Tatverdächtigen verzichten, es sei denn, "für das Verständnis des berichteten Vorgangs [besteht] ein zwingender Sachbezug" - was immer das heißen mag. Dies ist die gleiche Logik, mit der ein TV-Journalist 1992 von seiner Redaktion nach Sachsen geschickt wurde, um über die "unmenschlichen" Lebensbedingungen in den Asylunterkünften für rumänische Zigeuner zu berichten, nur um bei der Recherche vor Ort festzustellen, daß die Roma-Familien ein ganzes Dorf durch nächtliche Diebeszüge in der Umgebung ihrer Unterkunft in Schach hielten. Das durfte aber nach der Rückkehr in die Redaktion nicht gesendet werden, damit keine Vorurteile "bestärkt" würden. Die Freiheit der Berichterstattung - sie wird für Journalisten, die sich nicht auf eine politisch korrekte Darstellung einlassen, eingeschränkt.

Und wehe, wenn nicht jeder mitmacht. Die Tugendwächter der deutschen Presse griffen im Spätsommer 1995 die versuchte Einflußnahme des Medienmoguls und Großaktionärs Leo Kirch auf, der die sofortige Abberufung des ("sowohl als auch") *Welt*-Chefredakteurs Thomas Löffelholz verlangt hatte. Der hatte einen Kommentar gedruckt, der das Karlsruher Kruzifix-Urteil verteidigte. Politisch korrekt wurde dem konservativen Kirch "Pressezensur" vorgeworfen. Wo waren die Apologeten der Pressefreiheit ein Jahr zuvor, als *Spiegel*-Chef Augstein seinen Chefredakteur entlassen hatte, nachdem dieser einen Kommentar ins Blatt gehoben hatte, der den NATO-Einsatz in Bosnien forderte?

Politisch korrekt ist es auch, Wind von rechts im Blätterwald deutscher Zeitungen rauschen zu hören. Die *Süddeutsche Zeitung* ist für die Wacht am reinen Gewissen immer gut. Unter der Überschrift "Aus der Deckung" analysierte der Autor Frank

Sieren den angeblichen Gesinnungswechsel der Wochenzeitung *Wochenpost*.[121] Als Indiz für den Rechtsruck gelten ihm in seinem *SZ*-Artikel solch reaktionäre "Tugenden" wie ein Kommentar, der das Kruzifix-Urteil kritisiert, oder, wie Sieren es nennt, "das Kreuz hochhält". Was die wenigsten wohl wissen: Sieren hatte zur Zeit der Veröffentlichung kein Problem damit, als freier Mitarbeiter sein Geld auch bei der *Wochenpost* zu verdienen. Aber das ist vielleicht ein Wesensmerkmal aller Moralhüter: Die doppelte Moral.

Kapitel III

Die politisch korrekt verfaßte Welt

Rassig

Das wohl stärkste historische Tabu in Deutschland ist die Diskussion über Rassen. Was mit der pseudowissenschaftlichen "Rassenlehre" der Nationalsozialisten begann, endete in Auschwitz. Wie vergiftet das Gehirn Hitlers war, zeigt der letzte Satz seines politischen Testaments, das er kurz vor seinem Tod diktierte: "Vor allem verpflichtete ich die Führung der Nation und die Gefolgschaft zur peinlichen Einhaltung der Rassengesetze und zum unbarmherzigen Widerstand gegen die Weltvergifter aller Völker, das internationale Judentum." Die Rassenlehre war das Fundament einer Terrorherrschaft, die nach "wertem" und "unwertem" Leben unterschied. Hitlers Lehre vom "Herrenmenschen", in seiner Schrift *Mein Kampf* programmatisch verkündet, exkulpierte die Herrschaft der Arier über Rassen "niederen Werts". Die Nürnberger Rassengesetze wurden zur Voraussetzung der nationalsozialistischen Judenverfolgung und der Ermordung von Juden, Zigeunern, Homosexuellen, geistig Behinderten und Kranken.

Im September 1994 machte die deutsche Professorin Charlotte Höhn, seit 1988 Direktorin des *Bundesinstituts für Bevölkerungsforschung*, ihre Erfahrung mit diesem Tabuthema. "Deutsche sind", so schrieb die *Welt am Sonntag*, "nach Holocaust und Rassenlehre im Dritten Reich zu Recht einem besonderen Maß an Zurückhaltung und Sensibilität, Bedachtsamkeit und Differenzierung im Problemkreis dieser Thematik verpflichtet."[1] Höhn stand im Zentrum einer bösen Kontroverse, weil sie offensichtlich nicht in der Lage war, sich politisch korrekt auszudrücken. Im Vorfeld der Weltbevölkerungskonferenz von Kairo hatte eine junge Historikerin, zusammen mit einer Kollegin, ein Interview mit Frau Höhn geführt. Dieser wurde versichert, daß die Tonbandaufzeichnungen für ein Buch bestimmt seien und nicht für die Presse. Plötzlich stellte eine der beiden Interviewerinnen noch eine Frage zur Geschichte der Bevölkerungswissenschaft: "Würden Sie sagen, daß es 1945 einen Bruch gegeben hat? Wenn ja, worin bestand er?" Eine Diskussion über einen inzwischen verstorbenen, sowohl in der NS-Zeit wie auch danach lehrenden Bevölkerungstheoretiker entbrannte, bei der dann das Frage- und Antwortspiel immer heftiger wurde:

"Frage: Was er [der verstorbene Bevölkerungswissenschaftler] schreibt über Selektion und die Vorstellung von Eugenik und daß es doch Höherwertiges gibt und so weiter. Und auch zwischen den Völkern Unterschiede ...

Charlotte Höhn: Es ist leider statistisch nachweisbar. Ich weiß zwar, daß man das heutzutage nicht mehr sagen darf. Das ist eigentlich ...

Frage: Was ist nachweisbar?

Charlotte Höhn: Daß es zum Beispiel Unterschiede in der Intelligenzverteilung gibt. Das kann man vielleicht ohne das Wort höher- oder niederwertig verbreiten, aber selbst das darf man ja heute nicht mehr. Was ich mit einer gewissen Bekümmertheit nicht nur hierzulande, sondern noch viel stärker in den USA beobachte, ist diese Art von Denkverboten, die überall verteilt werden. Das ist unwissenschaftlich, entschuldigen Sie!

Frage: Was meinen Sie mit Denkverboten?

Charlotte Höhn: Zum Beispiel, daß man sagt, daß die durchschnittliche Intelligenz der Afrikaner niedriger ist als die anderer. Selbst das Wort Rasse darf man ja nicht mehr in den Mund nehmen."[2]

Die Bevölkerungswissenschaftlerin merkte, daß man sie in diesem Gespräch in die Ecke drängen wollte, und so bestand sie auf einer Abschrift, die ihr auch zugesandt wurde, die sie aber vor der Weltbevölkerungskonferenz nicht mehr gegenlesen konnte. Sie teilte der Historikerin mit, daß sie das Interview nicht autorisiere. Am Vorabend der Konferenz in Kairo, drei Monate nach dem Interview, veröffentlichte die *taz* sinnentstellende Teile der 25seitigen Niederschrift. In den deutschen Medien schlugen die Wellen hoch, der SPD-Bundestagsabgeordnete Freimut Duve nannte Höhn eine "Erbin Hitlers", und die Institutsleiterin verließ die Konferenz noch vor ihrem Ende, um in Deutschland ihre Verteidigung in die Wege zu leiten. Sie wurde vom Dienst suspendiert. Ihr Dienstherr, Bundesinnenminister Kanther, veranlaßte zwar ein Gutachten, das sie von jeglichem Rassismus freisprach. Trotzdem hagelte es Kritik. Die Konsequenzen blieben nicht aus. Ihre Behörde wurde kurzerhand dem Statistischen Bundesamt unterstellt. Der Professorin Charlotte Höhn hatte man keine Chance zur Gegendarstellung gewährt.

"[Es ist klar,] wie es dazu kommen konnte, daß eine international angesehene Wissenschaftlerin ... in den Verdacht geriet, in der Tradition der braunen Rassenideologie zu stehen. Kollegen, die mit ihr in allen möglichen Gremien zusammenarbeiten, können über einen derart absurden Vorwurf nur den Kopf schütteln. In keiner Arbeit von Frau Höhn ist dafür ein Beleg zu finden. Aber die Bevölkerungswissenschaft gilt nun einmal in Deutschland in bestimmten Kreisen als für alle Zeiten diskreditiert, weil sie sich in den Jahren des Nationalsozialismus auf Abwege führen ließ. Wer sich danach noch mit demographischen Fragen beschäftigt, ist in jedem Fall verdächtig, selbst wenn er sich erst in den sechziger oder siebziger Jahren, also zwanzig oder dreißig Jahre nach dem Ende der Hitler-Zeit, für Bevölkerungsfragen zu interessieren begann",

schrieb die *Frankfurter Allgemeine Zeitung*.[3]
Die Kontroverse um Frau Höhn war ein Angriff auf die Wissenschaftsfreiheit. Für die politisch Korrekten ging es nicht darum, ob etwas richtig oder falsch war, sondern um gut oder böse. Und Frau Höhn war böse, weil sie über das Unaussprechliche sprach, wenn auch nur referierend. Man kann oder kann nicht der Ansicht sein, daß zwischen Hautfarbe und IQ eine Korrelation besteht. Es ist auch völlig legitim, das Merkmal Rasse insgesamt abzulehnen, wie es zuletzt amerikanische Wissenschaftler taten. Sie wollen nachgewiesen haben, daß alle "Rassen" aus einem "Gen-Mix" bestehen, niemand also "rein-

rassig" ist.[4] Unverzichtbar aber bleibt, daß der wissenschaftliche Diskurs fortgeführt wird.

Eine ähnliche Diskussion gab es in den Vereinigten Staaten nach der Veröffentlichung des Buches *The Bell Curve: Intelligence and Class Structure in American Life.*[5] Die Autoren, Richard Herrnstein, Psychologieprofessor der Harvard Universität, und Charles Murray, Sozialforscher am konservativen *American Enterprise Institute*, behaupten darin, daß Amerikas weiß-schwarze IQ-Kluft nicht kulturelle oder soziale, sondern im wesentlichen genetische Ursachen habe. Sie beziffern den Einfluß der Gene auf die Höhe des Intelligenz-Quotienten auf mehr als 50 Prozent, den Einfluß der sogenannten "Sozialisation", also der kulturellen Faktoren wie Elternhaus oder Erziehungsniveau, auf nur ein Drittel. Obwohl in außerordentlich zurückhaltendem Ton formuliert, trat das Buch eine Lawine los. Wochenlang stritten im Herbst 1994 amerikanische Wissenschaftler, Journalisten und Philosophen über die Implikationen einer solchen Aussage. Die beiden Forscher kamen zu dem Schluß, daß Asiaten in allen Tests bessere Ergebnisse als Weiße, die wiederum bessere Resultate als Schwarze erzielen würden. Ein hoher IQ führt zu Wohlstand und sozialer Respektabilität, ein niedriger IQ zu Armut und Kriminalität. Auf Grund der genetisch vorherbestimmten Intelligenz entwickelt sich, so die Wissenschaftler, ein Kastensystem, das selbst gut gemeinte *affirmative action*-Sozialprogramme nicht zu durchbrechen vermögen. Deshalb machen sich die Autoren zum Fürsprecher eines "konservativen Multikulturalismus"[6] ethnischer Differenzen, etwa nach dem Motto, jeder solle "nach seiner façon" glücklich werden.

Bei der Polemik gegen Frau Höhn handelt es sich um einen Scheinangriff. In Wirklichkeit ging es darum, die Bevölkerungswissenschaft abzuschaffen. Als *DER SPIEGEL* unter der Überschrift "Gefährliche Fragen" das Bild von Frau Höhn zusammen mit dem Photo einer NS-"Rassehygienikerin" veröffentlichte, die einer Zigeunerin den Kopf vermaß, war klar, welche Zielrichtung diese Auseinandersetzung hatte: Fragen der Bevölkerungspolitik wie zu Völkerwanderungen aus der Dritten Welt, zu Armutsflüchtlingen und Geburtenraten sollen in Deutschland tabu sein.[7] Diejenigen, die auf Biegen und Brechen die Multi-Kulti-Societas durchsetzen wollen, halten nichts von rückläufigen Asylbewerberzahlen, Visumspflicht, sicheren Drittländern oder den vernünftigen Überlegungen, Deutschland zu einem Einwanderungsland mit festen Quoten zu machen. Aber Deutschland ist, entgegen weit verbreiteter Ansichten, kein "Multi-Kulti"-Staat fragmentierter Gruppen, wie es die USA sind. Helmut Schmidt mahnte 1992 die Verfechter der multikulturellen Gesellschaft: "Man kann aus Deutschland mit immerhin einer tausendjährigen Geschichte seit Otto I nicht nachträglich einen Schmelztiegel machen."[8]

Mein Freund ist Ausländer

Wenn es ein Minenfeld auf dem Terrain des politisch Korrekten gibt, dann ist es die Debatte über Einwanderung, Asyl und Ausländerkriminalität. Allein schon der Diskussionsansatz verstößt exemplarisch gegen das erste Gebot aller politisch Korrekten: "Mein Freund ist Ausländer". Unvergessen ist die Kampagne, als an jedem 2CV und Renault-Kastenwagen (für die Matratze) hinten ein Sticker prangte: "Jeder ist Ausländer - fast überall." 1991 erschienen großflächige Anzeigen mit Bildern von "Betroffenen" (Thomas Gottschalk, Ulrich Wickert und Günter Jauch etc.), die einem staunenden Publikum kundtaten: "Ich bin ein Ausländer"! Bis zu jenem Zeitpunkt hatten die Bundesbürger zwar allgemein vermutet, daß diese Show-Größen einen deutschen Paß besäßen, aber man lernt ja nie aus. Die Betroffenheits-Industrie produzierte Spin-Off-Kampagnen - wie das Kölner Projekt *Arsch Huh, Zäng ussenander* ("Krieg Deinen Hintern hoch und mach' die Klappe auf") der Musiker *Bläck Fööss* zusammen mit Wolfgang Niedecken von der Gruppe *BAP* sowie das Gewerkschaftsmodell "Mach meinen Kumpel nicht an", wobei jeder "Schwarzer" assoziieren sollte, wenn er das rußgefärbte Gesicht eines Bergarbeiters erblickte. Im Sommer 1995 erstmals erhältlich: eine TÜV-Plakette des PC-Gesinnungs-TÜVs. Eine selbsternannte *Aktion Courage - SOS Rassismus* verlieh ein Abzeichen an das Immanuel-Kant-

Gymnasium in Dortmund. Dort hatten sich rund 93 Prozent aller Schüler und Lehrer in einer Unterschriftenaktion zu "antirassistischem Verhalten" verpflichtet. Die Plakette zeigt ein schwarzes und ein weißes Strichmännchen, die Arm in Arm die Schulbank drücken. Die Aktion habe zum Ziel, sich mit Fremdenfeindlichkeit und Rassismus junger Menschen "auseinanderzusetzen", so die Initiatoren. Unklar blieb, ob diese Plakette wieder abgeschraubt werden muß, wenn einer der Zehntklässler beim Hakenkreuzschmieren erwischt wird. "Ausländerfreundlichkeit" ist das Lebenselexier der "Gutmenschen", schreibt Wiglaf Droste in dem gleichnamigen Sammelband:

"Das Gerede von "Freunden" und "Freundschaft" ... ist widersinnig bzw. sogar gemeingefährlich idiotisch; bedeutet es doch, daß man erstens jedermann, mit dem man nicht befreundet ist (und das sind ca. 93,374% der Menschheit), getrost umbringen kann und darf bzw. man zweitens eben mit aller Welt befreundet sein müßte, um nicht zu morden oder ermordet zu werden. Und drittens legitimiert der Spruch *Mein Freund ist Ausländer* das heimtückische ... Begehren, daß jeder Ausländer per se ein guter Mensch zu sein habe, und wehe nicht ...; dabei muß er vielmehr das Recht haben, genauso unangenehm zu sein wie jeder Deutsche. Unerfreuliche Verhaltensweisen wie sich öffentlich am Sack kratzen, das Automobil mit Breitreifen und Spoiler und sich selbst mit Goldkettchen zu behängen, sind nicht an eine bestimmte Nation gebunden."[9]

Die Diskussion über Ausländer hat genauso ihre Ursache in der Historischen Korrektheit wie die Behandlung aller jüdischen Lebensbereiche. Sie ist allerdings weitaus unverständlicher, weil sie auf Grund unserer Geschichte kein Tabuthema zu sein hat. Kaiser Wilhelms überseeische Kolonien gingen im Laufe der Ersten Weltkrieges verloren, und Deutschland war nach dem Zweiten Weltkrieg ein willkommenes Land für Millionen von Gastarbeitern, die, nachdem sie die Bundesrepublik zu ihrer neuen Heimat erwählt hatten, wohlwollend aufgenommen wurden. 1958 lebten in Westdeutschland 127.000 Ausländer, 1966 waren es 1,3 Millionen, schon 1972 hatte sich die Zahl verdoppelt, und heute leben rund 6,5 Millionen Ausländer im wiedervereinigten Deutschland. Und sie leben gerne hier. Ein Indiz: Zwei Drittel aller Ausländer leben schon länger als zehn Jahre in Deutschland. Straßenunruhen zwischen Inländern und Ausländern gab es in den Slums der mittelenglischen Industriereviere (nicht umsonst kommt der Begriff "Skins" aus England) oder den Sozialbauvierteln französischer Satellitenstädte, nicht aber im Berliner Stadtteil Kreuzberg oder im Ruhrgebiet mit seinen anatolischen Bergarbeitern. Eine Diskussion entzündete sich erst mit der drastischen Zunahme von Asylbewerbern nach dem Fall der Mauer. Mit dem Ende des sowjetischen Machtsystems setzten sich gewaltige Flüchtlingsströme in Bewegung, auf die es Antworten zu finden galt.

Aber Antworten gibt es nicht, wenn keine Fragen gestellt werden. Große Teile der deutschen Medienlandschaft entschieden sich dafür, daß Deutsche "ausländerfeindlich" seien. Die britische Wochenzeitung *The Economist* schreibt:

> "In Frankreich gewinnt die extreme Rechte bei den Präsidentschaftswahlen 15% der Stimmen. In Amerika werden extrem Rechte nicht verboten, auch wenn sie terroristische Attentate begehen. Aber in Deutschland ordnet man die Lage anders. Die deutsche Demokratie toleriert keine Intoleranz. Die ... Republikaner ... mit 2% der Stimmen bei der letzten Bundestagswahl werden als 'verfassungsfeindlich' eingestuft."[10]

Nach Feststellung des Meinungsforschungsinstituts *Allensbach* sind aber "Ressentiments gegen ausländische Nachbarn nur die Haltung einer Minderheit". Lediglich vier Prozent der Deutschen wünschen keine Italiener oder Griechen als Nachbarn, 17 Prozent keine Türken. Das deutsche Ausmaß an Abneigung ist deutlich "geringer als in anderen europäischen Ländern". Eine Abneigung besteht höchstens gegen rechtsradikale Nachbarn: 81% der Westdeutschen und 90 % der Ostdeutschen lehnen Rechtsextremismus entschieden ab.[11] Die mutmaßliche "Ausländerfeindlichkeit" ist ein Tabu, an welchem nicht gerüttelt wird. Gegenbeispiele aus dem ganz normalen Miteinander zwischen Deutschen und Ausländern werden von den Medien so gut wie nicht zur Kenntnis genommen.

134

Vor dem Hintergrund der vermeintlichen Fremdenfeindlichkeit zeichnen weite Teile der Meinungsmacher ein weiteres verzerrtes Bild: Ausländer seien immer Opfer, nie aber Täter. Die Angriffe rechtsradikaler Schläger auf wehrlose Türken und Asylbewerber haben jegliche nüchterne Analyse vollends unmöglich gemacht. Am deutlichsten wurde dies bei der Diskussion zur Frage der "Ausländerkriminalität". Zwischen 1984 und 1992 verdoppelte sich der Anteil der nichtdeutschen Tatverdächtigen von 16,6 auf 30 Prozent. Im gleichen Zeitraum nahm die Gesamtzahl der Ausländer in Deutschland aber nur von rund 4,3 Millionen auf 6,5 Millionen zu.[12] Noch stärker sieht die Steigerungsrate im Fall von Asylbewerbern aus. Ihr Anteil an der Gesamtzahl nichtdeutscher Tatverdächtiger ist von 7,7 Prozent im Jahr 1984 auf fast 34 Prozent im Jahr 1992 gestiegen.

Über die Interpretation dieser Zahlen entbrannte nach Mölln und Hoyerswerda eine langanhaltende Diskussion. Je nach Couleur wurden die Statistiken schöngeredet oder stigmatisiert. Die Publizistin Cora Stephan veröffentlichte mehrere Artikel zum "Spiel mit der Angst", der "deutschen Hysterie" mit der Gewalt, wie sie es nennt. Grundton:

"'Ausländerkriminalität'. Auch sie ist - wo sie nicht mit sehr spezifischen Vergehen verbunden ist, wie sie sich etwa aus Asylgesetzgebung oder Aufenthaltsregelung ergeben - nichts, wovor sich der biedere Bürger und die brave Bürgerin zu fürchten hätten: sie spielt sich überwiegend zwischen jungen, nichtintegrierten Männern ab - einer Minderheit unter der Population der in der Bundesrepublik lebenden Menschen ohne deutschen Paß."[13]

Wie auch immer die Statistiken zu interpretieren sind, gefährlicher als die berechtigte Diskussion waren die Redeverbote, die vor allem die Ausländerbeauftragte der Bundesregierung, Cornelia Schmalz-Jacobsen (FDP), befürwortete. Für sie ist der Begriff "Ausländerkriminalität" als Begriff "unbrauchbar", an seine Stelle soll der Begriff "kriminelle Ausländer" treten. Ist dies wirklich eine Verbesserung? Für die *Beauftragte der Bundesregierung für die Belange der Ausländer* ist es "weniger von Interesse, ob sie [die Ausländer] [kriminelle Handlungen] in geringerem oder erhöhtem Maße [begehen], interessieren sollte vielmehr das Warum."[14] Mit anderen Worten: Das Faktum krimineller Handlungen soll für diese Gruppe ausgeblendet werden, stattdessen muß über das Versagen der deutschen Sozialisierung diskutiert werden. Die sogenannte "Gefährdungsthese" geht davon aus, "daß das Leben in einem neuen und ungewohnten Kultur- und vor allem Rechtssystem zu dieser Gefährdung beiträgt, da die notwendige Adaption an dieses System durch dessen prinzipielle Fremdheit schwierig ist." Von den Tat-Apologeten wurde zwar immer wieder betont, daß knapp ein Viertel aller nichtdeutschen Tatverdächtigen auf Grund von Straftaten gegen das Ausländer- und Asylverfahrensgesetz registriert wurden. Aber noch nicht einmal im Mutterland der Politischen Korrektheit käme jemand auf die Idee, die Gesellschaft, in die man als Ausländer freiwillig entweder für immer, wie die türkischen Bewohner in Kreuzberg, oder temporär, als Asylant, eintritt, dafür verantwortlich zu machen, daß man in Deutschland Vergehen oder Verbrechen begeht. Die überwältigende Mehrheit der Bundesbürger hat eine vernünftige und differenzierte Einstellung: Sie kommt mit den hier lebenden Ausländern gut aus, ihre Kultur- und Lebensbereiche überlappen sich in weiten Teilen, sie suchen die Verständigung, das gegenseitige Kennenlernen und den Austausch. Aber die Bürger haben auch Angst vor Überfällen, Raubmorden und Diebstählen vor allem von Armutsmigranten aus dem Balkan und marodierenden Gangstern aus dem ehemaligen Jugoslawien, glaubt auch Rainer Zitelmann:

"[N]atürlich heißt es eine Vogel-Strauß-Politik zu betreiben, wenn man künftig Ausländer in der Kriminalstatistik nicht mehr gesondert ausweist. Diese Forderung, die beispielsweise von der FDP-Bundesjustizministerin Sabine Leutheusser-Schnarrenberger, dem SPD-Innenminister Herbert Schnoor oder von Heiner Geissler erhoben wurde, würde zwar bei der Verschleierung dieses Problems helfen, nicht jedoch bei seiner Lösung. Das Argument, die Nennung der Zahlen fördere die Ausländerfeindlichkeit, ist charakteristisch für eine problematische Haltung. Gefragt wird nicht mehr primär, ob eine bestimmte Tatsachenbehauptung - sei sie historischer oder tagespolitischer Art - richtig oder falsch sei. Sicher ist es in manchen Fällen notwendig, die Folgewirkungen unbequemer Wahrheiten zu bedenken. Doch ein Verschweigen dieser Wahrheiten führt in den seltensten Fällen zu der erwünschten Wirkung, da die entsprechenden Fakten dann von anderen Kräften aufgegriffen und für ihre Zwecke instrumentalisiert werden."[15]

Ein weiterer Aspekt der kulturellen Korrektheit ist das Verhältnis des Westens zum Islam. "Fundamental korrekt" nannte die Zeitschrift *FOCUS* die Kampagne gegen die Trägerin des Friedenspreises des Deutschen Buchhandels 1995, Annemarie Schimmel.[16] Der Orientalistin war vorgeworfen worden, sie habe Verständnis für die "Fatwa", das "göttliche" Todesurteil gegen den Autor Salman Rushdie, gezeigt. Rund 100 Schriftsteller, Wissenschaftler und Verlage appellierten daraufhin an Bundespräsident Roman Herzog, seine Laudatio anläßlich der Preisverleihung abzusagen. Die Unterzeichner (darunter natürlich Ralph Giordano, Günter Grass, Uta Ranke-Heinemann, Lea Rosh und der schon fast vergessene Günter Wallraff) schrieben: "Inzwischen ... liegen Informationen vor, die beweisen, daß Frau Schimmels Befürwortung der Fatwa keineswegs ein 'Ausrutscher' war, sondern Teil ihres Denkens und Fühlens ist."

Annemarie Schimmel ist Wissenschaftlerin. Ihre Welt ist der Elfenbeinturm der Forschung. Äußerungen im Rampenlicht der modernen Medienwirklichkeit wurden ihr zum Verhängnis, "weil ihre Gegner, eine interessante Phalanx der politischen Korrektheit aus Schriftstellern, Verlegern und Politikern, das Mediengeschäft weitaus besser beherrschen als die Bonner Wissenschaftlerin", so der Bonner *General-Anzeiger*.[17] Sie hatte, aus tiefer Kenntnis der Materie, immer wieder Verständnis für die religiöse Dimension islamischer Gesellschaften gezeigt. Eigentlich für jeden Multikulti-Apologeten und Moschee-Befürworter eine hocherfreuliche Tatsache. Für Ulrich Schacht von der *Welt am Sonntag* ist dies allerdings nur vorgeschobene Liberalität:

"Im wiedervereinigten Deutschland herrscht ein offenbar wachsendes Klima, mit einer Art politisch korrekter Dauer-Aufregung gegen alles Kampagnen zu entfachen, was sich von einer universalistisch grundierten, tatsächlich aber aus dem Klein-Geister-reich des westdeutschen Sonderbewußtseins der 80er Jahre stammenden Menschenrechts-Ideologie unterscheidet. Diese will, mit zunehmend inquisitorischem Wahrheitsanspruch, von einem gemeinschaftlichen Gebundensein des einzelnen immer weniger oder gar nichts mehr wissen, um das individuelle Ungebunden-sein gegenüber Staat und Gesellschaft um so radikaler zu recht-fertigen."[18]

Der Streit über die Preisverleihung wurde zum Medienereignis. Der *Tagesspiegel* konnte auf einer Spalte im Kulturteil die drei Parteien mit den Überschriften "Gegen Schimmel", "Für Schimmel" und "Von Schimmel" zu Worte kommen lassen. Einer der Unterzeichner des Appells an Herzog, Daniel Cohn-Bendit, gab anschließend zu, "ein bißchen schnell" unterschrieben zu haben. Die Reaktion des Bundespräsidenten ließ den Protest als hysterisches Theater der immergleichen Dauerpro-testler erscheinen. Er verwies darauf, daß er bei der Preisverlei-hung zum Thema des Zusammenlebens der großen Weltkultu-ren sprechen werde und von Toleranz. Die aber hatte bei dieser Kampagne einzig und allein auf Seiten der berufsmäßigen Of-fene-Briefe-Schreiber gefehlt.

Alles was Recht ist

Im Dezember 1994 berichtete eine 17jährige Berliner Schülerin der Polizei von einem, so schien es, weiteren Skinhead-Angriff auf einen wehrlosen Menschen. Wegen ihrer schwarzen Haare und ihres dunklen Teints sei sie von drei Rechtsradikalen in der U-Bahn "zusammengeschlagen" worden, erklärte die Schülerin. Die Ermittlungsbehörden leiteten die Fahndung ein, doch Tat-zeugen gab es nicht. Nach einer erneuten Vernehmung gab das Mädchen zu: "Ich habe mir das alles nur ausgedacht." Das war kein Einzelfall. Immer öfter versuchen Menschen als Helden in die Schlagzeilen zu kommen, denn was ist bemitleidenswerter und "schicker" zugleich, als Opfer des Rechtsradikalismus zu sein. In der aufgeheizten Stimmung in Deutschland wird zuerst "Betroffenheit" demonstriert und dann gefragt, ob eine solche

Tat wirklich geschehen ist. Allein in Berlin gab es im Jahr 1994 18 solcher Fälle.

Das Recht stehe zur Disposition, erklärten die politisch korrekten Meinungsmacher im Spätsommer 1995, als die bereits erwähnten sieben sudanesischen Asylbewerber in ihre Heimat abgeschoben wurden. "Wie Manfred Kanther Abschiebung exekutiert" titelte der Jurist und *SZ*-Moralhüter Heribert Prantl und suchte damit die bewußte sprachliche Nähe zum Terminus "Exekution".[19] Im ZDF-Magazin *heute nacht* sagte er: "Es ist Gesetz, aber es ist nicht rechtens" und benutzte damit dieselbe Rhetorik, die er im Sprachgebrauch der Kruzifix-Befürworter ablehnte.

Deutschlands Medien berichteten einen ganzen Sommer lang vom Hungerstreik der mit gefälschten Papieren eingereisten, angeblich im Sudan Gefolterten. Die Asylanträge der sudanesischen Männer waren vom Bundesamt für die Anerkennung ausländischer Flüchtlinge als "offensichtlich unbegründet" abgelehnt worden. Erst die Zeitschrift *Stern* machte sich nach der Abschiebung die Mühe, in Khartum, Hauptstadt Sudans und Wohnort der Flüchtlinge, nachzuforschen. Und siehe da: alle hatten gelogen. Keiner war gefoltert worden. Die jungen Männer waren sogar nur zum Teil Wirtschaftsflüchtlinge, da einige von ihnen der Mittelschicht des Landes angehörten. Eine Blamage für den überwiegenden Teil der Journalisten, die den Innenminister als "blind für das Schicksal von Flüchtlingen, taub für jegliche Bitten, ohne Gefühl auch nur für einen Rest von Humanität" (Prantl) gebrandmarkt hatten. "Es schadet nicht", schrieb die *FAZ* anschließend, "wenn in Zukunft die selbstgerechten Kämpfer für das Gute etwas nachdrücklicher nach den Einzelheiten gefragt werden."[20]

Inzwischen wird auch die Justiz zunehmend zum Tummelplatz politisch korrekter Ansichten. Straftäter mit rassistischem Hintergrund werden schnell und hart bestraft, "normale" Strafsachen dauern oft länger. Das Urteil gegen NPD-Chef Deckert fällt schärfer aus als die Strafe für den Messerstecher Matthias Rust oder den Attentäter auf Tennisstar Monica Seles, was vor allem im Ausland auf viel Unverständnis stieß. Recht und Gesetz werden von einer kleinen, aber lautstarken Minderheit zunehmend mißbraucht. Jürgen Trittin, Sprecher von Bündnis 90/ Die Grünen im Bundestag, freute sich in der Sendung *Talk im Turm* (*SAT 1*) vom 20. Januar 1995 über den Applaus der Zuschauer, als er sagte: "Wenn man die Gesetze bricht, kann das auch ein Ausdruck von Humanität sein." Thema der Talkshow war die Debatte über einen Abschiebestopp für abgelehnte kurdische Asylbewerber.

Es gibt bereits Gerichtsurteile, die zwar politisch korrekt sein mögen, aber in großen Teilen der Öffentlichkeit auf Unverständnis und auch auf Empörung stoßen. Ein Beispiel ist das vieldiskutierte "Soldatenurteil" des Bundesverfassungsgerichtes. Nach der Entscheidung von Karlsruhe vom Herbst 1994 ist ein Autoaufkleber mit der Feststellung "Soldaten sind Mörder" eine durch das Grundgesetz geschützte Meinungsäußerung. Der Satz stammt aus einer von der Zeitschrift *Weltbühne* im Jahre 1931 veröffentlichten Polemik des Zeitkritikers Kurt Tucholsky. Er schrieb damals über den Großen Krieg von 1914: "Da gab es vier Jahre lang ganze Quadratmeilen Landes, auf denen war Mord obligatorisch, während er eine halbe Stunde davon entfernt ebenso streng verboten war. Sage ich: Mord? Natürlich Mord. Soldaten sind Mörder." Während des Golfkrieges 1991 hatte ein Kriegsdienstverweigerer aus Krefeld einen Aufkleber mit den Worten: "Soldaten sind Mörder" an seinem Auto angebracht. Er wurde deswegen verurteilt und ging in die Revision. Er berief sich dabei auf Artikel 5 des Grundgesetzes, der die Meinungsfreiheit regelt: "Jeder hat das Recht, seine Meinung in Wort, Schrift und Bild frei zu äußern und zu verbreiten." Wie aber konnten die höchsten deutschen Richter zu einer solchen Entscheidung kommen? War die Zusammensetzung der Kammer für das Urteil maßgebend? Die *Welt am Sonntag* schrieb:

"Im Gerichtsgebäude im Schloßbezirk von Karlsruhe glauben einige Justizangehörige - bei allem Respekt vor der letzten Instanz, - eine Antwort gefunden zu haben. 'Das waren alles SPD-Richter, die das beschlossen haben' ... Die Qualifikation als exzellente Juristen will den Richtern niemand absprechen. Aber es wird in Kreisen von Verfassungsrechtlern die Vermutung geäußert, nun säßen die '68er' ... bereits im höchsten deutschen Gericht."[21]

Viele Bundesbürger hielten das Urteil für einen Skandal. In einer Sondersitzung des Bundestages in Bonn sagte der frühere Außenminister Genscher (FDP), daß der freiheitliche Rechtsstaat sich selber in Frage stellen würde, wenn er denen den Schutz verweigern sollte, die in der Bundeswehr ihre vom Grundgesetz vorgeschriebene Verantwortung für den Frieden erfüllten. Tagelang füllten zumeist empörte Zuschriften die Spalten der Leserbriefseiten. Exemplarisch ist die Äußerung einer Frau an den Bonner *General-Anzeiger*:

"Mein Mann ist Berufssoldat. Für mich sind er und seine Kameraden keine Mörder, sondern Menschen, die bereit sind, für die Verteidigung unseres Landes und unserer freiheitlich-demokratischen Grundwerte im schlimmsten Fall das eigene Leben herzugeben ... Die höchste Instanz der Judikative eines freien westlichen Landes, das unbestritten durch die Präsenz der Bundeswehr (und der verbündeten NATO-Soldaten) den Ost-West-Konflikt überlebte, folgt in ihrer Rechtsprechung jenem unseligen Zeitgeist, dem der Einsatz von Leib und Leben im Dienste unseres Landes nichts bedeutet."[22]

In einer Glosse hatte anschließend die *Frankfurter Allgemeine Zeitung* eine politisch korrekte Erklärung für den unverständlichen Richterspruch parat. Die Zeitung versuchte dabei, den Gedankengängen der drei Verfassungsrichter zu folgen:

"Hätte das Verfassungsgericht ... anders entschieden und den umstrittenen Satz für unzulässig erklärt, dann wäre ihm ein Sturm moralischer Entrüstung sicher gewesen. Die dann fällige Catilina-Fragen kann man sich mühelos selbst formulieren: Was ist das für ein Land, in dem der Satz eines Pazifisten, Juden und von den Nationalsozialisten vertriebenen Emigranten strafbar ist? Sind wir noch eine Demokratie? Wie verhalten wir uns zu unseren Traditionen - und so weiter."[23]

Und so weiter. Bis zum nächsten Urteil, das die Mehrheit der Bevölkerung mit Kopfschütteln quittierte: Das Kruzifix-Urteil des Bundesverfassungsgerichtes. Hier soll nicht erörtert werden, ob dieses Urteil verfassungsrechtlich "richtig" war. Interessanter war die Kritik der Kritik, die nach einem ähnlichen Muster verlief wie die Diskussion über das neueste Werk von

Günter Grass. Nachdem die CSU, Kirchenvertreter und Prominente das Urteil beklagten und das BVG attackierten, gingen die PC-Wächter in Stellung. Mit solch historisch korrekten Vergleichen wie "*So etwas* hat schon in Weimar zum Sturz der Demokratie geführt" sollten diejenigen, die ein Kreuz in bayrischen Klassenzimmern befürworteten, mundtot gemacht werden. Allerdings benutzte auch die katholische Kirche, so Kardinal Wetter, dasselbe Argument: "Schon die Nazis haben das Kreuz abgehängt." Der frühere Bundesverfassungsgerichtspräsident Ernst Benda hält dies für undemokratisch und verweist auf das amerikanische oberste Gericht, den *Supreme Court*:

> "[I]n den USA [werden] viele Entscheidungen des höchsten Gerichtes mit äußerster Schärfe kritisiert, aber dessen Autorität ist unbestritten ... Der Streit ist noch schriller als in Deutschland, aber man regt sich darüber weniger auf als bei uns, wo man das für einen Normalzustand und nicht für das Anzeichen einer Krise der staatlichen Gewalt hält."[24]

Juristische Korrektheit ist in Deutschland manchmal die Blindheit auf dem (linken) Auge. Man spricht sich dafür aus, rechtsradikales Propagandamaterial einzuziehen, aber die verbotene kommunistische *Kurdische Arbeiterpartei (PKK)* soll weiterhin in Deutschland demonstrieren dürfen, so die Illustrierte *Stern* ("Das Verbot der PPK ist für Türkei-Kenner wie Udo Steinbach, Direktor des Deutschen Orient-Instituts in Hamburg, ein Fehler der Bundesregierung. Durch die kommagetreue Auslegung - so dürfen Symbole der PKK nicht öffentlich gezeigt werden - 'treibt man die Leute in die extremistische Ecke'").[25] Man ist zurecht für ein "hartes Vorgehen" bei rechtsradikalen Aufmärschen, aber für die "Deeskalation" bei Demonstrationen linker Chaoten, ob bei der 1.-Mai-Demo in Berlin, bei Umzügen an der Hafenstraße in Hamburg oder Plünderungs- und Krawallumzügen des *Schwarzen Blocks* in Göttingen. Deeskalation in höchster Vollendung boten die "Chaos-Tage" in Hannover im August 1995. Obwohl der Selbstentfaltungs- und -verwirklichungswille der Bunthaarigen schon seit Wochen bekannt war, ließ sich die Polizeiführung von den Ereignissen "überraschen" und tat nichts. Was soll's. Es ist ja auch nur Eigentum, das da zu Bruch geht. Aber manchmal werden auch Unschuldige attackiert. Als im Mai 1993 militante Kritiker des Asylkompromisses mehr als 130 Parlamentarier daran hinderten, zur Abstimmung in den Deutschen Bundestag in Bonn zu gelangen, zollte der *Kölner Stadt-Anzeiger* der "weichen Linie" des damaligen Bonner Polizeichefs Tribut. Dieser zeige die (bei linken Demonstranten) korrekte Einsicht, das wichtigste Einsatzmittel der Polizei sei das "geduldige Gespräch". Das war dann der Persilschein für Angriffe jeglicher Art gegen gewählte Volksvertreter. Sie wurden mit Schiffen über den Rhein gesetzt oder mit dem Hubschrauber in die "Festung Bundestag" eingeflogen, weil sie um ihre Sicherheit fürchten mußten. Einzelne Abgeordnete, die zu Fuß den Ring der Chaoten durchbrechen wollten, wurden umstellt, mit Stiefeln getreten und geschlagen. Die Polizei stand daneben - ganz "weiche Linie". Der Abgeordnete Konrad Weiß vom Bündnis 90 mußte feststellen, daß "die Grenze friedlicher Symbolhandlungen überschritten wurde". Die Bonner Korrespondentin des *Kölner Stadt-Anzeigers* schrieb allerdings - höchst politisch korrekt -: "[W]as sind das schon für Unbequemlichkeiten, denen die Parlamentarier ausgesetzt waren, gegen das, was womöglich einen Asylbewerber nach seiner Abschiebung erwartet?"[26] Ein Totschlagargument. Daß es auch anders geht, zeigte das sächsische Innenministerium. Als der NPD-Vorsitzende Deckert im Rahmen der Gedenkfeierlichkeiten zum 50. Jahrestag der Bombardierung Dresdens in die sächsische Hauptstadt anreisen wollte, wurde er in "vorbeugenden Gewahrsam" genommen. Zur Festnahme bedurfte es keiner Straftat; eine "Störung der öffentlichen Sicherheit" reichte aus. Noch haben nur Bayern und Sachsen ein solches Gesetz erlassen. Ein Vorbild könnte es auch für die anderen Bundesländer werden.

Eine Vergangenheit mit zwei Gesichtern

Vereinfacht läßt sich die politisch und historisch korrekte Grundstimmung in Deutschland auf die Formel bringen: Ganz links ist nicht so schlimm wie rechts. Auf Grund der nationalsozialistischen Erfahrung gilt für konservative Vorstellungen ein strengerer Maßstab als für die Vorstellungen der Linken. "Faschismuskeule" nennt dies der Bonner Politologe Hans Heinrich Knütter:

"Moral wird oft als Instrument mißbraucht, um politische Geschäfte zu machen. Da die 'Bewältigung der Vergangenheit' als Keule benutzt wird, um politische Gegner aus dem Sessel zu kippen und zu bekämpfen, besteht die Gefahr, daß im nationalen und internationalen Rahmen notwendige Maßnahmen unterlassen werden aus Furcht, 'Faschismus-Vorwürfen' ausgesetzt zu werden."[27]

Der sogenannte "Rechtsruck" ist für den Historiker Arnulf Baring "eine Erfindung linker Publizisten. Sie entspricht der Neigung, über die wirklichen Probleme des Landes nicht diskutieren zu müssen".[28] Zu einem gewissen Grad liegt das daran, daß es der Linken in diesem Jahrhundert gelungen ist, den "Fortschritt" für sich in Anspruch zu nehmen und die "kulturelle Hegemonie" (Peter Glotz) durchzusetzen. Es ist ihr gelungen, die eine bessere Zukunft verheißenden Schlagworte wie "sozial", "Sicherheit" und "Frieden" zu belegen. Zielbestimmtheit bei Konservativen dagegen verheißt nichts Gutes. Dahinter vermutet man immer finstere Absichten in der Tradition der NS-Machtergreifung. Denn das traut die Linke der Rechten schon zu - zielgerichtet Politik zu betreiben. Begriffe wie die der "Unfähigkeit zu trauern", der "zweiten Schuld" oder "mangelnder Vergangenheitsbewältigung" werden in weiten Teilen der Öffentlichkeit kritiklos übernommen und weitergereicht. Sie sind handlich, universell einsetzbar und führen automatisch zu dem gewollten Augenniederschlag. Es sind Begriffe, die ein starkes Wohl- und Wirgefühl auslösen. Man ist eins mit der Glaubensgemeinde der Gutmeinenden. Wer die Trauerunfähigkeit bezweifelt, wer die Legende von der "zweiten Schuld" auf Grund mangelnder empirischer Beweise negiert, oder wer meint, aus der NS-Vergangenheit hätten die nachfolgenden Generationen sehr wohl wichtige und richtige Lehren gezogen, der darf nicht Mitglied dieser Glaubenssekte sein. Politisch korrekt schließen die Meinungsbeherrscher divergierende Ansichten aus. Sie sind von der Idee beseelt, im Namen der Opfer, und damit einer guten Sache, zu sprechen. Eine Minorität manipuliert die Mehrheit. Und dabei geht ein großer Teil der Wahrheit verloren.

Die *Unfähigkeit zu trauern* war der Titel einer 1967 erschienenen Studie der Psychoanalytiker Alexander und Margarete Mitscherlich. Die Kernthese des Buches lautete: Hitler habe die Deutschen nicht verführt, sie erlagen ihm, weil sie in ihm ihre Wünsche verkörpert sahen. Und nach Kriegsende waren die Deutschen dann unfähig, um die Opfer zu trauern, weshalb sie nun nachträglich "Trauerarbeit" leisten mußten. Das *Wörterbuch des Gutmenschen* schreibt über den "Morbus Mitscherlich":

"Hierbei handelt es sich nicht, wie von Laien, die das Buch auch nicht gelesen haben, immer wieder mal fälschlicherweise vermutet wird, um eine oberflächliche Verstopfung der Tränendüsen (sic), sondern vielmehr um eine tiefgreifende gesamtgesellschaftliche Erkrankung, welche in der Regel psychische, manchmal sogar psychologische Ursachen hat und darum unbedingt nur in die Hand eigens dafür geschulter SozialarbeiterInnen und FeuilletonistInnen gehört."[29]

Die These von der Unfähigkeit zur "Trauerarbeit" wird aber durch Wiederholung nicht richtiger, auch wenn jeder politisch korrekte Psychoanalyse-Populist sie als Schlagwort benutzt. Richtig ist es, daß es in den ersten Nachkriegsjahren ein "kommunikatives Beschweigen" (Hermann Lübbe) gab, bedingt durch den Kampf um das tägliche Überleben. Der Publizist Karlheinz Weißmann schreibt dazu:

"Man hat darin zu Recht eine notwendige psychologische Voraussetzung gesehen, um mit den außerordentlichen Schwierigkeiten des Wiederaufbaus fertigzuwerden. Es ist auch in Vergessenheit geraten, daß der einzelne, der Bombennächte, Hunger, Vertreibung, Gefangenschaft, Verschleppung, Vergewaltigung oder die Ermordung seiner Angehörigen miterlebt hatte, wohl befinden mochte, daß er für seinen Teil genügend gebüßt habe. Die von der Demoskopie häufig festgestellte positive Wertung von einzelnen Zügen des Dritten Reiches ... schwand in dem Maße, in dem sich die junge Republik stabilisierte."[30]

Heute noch von einem Mangel an Demut und Mitgefühl gegenüber den Opfern des Nationalsozialismus zu sprechen, ist falsch, auch wenn diese Psycho-Mär gerne hervorgeholt wird, um den Eindruck einer allgemeinen deutschen Verhaltensschwäche zu erwecken. Die angebliche "Unfähigkeit" ist heute nur noch ein Spruch für den Schaukasten, wie in Frankfurt a. M. gesehen, wo er die Fensterauslage einer Buchhandlung schmückte.

Eng damit verknüpft ist die Legende von der sogenannten "zweiten Schuld", die 1987 in dem Buch von Ralph Giordano *Die zweite Schuld oder Von der Last Deutscher zu sein* beschrieben wurde.[31] Nach der ersten Schuld unter Hitler hätten die Deutschen durch "Verdrängung und Verleugnung" eine zweite Schuld auf sich geladen, und es sei der Mehrheit gelungen, "mit ihrer großen Lebenslüge einen Teil der nachgewachsenen bundesdeutschen Gesellschaft zu beeinflussen."[32] Diese Generalhaftung eines ganzen Volkes ist inzwischen von Historikern wie Michael Wolffsohn oder Hermann Graml zurückgewiesen worden. In seinem Buch *Die Legende von der "Zweiten Schuld"* weist der Zeithistoriker Manfred Kittel nach, wie Details aus der Ära Adenauer zu einem Gesamtbild aufgeblasen wurden.[33] (Ein Beispiel: Aus der Person des Chefs des Bundeskanzleramtes unter Adenauer, Globke, leiteten Teile der Medien eine gewisse Kontinuität zwischen Hitler und Adenauer ab. Globke hatte einen Kommentar zu den Nürnberger Rassegesetzen verfaßt, war aber nach 1945 von Robert Kempner, dem amerikanischen Chefankläger der Nürnberger Prozesse, exkulpiert worden.) Andere gingen noch weiter und formulierten die These der Restauration des "faschistischen Systems". In der Weiterentwicklung von Lenins Gedanken des "Imperialismus als der höchsten Stufe des Kapitalismus" begriffen sie das marktwirtschaftliche System der Bundesrepublik als zwangsläufig "faschistisch".

Und während die Jahre dahingingen, fand man sich in der westdeutschen Öffentlichkeit immer mehr damit ab, daß man die deutsche Teilung nicht in Frage stellen durfte. Zahlreiche prominente Politiker, Historiker und Kommentatoren sprachen sich aus unterschiedlichen Motiven für den Fortbestand der widernatürlichen Teilung Deutschlands aus und wandten sich gegen die Wiederherstellung eines deutschen Nationalstaates. Es galt als politisch korrekt, wenn man die Auffassung vertrat, daß die kurze Phase der nationalsozialistischen Existenz Deutschlands eine Wiedervereinigung nicht rechtfertigen könne. Schon der Gedanke oder nur der Wunsch nach einer Wiedervereinigung wurde als "Lebenslüge" ausgewiesen. Politisch korrekt war es auch, die DDR zwar nicht als Demokratie zu betrachten, wohl aber als ein Land mit einer stabilen Regierung, einem aktiven Kulturleben und mehr oder weniger zufriedenen Menschen. Wer das nicht so sah, war ein Kalter Krieger oder noch schlimmer: ein "unverbesserlicher Kalter Krieger". Wer die DDR so beschrieb, wie sie wirklich war, ging das Risiko ein, von den politisch korrekt denkenden und schreibenden westdeutschen Intellektuellen exkommuniziert zu werden. Als dann in Berlin die Mauer fiel, hatten sich einige Kritiker so an ihre politische Realitätsferne gewöhnt, daß sie auch dann nicht in der Lage waren, das verkommene DDR-System zu verurteilen. "Man hat", schreibt der Publizist Weissmann, "in dieser eigentümlichen Schieflage die tiefere Ursache dafür zu sehen, daß die Bewältigung der DDR-Vergangenheit keineswegs mit der Heftigkeit betrieben wird, die man von der 'Trauerarbeit' an der NS-Zeit gewöhnt war."

"Vergangenheitsbewältigung": der Begriff umschrieb ursprünglich die politische und didaktische Diskussion über den Nationalsozialismus und ist mit der Mahnung vor dem Vergessen dieses Teils der deutschen Geschichte verbunden. Seit dem Fall der Mauer spricht man von der "doppelten Vergangenheitsbewältigung", also der Frage, wie mit dem Erbe der zweiten deutschen Diktatur umzugehen ist.[34] Zunächst einmal mit anderen Maßstäben. Im Kern geht es um die Fortführung des "Historikerstreits" mit andern Mitteln:

"Die Klage über die angeblich ausgebliebene 'Bewältigung' des Nationalsozialismus ist eines der Lieblingsthemen der deutschen

Linken. Viele derjenigen, die sich vehement gegen die vermeintliche Verdrängung der braunen Vergangenheit wandten, warnen jetzt, wenige Jahre nach dem Ende der SED-Diktatur, vor einer 'Hexenjagd'. An die Aufarbeitung der braunen und der roten Vergangenheit werden unterschiedliche Maßstäbe angelegt."[35]

Die Diskussion um die PDS ist ein Beispiel für diesen "unterschiedlichen Maßstab" und hat sehr viel mit historischer Korrektheit zu tun. Stellen wir uns den Gang der Geschichte einmal anders vor: Im Herbst 1945 wird die *Partei des demokratischen Nationalsozialismus* (PDN) gegründet. Die alten Volksgenossen distanzieren sich von den Verbrechen der NSDAP, sie entschuldigen sich vor der Weltöffentlichkeit für die Ermordung der Juden, und sie bitten die Menschen Osteuropas um Verzeihung für Krieg und Leid. Aber sie stellen auch fest, daß nicht alles schlecht gewesen sei. Hitler habe den Deutschen Arbeit gegeben, er habe Autobahnen gebaut, und er habe ein Bollwerk gegen die für ganz Europa bestehende kommunistische Gefahr errichtet. Zur Frage der Schuld zeigt sich die *Partei des demokratischen Nationalsozialismus* spitzfindig: Schuld hat nur die fehlgeleitete Parteispitze auf sich geladen, also Hitler, Himmler und Göring. Aber die einfachen Parteimitglieder? Die waren doch nur kleine Rädchen im Getriebe und handelten auf Befehl.

Wenn man die Namen austauscht, hat man ungefähr den Tatbestand, den die PDS heute erfüllt. Während aber eine Neugründung der NSDAP unter anderem Namen 1945 undenkbar gewesen wäre, hat die PDS genau das erreicht; sie ist die Reinkarnation der SED unter gefälligerem Namen. Ihren Gang nach Canossa hat auch sie angetreten - eine Absolution aber noch nicht ereicht: Im Juni 1994, während der Bundestagsdebatte über den Abschlußbericht der Enquête-Kommission *Geschichte und Folgen der SED-Diktatur*, entschuldigte sich der PDS-Abgeordnete Keller bei "den Opfern der SED-Diktatur". Aber schon zwei Sätze weiter ließ der Protest Kellers gegen die Feststellung des Kommissionsvorsitzenden Eppelmann, die DDR sei ein "Knast" gewesen, vermuten, daß viele PDS/SED-Funktionäre noch immer nicht die Wirklichkeit zur Kenntnis genommen haben. Aber das stört die SPD nicht. In Sachsen-Anhalt ist Ministerpräsident Höppner (SPD) im Herbst 1994 ein Bündnis mit der Nachfolgeorganisation der kommunistischen SED eingegangen. Und wieder stellen wir uns den Lauf der Geschichte anders vor. Als die CDU in Baden-Württemberg 1992 ihre absolute Mehrheit verlor, hätte sich Ministerpräsident Teufel (CDU) theoretisch von den Republikanern, die einen Stimmenanteil von fast elf Prozent bekommen hatten, "tolerieren" lassen können. Er tat es nicht und entschied sich stattdessen für eine Koalition mit der SPD. Republikaner und PDS: die einen - politisch korrekt - "ausgrenzen" und die anderen "der Parlamentarisierung unterziehen", wie es der frühere SPD-Ostpolitiker Egon Bahr fordert?

Vergleichen heißt nicht gleichsetzen, und trotzdem verärgert der Vergleich von DDR und NS-Staat die Linke. Politisch korrekt ist er auf keinen Fall. Die Totalitarismustheorie mit ihrem Vergleich paralleler Macht- und Unterdrückungsstrukturen in Faschismus und Kommunismus wurde in Deutschland jahrzehntelang als "Produkt des Kalten Krieges" diffamiert. Dabei sind Gemeinsamkeiten in den Herrschaftsstrukturen und -praktiken schon früh vom bedeutendsten deutschen Totalitarismustheoretiker, Karl Dietrich Bracher, herausgearbeitet worden.[36] Die mangelnde Bereitschaft, Vergleiche anzustellen, ohne dabei zwei Systeme gleichzusetzen, liegt darin begründet, daß nach Auffassung bestimmter Kreise die Taten der SED-Führer als "nicht so schlimm" gelten und deswegen nicht so bestraft werden sollten wie Verbrechen während des NS-Regimes. Politisch korrekt haben die Eroberungskriege der Wehrmacht Auschwitz erst möglich gemacht. Während bei der Wehrmacht die Kollektivschuld gilt, war es bei den DDR-Grenztruppen (PC-gerecht): "Befehlsnotstand".

Politisch korrekt ist beispielsweise das im März 1995 mehrheitlich vom Erfurter Stadtrat beschlossene Denkmal für Wehrmachtsdeserteure. Klaus von Dohnanyi (SPD), Sohn eines hingerichteten Widerstandskämpfers, kritisierte die Veranstalter einer politisch korrekten Hamburger Ausstellung über die Wehrmacht in Rußland (*Vernichtungskrieg - Verbrechen der*

Wehrmacht 1941-1944), in der alle Soldaten pauschal als Verbrecher verurteilt wurden:

"Wie aber war es möglich, daß in kaum fünfzig Jahren dieser jungen Generation ein so fester Panzer von Selbstgerechtigkeit und Heuchelei wachsen konnte? ... [D]er 20. Juli 1944 wird schnöde als offenbar 'staatswichtige Angelegenheit der Bundesrepublik Deutschland' abgetan und dann kritisch angemerkt, daß Männer wie [der Offizier und Widerstandskämpfer Henning von] Tresckow 'weiterhin geehrt werden' ... So weit sind wir gekommen! Deutschland heute macht es sich wirklich zu leicht mit Deutschland damals."[37]

Dohnanyi wandte sich - politisch höchst inkorrekt - dagegen, daß bei den Männern und Frauen des deutschen Widerstandes deren vaterländische Wurzeln heute auf Unverständnis stoßen.

Mit dem heute als politisch und historisch korrekt geltenden Vorwurf, die Vergangenheitsbewältigung in Westdeutschland nach 1945 sei gescheitert, beschäftigt sich ein von dem renommierten Historiker Wolfgang Benz herausgegebenes Wörterbuch zur Zeitgeschichte. Das Buch mit dem Titel *Legenden - Lügen - Vorurteile* revidiert diese von den Tatsachen nicht gestützte Auffassung:

"In einem doppelten Sinn wird die Behauptung bis zum heutigen Tag immer wieder aufgestellt. An die Stelle einer nüchternen Bilanzierung der Versäumnisse und Erfolge treten politisch motivierte Vorurteile ... Der halbherzigen personellen Vergangenheitsbewältigung in den fünfziger Jahren steht die Wiedergutmachungsgesetzgebung gegenüber, deren Leistung sich insgesamt auf rund 100 Milliarden DM beziffern läßt. Dem im Deutschen Bundestag anfänglich immer wieder grassierenden 'Gnadenfieber' stehen die leidenschaftlichen Verjährungsdebatten der Jahre 1965, 1969 und 1979 über die Verfolgung der NS-Verbrechen gegenüber."[38]

Für den Bereich der Justiz kommt die Politologin Christa Hoffmann in ihrem Buch *Die Stunde Null? Vergangenheitsbewältigung in Deutschland 1945 und 1989* zu folgendem Ergebnis: Rund 10.000 Ermittlungsverfahren haben die Staatsanwaltschaften in der Bundesrepublik zwischen 1945 und 1991 wegen NS- oder Kriegsverbrechen eingeleitet. 6.487 Angeklagte sind rechtskräftig verurteilt worden, davon 14 zum Tode (bis zur Abschaffung der Todesstrafe). Lebenslängliche Freiheitsstrafen erhielten 170 Verurteilte.[39] Hinzugezählt werden müssen die Prozesse der Besatzungsmächte. Viele Hunderttausende wurden in der amerikanischen, britischen und französischen Besatzungszone inhaftiert, einige Dutzend Verbrecher zum Tode verurteilt. Deutlich wurde dies während der Nürnberger Kriegsverbrecherprozesse. In den umfunktionierten Konzentrationslagern (Bautzen, Buchenwald und Sachsenhausen) in der sowjetischen Besatzungszone sollen nach Schätzungen zwischen 65.000 und 80.000 Menschen umgekommen sein. In einer einzigen Nacht wurden 1950 in der DDR 24 Kriegsverbrecher nach kurzen Schauprozessen erhängt. Viele Zehntausende starben nach ihrer Verschleppung in der UdSSR oder wurden in den Staaten Mitteleuropas ermordet.

Nicht alle Schuldigen wurden bestraft. Der aufkommende Kalte Krieg führte schon bald nach Kriegsende in den westlichen Besatzungszonen zu einem sanfteren Umgang mit belasteten Personen. In der Bundesrepublik fand in einigen Bereichen, vor allem der Justiz und der Beamtenschaft, kein vollständiger Personalwechsel statt. Aber daraus zu schließen, die Bundesrepublik habe ihre Vergangenheit "unbewältigt" gelassen, muß angesichts der großen Anzahl von Menschen, die für ihre Verbrechen gebüßt haben, zurückgewiesen werden. "Unbewältigt" ist demgegenüber die jüngste deutsche Vergangenheit. Fünf Jahre nach dem Ende der DDR sind die Täter der zweiten deutschen Diktatur praktisch ungeschoren davongekommen. Honecker verschwand nach Chile, und Erich Mielke braucht sich für seine Tätigkeit an der Spitze des Ministeriums für Staatssicherheit wohl nicht mehr zu verantworten. Markus (für Freunde "Mischa") Wolf, ehemaliger östlicher Spionagechef, schreibt inzwischen Kochbücher über die Zeit des Gulasch-Kommunismus: "Geheimnisse der russischen Küche". Warum er nicht über den *Archipel Gulag* anstatt über den Archipel Gulasch schreibe, fragte ihn ein Journalist anläßlich seiner Buchpräsentation im September 1995. Wolfs Antwort: "Auch Kommunisten müssen sehen, wo sie bleiben, nachdem sie in den Kapita-

lismus und die Mediengesellschaft geworfen worden sind."
Aufrichtiges Mitleid. Homo homini lupus - der Mensch ist dem
Menschen ein Wolf.

Schwarz und Weiß - Gut und Böse

Für den politisch korrekt denkenden Bundesbürger ist die deutsche Entwicklungshilfe ein dankbares Feld. Hier sind gut und
böse klar voneinander getrennt: die Opfer, vor allem in Afrika,
und die reichen Industrienationen, die durch ihre ausbeuteri-
sche Praxis den schwarzen Kontinent an seiner Fortentwick-
lung hindern. Mit einem Schuldgefühlshammer machen die
selbsternannten Aktivisten die Regierungen der EU und Nord-
amerikas für den fortlaufenden Niedergang verantwortlich:
Handelspolitische Benachteiligungen, fallende Rohstoffpreise,
Rüstungsexporte und erdrückende Schuldenlasten degradieren
einen ganzen Kontinent zum Opfer. "Entsolidarisierung" nennen die politisch Korrekten die Abkehr der nördlichen Halbku-
gel von der südlichen Hälfte der Erde.

Weite Teile Schwarzafrikas gelten heute als Illustration der
Chaostheorie. Es ist der einzige Kontinent, der Ende der 80er
Jahre ärmer war als zu Beginn des Jahrzehnts. Noch 1965 war
Ghana wohlhabender als Südkorea und Nigeria reicher als Indonesien. Heute ist der gesamte Wohlstand Afrikas mit der
doppelten Bevölkerungszahl der USA nur wenig größer als der
Belgiens. Ernüchternd ist die Berechnung der Weltbank, wonach der Kontinent (ohne Südafrika) 40 Jahre brauchen wird,
um wieder den Lebensstandard der 70er Jahre zu erreichen,
falls seine Wirtschaft mit der gegenwärtigen Geschwindigkeit
weiterwächst.

Die politisch korrekte Interpretation der Entwicklungshilfe
wurde aber spätestens seit dem UN-Einsatz in Somalia auch
von den "Gutmenschen" deutscher Entwicklungspolitik immer
stärker angezweifelt. Die Fernsehbilder einer von bewaffneten
Banden und Verbrechern aus Mogadischu vertriebenen Schutz-
macht zeigten, wie nach 26 Monaten das Desaster endete. Den
Blauhelmen war es nicht gelungen, dem Land Frieden zu brin-

gen. Aus *Operation Restore Hope* wurde eine "Operation Enttäuschte Hoffnung". Der Politikwissenschaftler Volker Matthies schreibt:

"Zusammenfassend stellt sich das Somalia-Unternehmen der Vereinten Nationen als ein massiver, militärisch gestützter externer Eingriff in relativ eigendynamische und weithin unverstandene Konfliktprozesse einer fremden Gesellschaft dar, ... [der] jedoch kaum die tiefer liegenden strukturellen Probleme von Gewalt und Not tangiert und nicht bereit ist, sich auf ein längerfristiges Engagement geduldiger Friedensarbeit einzulassen."[40]

Was Matthies politisch korrekt als "eigendynamische und weithin unverstandene Konfliktprozesse einer fremden Gesellschaft" bezeichnet, kann man auch weniger vornehm mit der Bereitschaft zum Plündern und Töten umschreiben. Das mangelnde "längerfristige Engagement" der Vereinten Nationen, welches er beklagt, ist die Schlußfolgerung aus dem zwei Milliarden Dollar teuren UN-Unternehmen, daß die Clans in Somalia überhaupt keinen Frieden wollen, weil sie dann miteinander auskommen müßten. Und das würde zur Aufteilung der Ressourcen und zur Beschränkung des Einflußgebietes der um ihre Beute kämpfenden einzelnen Clans führen.

Das Ende der Illusion schmerzt um so mehr, als es nach dem Ende des Ost-West-Konfliktes durchaus eine Hoffnung für ein neues Verhältnis zwischen den reichen Staaten des Westens und den armen Ländern gab. In der Dritten Welt konnte man nicht mehr den Westen gegen den Osten und umgekehrt den Osten gegen den Westen ausspielen. Der Osten war zusammengebrochen und brauchte nun selbst Entwicklungshilfe. Dafür waren die Westeuropäer und die Amerikaner nach dem Ende des Kalten Krieges - jedenfalls theoretisch - in der Lage, mehr Entwicklungshilfe zu leisten, weil nicht mehr aufgerüstet wurde. Die Hilfe der westlichen Industrienationen für die Länder der Dritten Welt sollte erstmals an erkennbare Fortschritte auf dem Weg zur Demokratisierung gekoppelt werden. Aber die Hoffnung, Entwicklungshilfe sinnvoll einsetzen zu können, ist jedenfalls für Afrika zerronnen.

Die Zähigkeit afrikanischer Untugenden wie Nepotismus und Kleptomanie hat sich als unüberwindbares Hindernis erwiesen. Die Kritik an der Entwicklungs-Ideologie wächst. Der für das südliche Afrika verantwortliche Experte der CSU-nahen *Hanns-Seidel-Stiftung* sagt: "Entwicklungshilfe ist eher eine Geldvernichtung denn produktive Förderung." In Bonn gibt es Überlegungen, die formelle Zusammenarbeit mit 100 Entwicklungsländern auf 50 zu verringern und sich dann auf etwa ein Dutzend Schwerpunktstaaten zu konzentrieren. Aber solche Schritte sind unpopulär. Es gibt eine politisch korrekt wirkende Lobby, die ungeahnte Kräfte entwickelt, um zu verhindern, daß die Hilfe eingeschränkt oder eingestellt wird. In Deutschland sind rund 300.000 Menschen in der Entwicklungshilfeindustrie tätig. Eine Vielzahl von Stiftungen, Hilfsorganisationen und Instituten müßte ihre Pforten schließen, wenn kein Geld mehr fließen würde. Nach außen hin legitimiert sich die Hilfe durch Noteinsätze. Doch selbst wenn Krisenbekämpfung gelingt - sie ändert nichts an den selbstgemachten Strukturen des Leides. Inzwischen gibt es immer mehr Stimmen, die von einer vorsichtigen aber entschlossenen "Rekolonialisierung" sprechen, einer treuhänderischen Verwaltung jener afrikanischen Staaten, die selbst dazu nicht länger in der Lage scheinen.[41] Nach einer Studie des *Instituts für Demoskopie Allensbach* ist die Mehrheit der Deutschen inzwischen davon überzeugt, daß es den afrikanischen Staaten zugute gekommen wäre, wenn sich die alten europäischen Kolonialländer in diesem Jahrhundert gar nicht erst aus Afrika zurückgezogen hätten. Fast die Hälfte der Befragten geht davon aus, daß es den Ländern "heute besser" ginge, nur 13% glauben, es ginge ihnen "eher schlechter".[42] Neokolonialismus als willentliches Engagement in Afrika widerspricht der Schule der Isolationisten, die unter der Prämisse "Afrika den Afrikanern" solche Staaten wie Somalia abgeschrieben haben. Obwohl beide Ansichten sich zentral widersprechen, haben sie eines gemeinsam - sie sind nicht politisch korrekt und damit als Diskussionsgrundlage für eine neue deutsche Außenpolitik ohne Schablone im 21. Jahrhundert umso hilfreicher. Es muß möglich sein, dem moralisierenden Helfer-Ethos die Fakten gegenüberzustellen. In den ärmsten Ländern der Welt "entwickelt" das Geld aus dem Westen gar nichts. Im ostafrikanischen Malawi beispielsweise, wo es nicht eine einzige Asphaltstraße gibt, die das Land selbst bezahlt hat, wo der Bildungs- und Gesundheitsetat fast völlig aus dem Portemonnaie der Geber kommen, wird Weltsozialhilfe gewährt, aber kein Aufbau mit der Perspektive der Nachhaltigkeit veranstaltet. Überholt zeigen sich damit die bisherigen entwicklungspolitischen Leitlinien. Rund drei Jahrzehnte nach dem Ende des Kolonialismus stellt die *Frankfurter Allgemeine* höchst inkorrekt die Frage, ob es auch in Zukunft kritiklose "Solidarität mit Versagern" geben muß:

"Die Verantwortung für diese Entwicklung läßt sich heute nicht mehr wie in den ersten Jahren nach dem Gewinn der Unabhängigkeit den früheren Kolonialmächten zuschieben. Dafür dauert die Selbstregierung der ehemaligen Kolonien nun schon zu lange. Es sind die jeweiligen einheimischen Machthaber, die ihren Aufgaben nicht gewachsen waren und ihnen heute nicht gerecht werden. Noch sind es nur wenige Afrikaner, die den Mut haben, das offen auszusprechen ... Aber ihre Zahl wächst."[43]

In Deutschland wächst inzwischen die Zahl jener Entwicklungspolitiker, die aus ihren Enttäuschungen kein Geheimnis mehr machen. Niemand will mit der Entwicklungspolitik ganz aufhören, aber das Augenmerk wird nun auf die Anleitung zur Selbsthilfe gelegt, und niemand schließt mehr aus, daß es in gewissen Fällen auch zum vollständigen Rückzug aus Ländern kommen kann, deren Eliten sich nicht helfen lassen wollen. Das mag politisch völlig inkorrekt sein, aber es ist vielleicht die richtige Politik, wenn Afrikas Länder die Kraft zum eigenverantwortlichen Neuanfang gewinnen sollen.

Augenklappen der Außenpolitik

Der Fragebogen, den der Schriftsteller Marcel Proust in seinem Leben gleich zweimal ausfüllte, war in den Salons der Vergangenheit ein beliebtes Gesellschaftsspiel. Das *Frankfurter Allgemeine Magazin* spielt es jeden Freitag weiter. Aufschlußreich ist vor allem die Spalte "Welche militärischen Leistungen bewundern Sie am meisten?" Häufigste Antwort: "Keine". Ganz Spitzfindige antworten mit "die des braven Soldaten Schweijk", "Desertieren" oder "Wehrkraftzersetzung". Die Ablehnung des Militärischen gehört zur Politischen Korrektheit, ist aber nicht länger zeitgemäß. Der Essayist Hans Magnus Enzensberger verging sich in seinem 1993 erschienenen Band *Aussichten auf den Bürgerkrieg* an der Konformität von Frieden, Friedensarbeit, Friedenspflicht, Friedenspolitik, Friedenspotential und Friedenssicherung. Ein Aufschrei ging durch die deutsche Literatur-Szene, als Enzensberger feststellte:

> "Wahrscheinlich ist es nicht die Ausnahme, sondern die Regel, daß der Mensch vernichtet, was er haßt, und das ist gewöhnlich der Rivale auf dem eigenen Territorium."[44]

Der Mensch ist schlecht? Ist es nicht vielmehr das System, besonders die "Systemimmanenz" des kapitalistischen? Nein, antwortet Enzensberger, denn wir leben in der post-bipolaren Welt. Mit dem Ende des Kalten Krieges ging auch der Zusammenbruch einer furchtbaren atomaren, gleichwohl vergleichsweise stabilen Weltordnung einher. An allen Ecken des Planeten wird gekämpft: in Afrika, Lateinamerika, in Asien, im zerfallenen russischen Imperium. Auch im wohlhabenden Deutschland kann, so der Autor, "jeder U-Bahn-Wagen zu einem Bosnien *en miniature* werden".

Für die Rebellen und Revolutionäre dieser Welt sind schlechte Zeiten hereingebrochen, für ihre Sympathisanten noch schwerere:

> "Vom heroischen Heiligenschein der Partisanen, Rebellen und Guerilleros ist nichts übriggeblieben. Einst ideologisch hochgerüstet und mit fremden Verbündeten im Rücken, haben sich Guerilla und Antiguerilla verselbständigt. Übriggeblieben ist der bewaffnete Mob."[45]

Gegen alle Konformität der politisch Angepaßten verstieß Enzensberger, der allerdings schon seit seinem Vergleich Saddam/Hitler unter Observation stand, mit seiner Vorstellung einer Art deutschen Schrebergarten-Politik. Angesichts der gewaltigen, anscheinend unlösbaren weltweiten Krisen plädierte er dafür, erst einmal vor der eigenen Haustür zu kehren, sich auf die Hilfe zu beschränken, die man auch leisten könne: in der Familie, im eigenen Umkreis, gegen Neonazis und Skins am eigenen Ort:

"Es ist an der Zeit, sich von moralischen Allmachtsphantasien zu verabschieden. Auf die Dauer kommt niemand darum herum, kein Gemeinwesen und auch kein Einzelner, die Abstufungen zu prüfen und Prioritäten zu setzen ... Wer von der Endlichkeit und Relativität unserer Handlungsmöglichkeiten spricht, sieht sich sofort als Relativist an den Pranger gestellt. Doch insgeheim weiß jeder, daß er sich zuallererst um seine Kinder, seine Nachbarn, seine unmittelbare Umgebung kümmern muß. Selbst das Christentum hat immer vom Nächsten und nicht vom Fernsten gesprochen."[46]

Dieser politische Realismus wurde Enzensberger flugs zu einem "Plädoyer gegen den Universalismus der Menschenrechte" uminterpretiert, obwohl seine Kritiker weniger für die seit der Französischen Revolution kanonisierten Menschen- und Bürgerrechte eintraten, als gegen den sogenannten "Imperialismus" der Vereinigten Staaten optierten. Dabei waren es gerade die amerikanischen Interventionen wie etwa in Kuwait oder in Haiti, die neben dem legitimen Staatsinteresse (Ölvorkommen, Unruhen in der eigenen Hemisphäre) auch die Freiheit der Menschen im Sinn hatten. Deutschlands politisch Korrekte hatten nicht begriffen, daß dieses Moment auch heute noch mitprägend für die amerikanische Außenpolitik ist. Stattdessen hingen 1991 ganze WG-Straßenzüge in Freiburg weiße Bettlaken aus ihren Sozialwohnungen, nicht etwa um zu kapitulieren, sondern um gegenüber der "US-Aggression" am Golf wütend und traurig zugleich "Betroffenheit" kundzutun. Eine Betroffenheit, die vier Jahre später fehlte, als sich kaum einer bequemte, für die Bestrafung der Mörder und Vergewaltiger in Bosnien zu demonstrieren. Anfang 1995 war das Internationale Bosnien-Tribunal in Den Haag unter dem Vorsitz des südafrikanischen Richters und Volkshelden Goldstone noch immer kaum funktionsfähig. Die Zahlungen der Mitgliedsländer waren nicht eingegangen, das Desinteresse der deutschen Öffentlichkeit wurde nur kurz durch eine ARD-Dokumentation der Fernseh-Autorin Monika Gras (*Das Tribunal - UNO Prozeß gegen Kriegsverbrecher aus Ex-Jugoslawien*, vom 16. Februar 1995) unterbrochen, in der sie legitime Vergleiche zwischen dem Bosnien-Kriegsverbrecherprozeß und den Nürnberger Prozessen zog. Wut und Trauer aber suchte man in diesem Zusammenhang in der sonst so sensibilisierten Öffentlichkeit vergeblich.

Die Angriffe auf Enzensberger können nur als scheinheilig gewertet werden, denn Verantwortungsneutralismus war bis 1989 und darüber hinaus bis zum Bundesverfassungsgerichtsurteil vom Juli 1994 die Folge der außenpolitischen Selbstbeschränkung der politisch korrekten Einheitsfront aus linken Intellektuellen und weiten Teilen der Grünen, der SPD und der FDP. Bis zum anderslautenden Urteil des höchsten Gerichts herrschte in weiten Teilen der Publizistik die Meinung vor, die Bundeswehr könne aus verfassungsrechtlichen Gründen nicht außerhalb des NATO-Gebietes im Rahmen internationaler Aufträge zum Einsatz kommen. Das Hauptargument, die deutsche Vergangenheit, wird nur vorgeschoben, schreibt der sicherheitspolitische Publizist Michael J. Inacker in dem Sammelband *Die selbstbewußte Nation*:

"Über das Vergangenheitsargument wird jegliche Debatte über nationale Interessen und neue Verantwortung des vereinten Deutschlands erstickt. Unbequeme Wahrheiten - weil angeblich dem Zeitgeist widersprechend - werden weiterhin der Nation verschwiegen. Dabei drängt sich insbesondere beim deutschen Verhalten gegenüber einer militärischen Verantwortungsnahme im Balkan-Konflikt der Eindruck der Unehrlichkeit auf. Weil dort deutsche Soldaten im II. Weltkrieg viel Leid und Unheil angerichtet haben, soll heute ein Einsatz tabu sein. Doch bei diesem Argument wäre künftig bei allen Krisen im europäischen Umfeld - und schließlich sind diese Regionen die für die deutsche Sicherheit am bedeutendsten - kein Einsatz der Bundeswehr außerhalb der Landesgrenzen zu rechtfertigen. Die politische Klasse in Deutschland bauscht 'Schuld' auf, um sich verweigern zu können."[47]

Wo fängt diese Selbsterpressung an, wo hört sie auf? Deutsche U-Boote kreuzten im Zweiten Weltkrieg vor der amerikanischen Küste, und deutsche Soldaten trugen den Krieg bis nach Nordafrika und in den Kaukasus. Das wäre die eine Hälfte der Erdkugel, und auf der anderen Hälfte kämpften die japanischen Verbündeten. Ist damit der gesamte Erdball zur historisch korrekten Tabuzone erklärt? "Der Verzicht auf Weltpolitik", hat Oswald Spengler einmal geschrieben, "schützt nicht vor ihren Folgen." Bei der auch nach dem Urteil des Bundesverfassungsgerichtes anhaltenden Diskussion über neue Aufgaben der Bundeswehr, die über die der Landesverteidigung und kollektiven Verteidigung in der NATO hinausgehen, hat sich nach Meinung der *Frankfurter Allgemeinen Zeitung* Verwirrung eingestellt:

"Sie ist deshalb von Verwirrung gekennzeichnet, weil alles, was diesen 'klassischen Auftrag' der Bundeswehr überschritt, bis 1989 unter Denkverbot gestellt war. Wenn heute manche Politiker von der 'Militarisierung der deutschen Außenpolitik' sprechen, ist diese Absurdität eine Folge jenes Denkverbotes."[48]

Tabu-Thema im Sinne der politischen Korrektheit ist auch die Geopolitik, also die Lehre vom Einfluß des geographischen Raumes auf die Politik eines Staates. Welche Aufgaben muß Deutschland als Kernland im Herzen Europas übernehmen? Vor welchen Gefahren müssen wir uns als Staat mit den meisten Nachbarn schützen? Damit eng verknüpft ist das "nationale Interesse" deutscher Außenpolitik. Das im Vokabular anderer Staaten so selbstverständliche Eigeninteresse (*national interest*) bleibt in Deutschland noch immer ein *dirty word*. Michael Stürmer, Direktor der *Stiftung Wissenschaft und Politik* in Ebenhausen, hat 1994 als einer der ersten einen Aufsatz zum Thema "Deutsche Interessen" verfaßt und stellt eine solche legitime Forderung in die Kontinuität deutscher Außenpolitik seit Friedrich dem Großen.[49] Noch gibt es nur eine zaghafte Neuorientierung. Noch hallt der jahrzehntelang wiederholte Gegensatz zwischen schlechter "Machtpolitik" und guter "Verantwortungspolitik" nach. Noch ist die Stimmung nicht verklungen, wonach Deutschlands Interesse darin besteht, keines zu haben. Aber die seit 1989 ansteigende Flut außenpolitischer Orientierungslosigkeit scheint abzuebben.

Noch ein Denkverbot vergangener Tage behindert die Neuorientierung deutscher Außenpolitik. Jahrzehntelang wurden die Soldaten der Bundeswehr zwar auf den Ernstfall vorbereitet, nicht aber auf die Folgen ihres eigenen Tuns. Die Bundeswehr war für viele ein Beamtenjob wie jeder andere. "Die starke Truppe" - in Watte gepackt. Das Selbstverständnis war das einer Friedens- statt einer Einsatzarmee. Besonders deutlich wurde das im Rahmen des Golfkonfliktes, als ein deutsches Jagdbombergeschwader der NATO-"Feuerwehr" in die Türkei abkommandiert wurde, um dem türkischen Bündnispartner zur Seite zu stehen. Nach den täglichen gefährdungsschwangeren Berichten der Medien sahen sich die jungen Männer fast schon im Unrecht. Die Wehleidigkeit nahm zu. Die Bilder weinender Männer und besorgter Mütter kamen Abend für Abend in die Wohnzimmer deutscher Gemütlichkeit. Ein Offizier beklagte sich, daß er seine Tochter einige Wochen nicht sehen könne, und dies gerade in ihrer "entscheidenden Entwicklungsphase". Ein anderer Bundeswehrsoldat sagte nach seiner Rückkehr, er sei in den drei Wochen "um Jahre gealtert". Solche Äußerungen zeigen, daß die Bundeswehrführung ihre Soldaten psychologisch nicht auf ihren Einsatz zur Friedenssicherung vorbereitet hatte. Wie konnte sie auch? Die politisch korrekte Stimmungslage ließ eine Vorbereitung nicht zu, schreibt Inacker:

"Über Unbequemes spricht man nicht. Deshalb hat ein großer Teil der politischen Klasse in Deutschland verlernt, den Krieg als Ultima Ratio, als manchmal einzig verbleibende Alternative zur ohnmächtigen Duldung einer fremden Aggression, zu begreifen. Ganz im Sinne von George Orwells Neusprech wird jegliches militärisches Vokabular oder auch angebliche militärische Symbolik verschönt, entmilitarisiert oder teilweise tabuisiert. Bei der Neuen Wache in Berlin wird mit der Bundeswehr Versteck gespielt, einen Regierungs- und Führungsbunker - wie ihn alle normalen Staaten besitzen - halten inzwischen SPD- und CDU-Politiker für überflüssig; selbst der konservative Verteidigungsminister Volker Rühe spricht bevorzugt nicht von Verteidigungs-

und Militärpolitik, sondern - ganz im Zeitgeist des rechten vorauseilenden Gehorsams - von 'Verteidigungskultur'."[50]

Der gegenwärtige Krieg in Bosnien hat in manchen Schlafnischen den Wecker zum Klingeln gebracht. Er hat das bisherige stabile Weltbild der Gutmenschen gehörig durcheinandergewirbelt. Der moralisierende Pazifismus scheint passé zu sein. Verbrechen, wie man sie bisher nur in der Historie vermutete und für alle Zeit gebannt glaubte, tauchen dämonenhaft auf. "Was heißt Völkermord?", fragt da der SPD-Linke Freimut Duve, der sogar als Konsequenz aus der deutschen Geschichte die Bundeswehr verpflichten will, grundsätzlich gegen jeden Genozid, wo immer dieser stattfindet, einzuschreiten. Bosnien hat zu einer erstaunlich inkorrekten Kehrtwende bei vielen Linken geführt:

"Mit diesen Verbrechen in den besetzten Gebieten werden sie [die Serben] so lange identifiziert, wie sie nicht radikal und erkennbar ihre Stimme dagegen erheben, was einige Mutige tun ... Am ärgerlichsten finden die, die Neutralität anmahnen, jede Assoziation mit Naziverbrechen. Das Wort Ghetto für die eingekesselten Städte Bosniens hat zuerst immerhin Marek Edelman, einer der überlebenden Anführer des Warschauer Ghettos benutzt ... Wer nach dem letzten Winter den Ostteil von Mostar oder wer im vergangenen Jahr Srebrenica besucht hat, der sieht Ghetto-Situationen, Menschen, die zusammengepfercht in Kellern hausen, Städte, die eingeschlossen sind und von Vertriebenen 'überquellen', und Menschen, die sich wehren, wie die Warschauer Juden sich gewehrt haben. Damit sind wir bei dem wichtigeren Begriff: Völkermord. Ein schreckliches Wort, und sein Gebrauch sollte besonderen Vorsichtsregeln unterworfen sein ... [trotzdem darf] das Wort Völkermord ... nicht tabuisiert werden."[51]

Welche Folgen ergeben sich daraus für die deutsche Außenpolitik? In dem Buch *Die Zentralmacht Europas. Deutschlands Rückkehr auf die Weltbühne* des Bonner Politologen Hans-Peter Schwarz ist bereits der Titel Programm. Sein Werk besticht durch erfrischende Rücksichtslosigkeit gegenüber historisch korrekten Sprachverrenkungen. Sein Realismus macht deutlich: Deutschland ist die bedeutendste wirtschaftliche und politische Macht in Zentraleuropa. Nun möge diese Macht, bitte schön, auch die ihr gebührende militärische Leitfunktion übernehmen. Sein Bonner Kollege, der Politikwissenschaftler Karl Kaiser, betrachtet diese Verpflichtung in der Ära der postbipolaren Welt des Globalismus, der zerfallenden Autorität, des Migrationsdruckes und der internationalen Kriminalität als sinnstiftend für Deutschland:

"Es ist das Schicksal der großen Mächte, zu denen Deutschland jetzt wieder gehört, nicht nur Nutznießer, sondern - anders als die kleinen Mächte - Gestalter und Träger der internationalen Politik zu sein. Deutschland ist in der Tat jetzt 'Zentralmacht Europas', die im guten wie im schlechten die Entwicklung ganz Europas beeinflussen kann, aber es ist zugleich mehr, nämlich einer der Hauptakteure des globalen Systems ... Aus den gleichen Gründen von Gewicht und Stellung wird Deutschland einen Beitrag zur Einhegung und Zivilisierung des anarchischen Bereiches der Weltpolitik zu leisten haben."[52]

Der Krieg in Bosnien, nur eine Flugstunde von Deutschland entfernt, hat frühere Denkschemata in Frage gestellt. Mit Parolen wie: "Frieden schaffen ohne Waffen" können sich die vom Bürgerkrieg heimgesuchten Menschen nicht wehren, und das hat zur Folge, daß sich in Deutschland auch Anhänger der früheren Friedensbewegung besinnen und beispielsweise die Aufhebung des Waffenembargos befürworten, damit sich die Bedrängten wehren können. Einen gewaltigen Schritt nach vorn wagte der Fraktionssprecher der Grünen im Bundestag, Fischer, als er sich im August 1995 für einen militärischen Schutz der UN-Schutzzonen in Bosnien "am Boden und in der Luft" aussprach. Den Aufruf zur grünen Gewalt begründete Fischer in einem Brief an die Bundestagsfraktion Bündnis 90/Die Grünen: "Ein Durchlavieren, eine Haltung des 'Wir sind entsetzt, ansonsten schauen wir aber lieber nicht hin', kommt angesichts der bosnischen Katastrophe für unsere Partei nicht [mehr] in Frage."[53] Der mutige Schritt des Realos konnte aber nicht darüber hinwegtäuschen, daß Fischer eine Minderheitenmeinung aussprach. Es war noch nicht einmal zwei Jahre her, daß die Grünen bei einem Parteitag mit fast 90prozentiger Mehrheit

Militäreinsätze der Vereinten Nationen abgelehnt hatten - selbst bei schwersten Menschenrechtsverletzungen. Ein Angriff serbischer Artillerie auf das "Ghetto" (*taz*) Sarajevo, bei dem Ende August 1995 mehr als 30 Menschen starben, brachte dann die Wende deutscher Außenpolitik. Auf Anforderung der NATO flogen deutsche Tornado-Kampfflugzeuge ihren ersten Einsatz in Bosnien. Erstmals seit dem Ende des Zweiten Weltkrieges griffen deutsche Truppen in Kriegshandlungen ein. Der Karikaturist der *taz* brachte es auf den Punkt: Ein junger Öko, mit Bartstoppeln und Intellektuellenbrille sagt einer Gruppe Gleichgesinnter: "Ich heiße Olaf, bin Kriegsdienstverweigerer und seit Sarajevo für die NATO."[54] Damit erfüllte sich eine Forderung des Bundespräsidenten. Roman Herzog hatte anläßlich des Festaktes zum 40. Gründungstag der *Deutschen Gesellschaft für Auswärtige Politik* im März 1995 in Bonn erklärt, daß Deutschland gegebenenfalls bereit sein muß, militärische Macht einzusetzen, um Völkermorde und kriegerische Aggressionen zu beenden. Herzogs Sprache bei dieser Gelegenheit war nicht die des geübten Diplomaten, wie sie sein Vorgänger Weizsäcker bevorzugte. Der wirtschaftspolitische und moralische Einfluß Deutschlands im multilateralen Konzert werde stets stärker und wirksamer sein als das militärische Potential der Bundeswehr. Aber "beides haben wir im Interesse des internationalen Friedens einzusetzen". Das deutsche Engagement müsse dem gewachsenen Gewicht Deutschlands entsprechen. "Sonst nimmt uns in der Welt auf die Dauer niemand ernst." Mit der Forderung, die deutschen Interessen in Zukunft klar zu definieren, enthielt diese Rede einen neuen Ton. Dieser neue Ton des Bundespräsidenten entsprach nicht mehr der politisch korrekten Ausdrucksweise, wie sie Weizsäcker gepflegt hatte. "Das Ende des Trittbrettfahrens ist erreicht. Deutschland gehört zum Konzert der großen Demokratien, ob es will oder nicht", hatte Roman Herzog erklärt und damit deutlich gemacht, daß sich die Bundesrepublik als eine Schlüsselmacht Europas nicht mehr länger hinter den westlichen Schutzmächten verstecken kann, die künftig ihre eigenen Interessen in einer neuen, multipolaren Welt verfolgen werden.

Nicht nur in Deutschland, auch in anderen Staaten scheint das, was politisch und historisch korrekt sein soll, oft nur eine Frage des Datums zu sein. Früher war Europa zwischen Osteuropa und Westeuropa geteilt, und bis zum Ende des Kalten Krieges blieb Berlin die Trennungslinie. Heute wollen die Staaten Osteuropas nicht mehr zum Osten gehören, weil sie sich von Rußland distanzieren. Politisch korrekt ist Osteuropa jetzt Mittelosteuropa. Geographische Begriffe passen sich der Notwendigkeit einer Politik an, die im Osten nicht mehr länger von Moskau beherrscht wird. Der Gebrauch des Begriffs Osteuropa war Teil der sowjetischen Manipulation, die eine historische, politische und ideologische Gemeinsamkeit der europäischen Satellitenstaaten hervorkehren wollte. Wenn heute von Mitteleuropa gesprochen wird, dann wird damit verdeutlicht, daß Polen, Tschechien und Ungarn zur Europäischen Union gehören wollen, zusammen mit den Deutschen. In Europa wie anderswo auf der Welt bemüht man sich mit der Belegung von Begriffen nach Kräften um die Interpretation der Gegenwart und auch der Vergangenheit. Und wer die Vergangenheit kontrolliert, hat auch die Gegenwart und damit die Zukunft unter Kontrolle. George Orwell hat dies in seinem Zukunftsroman *1984* deutlich gemacht. Dort wird die Vergangenheit ausradiert, um die Kurskorrekturen der Gegenwart zu legitimieren. Genau dies ist die Gefahr der historischen Korrektheit: Wenn manche Staaten - wie bei Orwell - ihre Geschichte in einem für bestimmte Kräfte politisch korrekten Sinn (um)interpretieren, dann schränken sie ihre Handlungsoptionen für die Zukunft ein.

In Polen wurde dies Anfang 1994 deutlich, als in einem Artikel der größten polnischen Tageszeitung, der *Gazeta Wyborcza*, der junge Journalist Michal Cichy der polnischen Untergrundarmee im Zweiten Weltkrieg vorwarf, sie habe während des Warschauer Aufstandes 1944 auch Juden ermordet. Mit diesem Artikel begann eine Diskussion, die das Grundverständnis der Polen erschütterte. Das Land begreift sich als eine Nation von Widerständlern. Nun aber mußte man erkennen, daß es auch einzelne Kriegsprofiteure gegeben, daß man polnische

Juden erpreßt hatte und der polnische Antisemitismus auch während der Okkupation ungebrochen blieb. Niemand bezweifelt die vielen heroischen Leistungen vieler Polen, die unter Einsatz ihres Lebens Juden vor der Ermordung retteten. Doch daß dies nicht für alle galt: Diese Entmythologisierung der eigenen Geschichte schmerzte.

Geschichte läßt sich nicht mythologisieren. Das ist die Botschaft des bekannten niederländischen Schriftstellers Harry Mulisch. Für ihn sind die "anti-deutschen Sentimente" seiner Landsleute eine Form "niederländischer politischer Korrektheit".[55] Mehr als eine Million Postkarten wurden Mitte 1993, nach dem Brandanschlag von Solingen, aus Holland an das Bonner Kanzleramt geschickt. Ein niederländisches Radioprogramm hatte dazu aufgerufen, gegen Rassismus und Ausländerfeindlichkeit in Deutschland zu protestieren. Gleichzeitig wurden Fernsehspots geschaltet, in denen der Mord an fünf türkischen Frauen und Mädchen stellvertretend für Rassismus in der ganzen Welt stand. Der Tenor der Aktion lautete "Ich bin wütend": So schlimm wie in Deutschland sei es sonst nirgendwo. Das *Allgemeen Dagblad* kritisierte die Aktion als "heuchlerisch, nicht protürkisch, sondern schlicht antideutsch". Aber Deutschland, wie so oft vorauseilend gehorsam, unterstützte politisch konform die Aktion. In Bonn empfing Kanzleramtsminister Bohl die Protestpost persönlich, und die deutsche Botschaft in Den Haag lobte die Aktion, "weil sie dem demokratischen Deutschland hilft".

Der berechtigte Haß auf die deutsche Okkupation sitzt tief. Aber die stereotypen Vorstellungen von grobschlächtigen Nazis werden unreflektiert auf die heutige Zeit übertragen. Holländer und Nationalsozialisten, Gute und Böse lassen sich so zuordnen. In einer Umfrage des *Instituts Clingendael* aus dem Jahr 1993 hielten 70 Prozent der befragten holländischen Jugendlichen die Deutschen für dominierend, fast die Hälfte glaubte, daß ihre östlichen Nachbarn "kriegslüstern" seien. Harry Mulisch hat mit seinen Werken an diesem Tabu gerüttelt und deshalb Brandbomben und Drohbriefe erhalten. In seinem 1982 erschienenen Roman *De Aanslag* (*Der Anschlag*) erzählt er die Geschichte eines holländischen Kollaborateurs, der von einer Widerstandsgruppe erschossen wird. Die Nazis ermorden im Gegenzug eine unschuldige Familie, nur der 12jährige Sohn Anton Steenwijk überlebt. Der Roman verfolgt das Leben dieses Mannes, dem im Laufe der Jahre deutlich wird, daß Verbrechen und Schuld, Sühne und Unschuld eben nicht entlang einer mit dem Lineal gezogenen Linie verteilt sind. Ein deutscher Soldat rettet ihm das Leben, seine Freunde entpuppen sich als verantwortlich für die Erschießung seiner Eltern.

Für Harry Mulisch ist dies der Versuch einer Abgrenzung gegenüber der eigenen Geschichte. Er wirft sich und seinen Landsleuten vor: "Wir waren doch fast alle Kollaborateure." Immerhin habe es 25.000 SS-Freiwillige gegeben, und die Zahl derjenigen, die "mitgemacht" haben, sei zumindest am Anfang weit größer gewesen als die der Widerständler. Der niederländische Botschafter in Deutschland, Van Welsum, plädiert deshalb dafür, daß die Niederländer ein halbes Jahrhundert nach dem Ende des Zweiten Weltkriegs die Deutschen "nicht ewig im moralischen Würgegriff" halten sollten. Van Welsum kritisierte öffentlich den "antideutschen Reflex" seiner Landsleute und bezeichnete ihn als "unsere nationale Variante von Fremdenhaß". Er warnte vor der Gefahr eines allzu schmeichelhaften Bildes der Niederländer unter der NS-Besatzung. Das könne zu dem Schluß führen, daß "die Deutschen ihre Vergangenheit sehr wohl aufgearbeitet haben, nicht aber die Niederländer."[56] Diese Gefahr ist umso größer, da es auch in den Niederlanden gefährliche Lücken der Vergangenheitsaufarbeitung gibt. Noch heute sind die ehemaligen Kolonien, ist die Rückkehr der Niederländer in das damalige "Niederländisch-Ost-Indien" (das heutige Indonesien) nach dem Zweiten Weltkrieg weitgehend ein Tabuthema. So sah Anfang 1995 der sozialdemokratische Ministerpräsident Kok noch immer keine Notwendigkeit einer politischen Debatte über den Krieg in den früheren Kolonien. Für Schuldbekenntnisse sei kein Bedarf, sagte er, und reagierte damit auf Äußerungen seines Entwicklungshilfeministers Pronk, der die "Polizeiaktionen" dieser Zeit als Euphemismus für den kolonialen Krieg bezeichnet hatte.

Botschafter Van Welsum ist nicht allein mit seinem Plädoyer für die Abkehr von einem "historisch korrekten Urteil" über die

Deutschen. Der *Beirat für Frieden und Sicherheit,* ein unabhängiges Gremium außenpolitischer Experten, empfahl 1994 der niederländischen Regierung eine stärkere Orientierung an Deutschland. An niederländischen Schulen war im selben Jahr erstmals die Entwicklung des demokratischen Deutschlands nach 1945 Abiturprüfungsthema. In ihrer Weihnachtsansprache 1994 plädierte die niederländische Königin Beatrix für ein Ende des Mythos, die Niederländer seien in ihrer Mehrheit in den Jahren 1940 bis 1945 Widerständler gewesen. Sie rief auf zur Aussöhnung mit den deutschen Nachbarn: "Auf Unterdrückung folgt Befreiung, aber auf Befreiung folgt Versöhnung."

"Vergangenheitsbewältigung" ist auch das Thema der essayistischen Reportage des Niederländers Jan Buruma. Seine vergleichende Studie *Die Erbschaft der Schuld - Vergangenheitsbewältigung in Deutschland und Japan* stellte fest, daß den Japanern die hierzulande, PC-gerecht, als gescheitert betitelte "Aufarbeitung" von ihren kritischen Intellektuellen als Maßstab vorgehalten wird, vor dem sie kläglich versagt hätten.[57] Indem er eine Unterscheidung der Ethnologin Ruth Benedict benutzt, differenziert er zwischen einer europäischen, christlichen "Kultur der Schuld" und einer asiatischen "Kultur der Schande". Während auch nachfolgende Generationen in Deutschland die Frage der Schuld zu tragen hätten, gelte es in Japan, das Gesicht zu wahren, lieber die Wahrheit zu unterdrücken, als öffentlich die Schande einzugestehen. Buruma, der für diese inkorrekte Schlußfolgerung erstaunlicherweise glänzende Kritiken bekam,[58] beschreibt die Gemeinsamkeiten zwischen den Kriegsverbündeten Deutschland und Japan. Etwas skizzenhaft zeichnet er Parallelen zwischen den sakrosankten Führern, der Selbstdefinition einer Herrenrasse, den Angriffskriegen in Europa und im Pazifik, den Konzentrationslagern und Massenmorden. Während aber der Nationalsozialismus in Deutschland nach 1945 vollständig diskreditiert und vernichtet wurde, habe die alte Tradition in Form des Tenno in Japan weitergelebt. *DIE ZEIT* schreibt:

"Buruma stellt Auschwitz und Hiroshima als 'heilige Orte' gegenüber: hier der Ort, der wie kein anderer den Willen der Nationalsozialisten zur Vernichtung der europäischen Juden zeigt, dort ein Friedenspark, der mit seinen Schreinen, Denkmälern, Glokken der Toten gedenkt und die Lebenden zum Frieden mahnt. Im polnischen Oswiecim kann man an der Schuld der Deutschen nicht vorbeischauen, im ehemaligen Epizentrum der Atombombenexplosion droht die Verantwortung für den Krieg und seine Verbrechen unsichtbar zu werden."[59]

Vielleicht bedarf es manchmal des Vergleichens mit anderen Völkern, vielleicht bedarf es der Analyse von auswärts, um die von den Deutschen geleistete Besinnung auf die Vergangenheit zu dokumentieren.

Die französische Variante der Politischen Korrektheit ist die Frankophonie und die Bibel der Frankophonen, das *Dictionnaire des termes officiels de la langue francaise*:[60] ein Wörterbuch von 464 Seiten, prallgefüllt mit 3.500 fremdsprachlichen, meist englischen Begriffen, die in die Sprache Voltaires und Sartres übersetzt wurden. Aus "fast food" wird "restovite", aus "walk-man" "baladeur", und das "jingle" mutiert zu "sonal". Die Liste soll per Dekret durchgesetzt und die Anglizismen sollen aus dem Französischen verbannt werden. Der auf Paris ausgerichtete Staat hat immer nur den französisch sprechenden *citoyen* akzeptiert, egal welcher Hautfarbe. Da bleibt es unwichtig, ob man in Lyon, Algier oder an der Côte d`Ivoire geboren ist. Multi-Kulti gibt es in Frankreich, wenn sich alles französisch anhört. Jede Form der ethnozentrischen Identitätsbildung in einem Land mit einer wachsenden maghrebinischen Minoriät wird unterdrückt. Frankreich erlaubt sich gegen Einwanderer Maßnahmen wie die Festsetzung oder Ausweisung, die in der politisch korrekten Bundesrepublik - wo nach Informationen des Verfassungsschutzes über 21.000 islamische Fundamentalisten organisiert sind und selbst nach Aufrufen zur Gewalt politisches Asyl bekommen - undenkbar wären.[61]

Drei bis fünf Millionen Muslime leben in Frankreich. Damit hat der Islam innerhalb weniger Jahrzehnte einen rapiden Aufstieg zur zweitstärksten Religion des Landes gemacht, noch vor dem Protestantismus. Die Generation der Nachkriegseinwanderer bemühte sich um Integration und fand Aufnahme im laizistischen französischen Staat. "Zu Franzosen wurden sie, weil

168

sie in den französischen Kulturkreis eintraten," meint Patrick Weil vom *l'Institut d'études politiques de Paris*.[62] Religion und Glaube seien in den wirtschaftlichen Boomjahren von untergeordneter Bedeutung gewesen. Mit der Zunahme der Einwanderung aus den Maghreb-Staaten, mit einer dramatischen Steigerung der Arbeitslosigkeit und nach dem Ärger über die Teilnahme Frankreichs am Golfkrieg haben viele Muslime Frankreichs ihre Neutralität aufgegeben und neues Selbstvertrauen gewonnen. Ausdruck dieses gesteigerten Selbstbehauptungswillens ist die Diskussion über das Tragen von Kopftüchern. Im September 1994 verfügte der französische Erziehungsminister ein Verbot "des Tragens explizit religiöser Symbole". In den folgenden Monaten berichtete das französische Fernsehen immer wieder über den Ausschluß muslimischer Schülerinnen vom Unterricht, nachdem sie den *voile islamique* nicht ablegen wollten. Die Kopftuch-Verfügung ist Kennzeichen einer neuen Politik der Pariser Behörden; sie wollen dem Islam im eigenen Land Zügel anlegen, propagieren einen *Islam à la francaise*.

Historische Korrektheit erscheint nun auch als Phänomen am Kap der Guten Hoffnung. So wie das wiedervereinigte Deutschland spürt Südafrika die Last der Vergangenheit.[63] Diese war am Kap geprägt von einer hermetischen Teilung des Landes in Bevölkerungsgruppen und ihre jeweiligen Lebensbereiche. Apartheid, die Lehre vom Getrennt-Sein, wurde von den weißen Machthabern stets mit einer Argumentation verteidigt, wie sie heute viele PC-Strategen bemühen: Unterschiede seien vorhanden und unüberbrückbar. Man trage nur den Interessen der Bevölkerungsgruppen Rechnung. Noch während der Übergangszeit von 1989 bis 1994 tobte die Debatte um eine Fixierung sogenannter Gruppenrechte, also um festgeschriebene Anwartschaften staatlich anerkannter Minoritäten beispielsweise in den Bereichen Sprache, Religion, Kultur, Sperrminoritäten, Finanzhoheit. Als der damalige Staatspräsident Frederik de Klerk eine Übergangsverfassung vorlegte, deren Entwurf einen Katalog von Gruppenrechten gleich neben jenen der Individualrechte stellen wollte, lehnte die Weltgemeinschaft dies erbost ab - just als im Westen mit PC derselbe Glaube an Abgrenzung und Statik populär wurde. Die Gruppenrechte wurden nie Verfassung - Südafrika hat heute individuelle Freiheiten, die sich an westlichen Vorbildern orientieren.

"Nicht der Staat bedroht jetzt den neugefundenen Geist der Freiheit. Es ist vielmehr das besondere bei 'Neukonvertierten' und in der Wirtschaft verbreitete Gefühl, man müsse 'politisch korrekt' sein ...",

bilanziert der Südafrika-Korrespondent der *Frankfurter Allgemeinen Zeitung* das erste Jahr der neuen Regierung.[64]

Staatspräsident Nelson Mandela hat nach seiner Wahl im April 1994 Vergeben und Vergessen angemahnt. Dieser Appell gilt sowohl für die aus dem Exil zurückgekehrten schwarzen Widerstandskämpfer wie für die weißen und schwarzen Polizisten und Soldaten, die in der Zeit der Apartheid im staatlichen Auftrag Regierungsgegner verfolgten und ermordeten. Mit einer Amnestie will sich Mandela die Loyalität der Armee, der Polizei und des öffentlichen Dienstes versichern. "Nürnberger Prozesse, Rache, Hexenjagden" schloß der neue Justizminister aus. Im August 1994 kündigte Mandela die Bildung einer "Wahrheits- und Versöhnungskommission" nach dem Vorbild Chiles an. Ziel sei die Wiederherstellung der Würde der Opfer. Eine Gauck-Behörde wird es am Kap aber nicht geben. Viele der Opfer haben ganz andere Probleme. Sie kämpfen um das Überleben und nicht um die Vergangenheit. Die früheren (weißen) Täter sind oft noch heute Teil des Regierungsapparates oder der Beamtenschaft. In Deutschland sind Akteneinsicht und die Verurteilung von Tätern vernünftig und sinnvoll, in Südafrika aber werden sich die Opfer den "Luxus" jahrelanger Prozesse nicht leisten können. Anders als in der DDR hatte sich die weiße Regierung der Nationalen Partei unter Staatspräsident F.W. de Klerk freiwillig von der Macht verabschiedet und somit genügend Zeit gehabt, belastendes Material zu vernichten. Alex Boraine, Leiter des *Institute for Justice in Transition* in Kapstadt, glaubt, daß die Südafrikaner

"... die Vergangenheit vergessen und den Blick auf eine neue Zukunft richten sollten. In der Beschäftigung mit früheren Verbrechen liegt die Gefahr, daß das ganze Land davon besessen wird, die Vergangenheit zu analysieren und Vergehen im einzelnen festzuhalten, so daß nur noch wenig Energie übrigbliebe, um kraftvoll an der neuen demokratischen Ordnung zu arbeiten."[65]

In einem Land von unübertroffener ethnischer und kultureller Pluralität muß eine neue *societas* der Mitte entstehen. Zusätzliche Risse würden durch ein Beharren auf der jeweils historisch korrekten Geschichtsinterpretation den Heilungsprozeß nur erschweren. Auch wenn die hier angeführten Beispiele der Politischen Korrektheit in Polen, den Niederlanden, Japan, Frankreich und Südafrika nur kurz beleuchtet wurden - sie zeigen, daß der PC-Bazillus und die Historische Korrektheit zunehmend auf die Realität einwirken.

Ausblick:

Gegen die Zementierung

Bei der Debatte über die Frage, ob Berlin die richtige Haupt-
stadt für das wiedervereinigte Deutschland sei, gerieten zwei
Lager mit einer unterschiedlichen Auffassung über eine histo-
risch und politisch korrekte Politik in Konflikt. Der Streit be-
gann bereits bei der Debatte im Bundestag am 20. Juni 1991.
Norbert Blüm polemisierte gegen einen Umzug: "Der Staat
sollte nicht der Betreiber einer kollektiven Umsiedlung sein.
Die Wiedervereinigung darf nicht mit einem Programm von
Heimatlosigkeit verbunden werden." Der Abgeordnete Thierse,
SPD, war für den Umzug: "Die Entscheidung für Berlin wäre
ein durch nichts - durch nichts! - zu ersetzender Schritt zur
Verwirklichung der politischen, sozialen und menschlichen
Einheit Deutschlands." Wolfgang Schäuble von der CDU fand,
daß es nicht um Umzugskosten ging, sondern in Wahrheit um
die Zukunft Deutschlands: "Ob wir wirklich ohne Berlin heute
wiedervereinigt wären? Ich glaube es nicht." Die FDP-Abge-
ordnete Semper war gegen Berlin und führte kleinkarierte Argumente ins Feld: "Wird Berlin noch größer - sagen wir: eine
Fünfmillionenstadt -, so sind die sozialen Probleme nie mehr in
den Griff zu bekommen. Die Grundstückspreise würden auf
Höhen schnellen, die denen von London, Paris oder gar Tokio
ähneln."
  Bei dem Streit über Berlin oder Bonn zeigte sich, wie eine für
diese oder jene Seite politisch korrekte Handlungsweise (Bonn
= die anheimelnde, ungefährliche Republik; Berlin = die historisch dimensionierte Republik) manchmal nur zum Vorwand
für die Verteidigung von Partikularinteressen wurde. Nur sehr
wenige Abgeordnete, darunter Wolfgang Schäuble oder Willy
Brandt, hatten eine Vision. Für die meisten Abgeordneten wie
Bundesbürger ging es allein um kleinkrämerische Details: Die
Bonner Beamten stritten sich mit ihrer Verwaltung über die
Notwendigkeit, die Wertminderung ihres Bungalows auszu-
gleichen, oder im Falle eines Umzuges in die Hauptstadt über

eine Neuanschaffungspauschale für Berliner Möbel verfügen zu können. Banaler kann man ein Ereignis von historischer Dimension kaum angehen. Nicht alle diese Einstellungen haben etwas mit PC zu tun - aber der gemeinsame Geist. Es herrscht die Totale der Parochial-Interessen.

Stellen wir uns einmal folgendes Szenario vor: In den USA würden die Bürger gefragt, warum sie Amerikaner sind. Die Antworten wären kongruent zu dem, was Deutsche sagen würden: "Weil ich hier geboren bin, diese Sprache spreche, hier lebe und arbeite." Deutsche würden vielleicht öfter als Amerikaner hinzufügen: "Weil meine Eltern Deutsche sind." Wenn man aber Deutschen wie Amerikanern die Frage stellt, was es für einen Sinn macht, Bürger ihres Landes zu sein, dann zeigt sich bestimmt ein Unterschied. Dem Deutschen wird wenig einfallen. Sein Deutschsein ist nicht teleologisch, mit Zweck- und Zieldeutungen hat er genügend schlechte Erfahrungen gemacht. Amerikaner mögen Verfassungspatrioten sein, historische Bildung besitzen oder nicht: in ihrer Kultur zutiefst verwurzelt ist ein Gespür dafür, daß es einen Sinn hat, eben dieser Nation anzugehören - weil man Teil hat an einem Projekt, das überall und ständig spürbar wird. Ein Amerikaner wird sagen: Mein individuelles Leben ist gestaltbar. Ich kann etwas ändern. Unser kollektives Leben ist gestaltbar. Wir als Amerikaner können die Geschichte verändern. Wenn es eine intellektuelle Stärke Amerikas gibt, dann die, daß solche Grundüberzeugungen das Handeln prägen.

Deutschland hat nichts dergleichen. Die Mehrheit der Bevölkerung steht dem Staat eher gelangweilt gegenüber. Der Staat ist weiter das Andere, das, was kontrolliert und das man im Gegenzug auszunehmen hat wie eine goldene Gans. Eine Gesellschaft, die den Staat als ein Werkzeug ihrer selbst, das es in Ausgaben und Aufgaben zu minimieren gilt, begreift, existiert nicht. Die Politische Korrektheit ist jenes Rüstzeug des Denkens, das auf vielfältige Weise den lautlosen Kritikern des Parlamentarismus in die Hände spielt.

Die Rechten glauben an den organischen Staat. Prinzipien wie Region und Stand definieren den Einzelnen und über ihn wiederum den Staat als ganzes. Im Parlamentarismus wird der

Kern undemokratischen Geistes gewittert, weil sich dort die falschen Eliten gegenseitig bestärken. Natürlich ist es von hier nicht weit zur Überzeugung der Linken, das große Konzept müsse umgesetzt werden. Ob es Ökotopia ist oder die atomwaffenfreie Zone: in der Kombination des großen Entwurfes mit einem partikularistischen Ansatz treffen sich rechts und links. Die Fragmentierer glauben, es gebe letztlich keine Gesellschaft. Mit postmodernen Termini vom "Verschwinden des Individuums" ausgestattet, ist es ihnen ein Leichtes, einen neuen Determinismus zu entwickeln, der Geschlecht, sexuelle Orientierung oder sonstige Faktoren zum allein bestimmenden Kriterium erhebt. Während die Linke sagt, die Gesellschaft versuche abzubilden, was in Wirklichkeit ein in Teile zerfallendes Konglomerat sei, weiß die Rechte, wie aus eben diesem Salat ein Ganzes entstehen muß.

Für Autos zu sein, aber gegen Mülltrennung, Wale für nicht sehr schützenswert zu halten: All dies definiert den Katalog des politisch inkorrekten Bürgers. Gegen Autos, für Mülltrennung und Mitglied bei *Greenpeace* - das ist in Deutschland politisch korrekt, natürlich auch ökologisch. Die öko-soziale Marktwirtschaft ist zwar eher bieder als gewagt. Aber alle Anhänger des PC-Konsenses in der politisch-gesellschaftlichen Mitte wollen sie.

In Amerika versucht die Politische Korrektheit, ein dem alten Kanon gleichwertiges Ideen-System aufzubauen. Statt an Mobilität, Flexibilität, Individualität und den Rahmen der Verfassung ist an Quoten und Gleichheiten, an die Mechanismen der Versöhnung und die entsprechend gereinigte Sprache zu glauben. In Deutschland ist das Bild bunter. Die Politische Korrektheit rennt nicht gegen den Konsens an, sie ist ein Rüstzeug der Linken, das ihnen den Brückenschlag nach rechts ermöglicht. Gemeinsam ist beiden, Rechten und Linken, immer mehr der Glaube an die konzeptionell unversöhnliche Gesellschaft. Was den Rechten der Stand, die Religion und Region, ist den Linken der Erfolg gegen Imperialismus/Sexismus/Paternalismus/Rassismus. Mit PC ist erstmals eine Buchstabenfolge gefunden, die die unbedingte Richtigkeit dieses Konstrukts für sich reklamiert und in die Köpfe einzementiert. Die ehemals

174

Linke darf jetzt behaupten, daß die Rechte recht hat, daß Unterschiede existieren und zählen, daß nicht die ganze Menschheit gemeinsam "der Sonne, der Freiheit" entgegenfiebert, sondern daß es Grabenkämpfe zwischen den Fraktionen gibt. Die Linke kann nach PC nicht mehr an das gemeinsame Heil aller glauben, da endgültig alles unverrückbar aufgeteilt scheint: Opfer sein als Frau, Schwarzer, Behinderter, als Homosexueller. Mit PC, dem letzten großen Glauben an einen umfassenden Kultur-Separatismus, gab die Linke den Kulturalismus auf und unterzeichnete den Pakt mit den rechten Essentialisten. Es siegt eine Differenz, die Scheindifferenz ist, und eben deshalb nicht zu Dissens und Auseinandersetzung führt.

Im Ansturm der Politischen Korrektheit droht Deutschland das verlorenzugehen, was ohnehin kaum ausgeprägt ist, nämlich die unspektakuläre Mitte jener, die an die Verläßlichkeit langweiliger parlamentarischer Verhaltensweisen glauben - und damit auch an die Möglichkeit der Gleichheit, in der allein über den politischen Diskurs die Inhalte entschieden werden. Denn während SPD-Funktionäre und CDU-Abgeordnete im Parlament gleich sind, sind sie laut rechts und links - korrekt gesagt - zuallererst verschieden. Zumindest Geschlecht und Alter definieren sie. Die Linken nennen die Frauen "Innen" und benutzen den Jargon vergangener Zeiten, ohne zu wissen, daß die "Volksgenossinnen" 1933 von den Nationalsozialisten eingeführt worden waren. Aber je mehr die Linke an die Abgeschlossenheit in Form des kategorisch-separierenden Denkens glaubt, umso ärmer wird Deutschland an Menschen, die sich damit abfinden, daß der Parlamentarismus eine Mühsal ist.

Die Politische Korrektheit erreicht höchstens den Konsens jener, die Tierversuche ablehnen und Stadtteilläden gut finden. Der regressive Teil der 68er und der Müsli-Bewegung der 70er Jahre wird aufgefangen und an den altdeutschen Bauerntisch geholt. Politik im Geist der Freiheit bedeutet auch, daß man die Freiheit im Alltag erkennen muß, beispielsweise im Abstimmungsverfahren von Abgeordneten, die auch einmal für die besseren Argumente der anderen Seite votieren. Demokratie heißt: Von der Differenz über den verbalisierten Dissens zum Kompromiß. Die Politische Korrektheit aber läßt keinen Spielraum für Kompromißlösungen, denn sie ist immer dogmatisch, und Dogmen gelten als absolute Wahrheiten. Deshalb, so die einfache Gleichung ihrer Verteidiger, ist auch die Politische Korrektheit wahr. Mit dem Geist der Demokratie hat das wenig zu tun.

Die wichtigste soziale und intellektuelle Fähigkeit, die von Menschen in westlichen Industriegesellschaften des ausgehenden 20. Jahrhunderts gefordert wird, ist das Erkennen und Akzeptieren von Widersprüchen. Wir sind die Ausbeuter der Dritten Welt, aber die Dritte Welt ist selbst an ihrem Unglück schuld. Es gibt viel Not in Deutschland, und trotzdem geht es uns allen viel zu gut. Wir sind produktiv, aber wir sind auch faul im Vergleich zu vielen Schwellen- und einigen Industrieländern. PC untergräbt den Widerspruch doppelt. Erkenntnistheoretisch verhindert die Korrektheit seine Wahrnehmung, da PC starre Kriterien vorgibt. Argumentativ verhindert PC Konflikt, da sie die Akzeptanz von Differenz vorschreibt. Die Positionen sind klar: Man ist grundverschieden und sich eben darin einig, also einig im Tolerieren der Absolutheit völligen gegenseitigen Unverständnisses. Es kann keine Brücken geben.

In Amerika definieren sich die Minderheiten über die Begrifflichkeit der Politischen Korrektheit. Man schottet sich ab und verteidigt sich. Die alte Mehrheit wird von ihrer traditionellen und machtausübenden Position ausgeschlossen. In Deutschland passiert das Gegenteil: Die Politische Korrektheit schließt die Minderheiten aus und definiert eine herrschende Meinung. Politische Korrektheit definiert, was gut und böse ist. Die deutsche Weiterentwicklung, die Historische Korrektheit, zieht aus der Vergangenheit normative Schlüsse für die Zukunft. Politische und Historische Korrektheit zusammen decken fast alle Lebensbereiche ab: sie regeln die Alltagssprache, die Literatur, das Rechtsempfinden, selbst die Außenpolitik. Politische und Historische Korrektheit zusammen sind ein Koordinatengefängnis, aus dem es kein Entrinnen gibt: ein deutscher Sonderweg.

Die unspektakuläre Alltagsdemokratie ist aber von nichts stärker bedroht als von Universalismen, die totalitär sind, und Partikularismen, die atomisieren. PC ist die geniale Verschränkung von Universalismus und Partikularismus. PC ist der Versuch, Universelles aus der Summe der streng abgegrenzten Teilinteressen heraus zu erklären und die Summe gleichzeitig als einzig mögliches Beziehungsgeflecht zwischen den Einzelteilen auszugeben. Mit dem Begriff der Politischen Korrektheit wollte man einer veränderten, bunteren Welt Tribut zollen, aber nun zeigt sich, daß PC künstliche Barrieren aufbaut und Durchlässigkeit verhindert.

Dabei bieten Schemata wie rechts oder links nicht länger Halt. Im Sommer 1994 druckte die *Frankfurter Allgemeine Zeitung* eine mehrteilige Diskussionsserie unter der Überschrift "What's right?". Zwei Jahre vorher war eine Serie unter dem Titel "What's left?" erschienen. Quintessenz der Auseinandersetzung: "Anything goes!"

PC ist verbale Apartheid, die tausend Homelands schafft und aus diesen dann einen segregierten Staat. Der Philosoph Sir Karl Popper hat in seinem letzten Buch vor dieser Atomisierung gewarnt. Dies sei zwar "die beste aller Welten", so schreibt er über die gegenwärtige Geisteskultur, aber er fügt gleich hinzu: "Sie ist dümmer als je zuvor und unkritisch gegenüber dem, was zu glauben gerade modern ist." Politische Korrektheit ist modern. Sie ist Zement, der alles zubetoniert. Die neue westliche Welt nach 1989, nicht mehr so westlich, nicht mehr so weiß, pragmatischer, unideologischer, profaner - sie braucht Klebstoff, aber keinen Zement.

Anmerkungen

Kapitel I

1 Vgl. Michael Bonder, Ein Gespenst geht um die Welt - Political Correctness, Eichborn, 1995.
2 Karl Dietrich Bracher, Brief an die Autoren, 9. Januar 1995.
3 Cora Stephan, Brief an die Autoren, 24. Januar 1995.
4 Christoph Stölzl, Brief an die Autoren, 27. Januar 1995.
5 Eckhard Henscheid, Sinnverrenkungen, in: Frankfurter Allgemeine Zeitung, 7. März 1994.
6 Zitiert nach: Michael Klonovsky, Die Guten auf dem Kriegspfad, in Focus 16/1995, S.84.
7 Michael Wolffsohn, Brief an die Autoren, 25. Januar 1995.
8 Vgl. Steven Pinker, The Euphemism Treadmill: Nowhere Fast, in: International Herald Tribune, 6. April 1994.
9 Vgl. Gedankenpolizei ortet Wasserbüffel, in: Der Tagesspiegel, 5. Mai 1993.
10 Robert Hughes, Nachrichten aus dem Jammertal - Wie sich die Amerikaner in political correctness verstrickt haben, Kindler, 1994, S. 30.
11 Hughes, a.a.O., S. 45.
12 Hughes, a.a.O., S. 29.
13 Vgl. Neue Rundschau, Nr. 1, 1995.
14 Tilman Hanckel, Brief an die Autoren, 20. September 1995.
15 Ernst Nolte, Vergangenheit, die nicht vergehen will - Eine Rede, die geschrieben, aber nicht gehalten werden konnte, in: Frankfurter Allgemeine Zeitung, 6. Juni 1986.
16 Jürgen Habermas, Eine Art Schadensabwicklung - Die apologetischen Tendenzen in der deutschen Geschichtsschreibung, in: DIE ZEIT, 11. Juli 1986.
17 Karl Dietrich Bracher, Zeit der Ideologien - Eine Geschichte politischen Denkens im 20. Jahrhundert, Stuttgart 1982, S. 360.
18 Ernst Nolte, Zwischen Geschichtslegende und Revisionismus? Das Dritte Reich im Blickwinkel des Jahres 1980, in: Historikerstreit, München 1987, S. 15.
19 Immanuel Geis, Zum Historiker-Streit, in: Evangelische Kommentare, Heft 2, Februar 1987.
20 Ernst Nolte, Brief an die Autoren, 23. Dezember 1994.
21 Karl-Heinz Janßen, Inkarnationen menschlicher Bösartigkeit, in: DIE ZEIT, 11. Oktober 1991.
22 Alan Bullock, Hitler and Stalin - parallel lives, London 1991, S. 1073
23 Zitiert nach: Philipp Jenninger, Die Opfer wissen, was der November 1938 für sie zu bedeuten hatte, in: Frankfurter Allgemeine Zeitung, 11. November 1988.
24 Paul Geyer, Flaubert und die Technik der erlebten Rede, in: Frankfurter Allgemeine Zeitung, 5. Dezember 1988.
25 Martin Schmidt, Die Vergangenheit, eine Rede und ihr Echo, in: taz, 21. November 1988.
26 "Immer über Geld zu reden ist oberflächlich", Interview mit Helmut Schmidt, in: Frankfurter Rundschau, 12. September 1992.

27 Ralph Giordano, Denkmale des nationalen Qualms, in: Stern, 17. November 1988.

28 Jakob Schissler, Auseinandersetzung um die Rede, in: Rheinischer Merkur, 11. August 1989.

29 Heinz Kamnitzer, Morgenluft, in: Neues Deutschland, 28. Januar 1989.

30 Serge Schmemann, West Germans debating their taboos, in: International Herald Tribune, 17. Dezember 1988.

31 Gert Raeithel, Kampf dem Neger auf der Banane!, in: Der Tagesspiegel, 5. Januar 1995.

32 Harald Martenstein, Das Wort des Jahres, in: Der Tagesspiegel, 31. Dezember 1994.

33 Zitiert nach: Matthias Matussek, Hexenjagd auf dem Campus, in: Der Spiegel, 20/1994, S. 160.

34 Vgl. Robert N. Bellah et al., Habits of the Heart, Individualism and Commitment in American Life, Berkeley, 1985.

35 Viola Schenz, Political Correctness. Eine Bewegung erobert Amerika. Peter Lang Verlag, Frankfurt a. M. 1994, S.136. Vgl. auch: Amerikastudien 2/1995, mehrere Untersuchungen zu PC in den amerikanischen Medien und zu PC in der Konstruktion des amerikanischen Bürgerkrieges.

36 taz, 24. Dezember 1994.

37 Walter Grasskamp, Die große Maskerade - Kritik der Kulturrevolution, in: Neue Rundschau, 1, 1995, S. 43.

38 Gert Mattenklott, Zwölf Thesen über Sinn und Widersinn von "Political Correctness", in: Neue Rundschau, 1, 1995, S. 78.

39 Jürgen Habermas, Wahrheitstheorien, in Fahrenbach (Hrsg.), Wirklichkeit und Reflexion, Walter Schulz zum 60. Geburtstag, Pfullingen 1973, S. 225.

40 Jörg von Uthmann, Körper und Lehrkörper, in: Frankfurter Allgemeine Zeitung, 19. Februar 1992.

41 Michael Charlier, Kampf den weißen Europäern, in: Deutsches Allgemeines Sonntagsblatt, 29. Juni 1992.

42 Dieter E. Zimmer, PC oder: Da hört die Gemütlichkeit auf, in: DIE ZEIT, 22. Oktober 1993.

43 ebd.

44 Benedikt Erenz, Die tausend Augen des Doktor PC, in: DIE ZEIT, 29. Oktober 1993.

Kapitel II

1 Susanne Häberlin, Rachel Schmidt, Eva Lia Wyss, Übung macht die Meisterin - Ratschläge für einen nichtsexistischen Sprachgebrauch, Verlag Frauenoffensive, 1992.

2 Helmut Fritz, Das Manstrum geht in Pension, in: Rheinischer Merkur, 8. Oktober 1993.

3 ebd.

4 Zitiert nach: Karl-Otto Sattler, "Erfolgreiche Niederlage" gegen die "rote Heidi", in: Bonner Generalanzeiger, 9. April 1994.

5 Sabine Etzold, Nicht totzukriegen, in: DIE ZEIT, 23. Dezember 1994.

6 Erich Läufer, Wörter wie Waffen, in: Kirchenzeitung Köln, Nr. 46, 1994, S.5.

7 George Orwell, 1984, (Übersetzt von Michael Walter), 12. Auflage, Frankfurt a.m./Berlin 1994, S.302.

8 Eckard Henscheid, Dummdeutsch, Reclam Verlag, Stuttgart, 1993.

9 ebd., S. 294.

10 ebd. S. 39-40.

11 Klaus Bittermann, Gerhard Henschel (Hg.), Das Wörterbuch des Gutmenschen - Zur Kritik der moralisch korrekten Schaumsprache, Berlin 1994.

12 ebd. S. 8-10.

13 taz intern, in: taz, 24. August 1995.

14 eid., Politisches und publizistisches Treibgut, in: Der Tagesspiegel, 25. August 1995.

15 Mathias Döpfner, Geliebte Katastrophe, in: Wochenpost, 28. September 1995.

16 Zitiert nach: r.z./dpa, Wegen Sicherheitsbedenken spielen die Engländer nicht in Berlin, in: Frankfurter Allgemeine Zeitung, 7. April 1994.

17 Gunter Hofmann, Auch die Mitte neigt nach rechts, in: DIE ZEIT, 15. April 1994.

18 Andreas Kilb, Stichelei, in: DIE ZEIT, 25. März 1994.

19 Bardo Fassbender, Welche Geschichten dürfen über Nazis erzählt werden? In: Neue Rundschau, Heft 1 1995, S. 71.

20 Michael Wolffsohn, Der eingebildete Antisemit, in: Frankfurter Allgemeine Zeitung, 19. März 1994.

21 Moritz Rinke, Schindlers Hühner, in: Basler Zeitung, 2. Mai 1994.

22 Andreas Kilb, Warten, bis Spielberg kommt, in: DIE ZEIT, 21. Januar 1994.

23 Ulrich Greiner, Hitlers List, in: DIE ZEIT, 8. April 1994.

24 bat., Fahrer oder Führer?, in: Frankfurter Allgemeine Zeitung, 24. November 1994.

25 Vgl. Marc Fisher, The Rewriting on the Wall? - A Library of Congress Exhibit on German Resistance Provokes Debate About History and Museums, in: The Washington Post, 24. Juli 1994. Vgl. auch: Robert von Rimscha, Der deutsche Widerstand - Ausnahme oder Regel? - Über eine Ausstellung zum 20. Juli wird in Washington erregt debattiert, in: Der Tagesspiegel, 2. August 1994.

26 gn, Im Reichstag, in: Frankfurter Allgemeine Zeitung, 4. Juli 1995.

27 Richard von Weizsäcker, Der 8. Mai 1945 - 40 Jahre danach, in: Von Deutschland aus, Berlin 1985, S. 19-20.

28 Vgl. Michael Behrens, Zusammenarbeit von SS und Kommunisten in Buchenwald, Welt am Sonntag, 3. April 1994.

29 Dirk Schümer, Erlebnisraum Holocaust, in: Frankfurter Allgemeine Zeitung, 11. November 1994.

30 ebd.

31 Michael Wolffsohn, Am Tatort sollt ihr eingedenken, in: Frankfurter Allge-meine Zeitung, 21. Juni 1994.

32 Rafael Seligmann, Genug bemitleidet, in: Der Spiegel, 3/1994.

33 Christian Broecking, 1.000 Meisterwerke - In New York sorgt der Versuch für Aufregung, Jazz als "schwarze" Nationalkultur zu etablieren - Eine Schlüsselfigur: Albert Murray, in: taz, 16. Dezember 1994.

34 Klaus Harpprecht, Die Torheit der Gesinnungswächter, in: DIE ZEIT, 27. Januar 1995.

35 Mixing up South Africa. The lessons from America for desegregating South Africa's schools. In: The Economist, 21. Januar 1995, S. 15-16.

36 Vgl. Jörg von Uthmann, Körper und Lehrkörper - Amerikas Universitäten streiten über "political correctness", in: Frankfurter Allgemeine Zeitung, 19. Februar 1992.

37 Vgl. Robert von Rimscha, "Die Weißen sitzen uns im Nacken" - Sich gegenseitig den Rücken stärken: US-Hochschulen nur für Schwarze, in: Der Tagesspiegel, 5. Januar 1995.

38 Zitiert nach: Matthias Matussek, Hexenjagd auf dem Campus, in: Der Spiegel, 20/1994, S. 152ff.

39 Mattenklott, a.a.O., S. 77.

40 Reinhard Blomert, Larmoyanter Angriff gegen Liberale, in: Der Tagesspiegel, 18. Dezember 1994. Siehe auch: Richard Sietmann, Ausweichbewegung von Schwächeren, in: Der Tagesspiegel, 18. Dezember 1994.

41 Vgl. Michael Behrens/Robert von Rimscha, Gute Hoffnung am Kap? - Das neue Südafrika, Osnabrück 1994, S. 67ff.

42 Harald Martenstein, Helmut und die Nuba, in: Der Tagesspiegel, 30. Juli 1994.

43 Zitiert nach: Christian Meier, "Denkverbote" als Nachhut des Fortschritts?, in: Neue Rundschau, Nr. 1, 1995, S. 16-17.

44 Vgl. Jürgen Koar, "Oh, sind Sie schlecht, Lloyd!" - In den USA finden rechte Scharfmacher über Talk-Radio und Fernsehen landesweit Verbreitung: Polarisierung als Programm, in: Der Tagesspiegel, 17. Februar 1995.

45 Vgl. Robert von Rimscha, Der Siegeszug der unkorrekten Comics, in: Der Tagesspiegel, 3. Mai 1994.

46 Henryk M. Broder, Adieu Al, Peggy, Kelly & Bud!, in: Der Tagesspiegel, 26. November 1994.

47 Vgl. hierzu: Robert von Rimscha, Generalangriff auf Amerikas Psycho-Branche, in: Der Tagesspiegel, 6. April 1994.

48 Sonja Margolina, Die gemütliche Apokalypse, Unbotmäßiges zu Klimahysterie und Einwanderungsdebatte in Deutschland, Berlin 1995, S. 14.

49 Vgl. Gunnar Sohn, Die Öko-Pharisäer, Umweltschutz als Vorwand. Berlin 1995. Sowie: Henryk M. Broder: Die Öko-Hysterie, in: Der Spiegel, 25. September 1995.

50 Vgl. Der Tagesspiegel, 28. September 1995

51 Siehe Programmheft "Oleanna", Gostner Hoftheater, Nürnberg 1994.

52 Grasskamp, a.a.O., S. 41.

53 Rolf Giesen, Germanen mögen keine Götter, in: Der Tagesspiegel, 23. November 1994.

54 Harald Martenstein, Tschechien oder Ein Eiertanz, in: Der Tagesspiegel, 26. November 1994.

55 ebd.

56 ders., Die Verschwurbelten, in: Der Tagesspiegel, 11. Dezember 1994.

57 Tilman Krause, Endzeit, in: Der Tagesspiegel, 7. Januar 1995.

58 Heimo Schwilk, Ulrich Schacht (Hrsg.), Die selbstbewußte Nation - "Anschwellender Bocksgesang" und weitere Beiträge zu einer deutschen Debatte, Berlin 1994.

59 Eckhard Fuhr, Rechts zu sein, in: Frankfurter Allgemeine Zeitung, 24. Oktober 1994.

60 Moritz Rinke, Im großen Nebel, in: Der Tagesspiegel, 17. Januar 1995.

61 Thomas Kielinger, Ein Leben auf eigene Rechnung, in: Die Welt, 25. März 1995.
62 Denis Staunton, Young Germans go back to Nazi basic, in: The Observer, 1. Januar 1995.
63 Gesine Schwan, Brauchen wir wirklich eine neue Rechte?, in: Rheinischer Merkur, 18. November 1994.
64 Heimo Schwilk, Geistlose Brandstifter, in: Frankfurter Allgemeine Zeitung, 13. Januar 1995.
65 Karl-Heinz Janßen, Frivoler Politthriller, in: DIE ZEIT, 5. Juni 1992.
66 Rainer Michael Schaper, Die unerwünschte Wiedergeburt, in: Deutsches Allgemeines Sonntagsblatt, 9. Oktober 1994.
67 Elke Schubert, Den Spiegel vorgehalten, in: taz, 2. November 1992.
68 Bardo Fassbender, Welche Geschichten dürfen über Nazis erzählt werden - Fatherland, ein politisch unkorrekter Roman, in: Neue Rundschau, Heft 1, 1995, S. 61.
69 Zitiert nach: Peter Michalzik, Kein Kampf, in: Wochenpost, 12. Janaur 1995.
70 ebd.
71 Vittorio Segre, Das Böse bleibt, in: Frankfurter Allgemeine Zeitung, 24. Februar 1995.
72 Josef Joffe, Auf der Hakenkreuz-Jagd, in: Süddeutsche Zeitung, 30. Dezember 1993.
73 dpa 0328, 10. Februar 1995.
74 Eike Geisel, Antisemitische Rohkost, in: Frankfurter Rundschau, 26. Januar 1995.
75 Heimo Schwilk, Geistlose Brandstifter, in: Frankfurter Allgemeine Zeitung, 13. Januar 1995.
76 Thomas Lackmann, Das Wasser auf den Mühlen der Lügner, in: Der Tagesspiegel, 10. Februar 1995.
77 Arno Lustiger, Pornographie der Rache, in: Frankfurter Allgemeine Zeitung, 27. April 1995. Friedemann Bedürftig, Verrutschte Maßstäbe, in: Süddeutsche Zeitung, 29. April 1995.
78 Herbert Riehl-Heyse, Der Feldzug der Tontaubenschützen, in: Süddeutsche Zeitung, 7. September 1995.
79 gs., Lauter Verrisse, in: Frankfurter Allgemeine Zeitung, 29. August 1995.
80 Zitiert nach: Jürgen Kocka, Zerstörung und Befreiung. Das Jahr 1945 als Wendepunkt deutscher Geschichte, in: Politik und Kultur, (1986) 5, S.47.
81 Richard von Weizsäcker, Zum 40. Jahrestag der Beendigung des Krieges in Europa und der nationalsozialistischen Gewaltherrschaft, Bonn 1985, S.1.
82 Streitfall, in: Die Woche, 30. Dezember 1994.
83 Rainer Zitelmann, Wohin treibt unsere Republik? Frankfurt a.M./Berlin, 1994, S. 87.
84 Ernst Cramer, 8. Mai, in: Welt am Sonntag, 16. April 1995.
85 Stefan Kornelius, Ein klares Wort des Kanzlers ist vonnöten, in: Süddeutsche Zeitung, 10. April 1995.
86 Torsten Krauel, Müßig, sinnlos, ermüdend, in: Rheinischer Merkur, 14. April 1995.
87 Heribert Prantl, Gegen das Vergessen, in: Süddeutsche Zeitung, 1. April 1995.
88 wap., Gedenken, in: DIE ZEIT, 14. April 1995.
89 Dieter Rulff, Standortverschiebung, in taz, 8./9. April 1995.
90 Thomas Schmid, Befreiung von alten Weltbildern, in: Wochenpost, 6. April 1995.

91 Eckhard Fuhr, Überwunden, nicht befreit, in: Frankfurter Allgemeine Zeitung, 11. April 1995.
92 Hermann Rudolph, Die vertriebene Vertreibung, in: Der Tagesspiegel, 6. Mai 1995.
93 Johann Georg Reißmüller, Normal ist das nicht, in: Frankfurter Allgemeine Zeitung, 23. Janaur 1995.
94 Ludolf Herrmann, Die Kunst der großen Rede, in: Rheinischer Merkur, 15. Juni 1985.
95 Axel Vornbäumen, Mündliche Prüfung, ein überforderter Sieger, in: Frankfurter Rundschau, 25. Mai 1994.
96 Michael Jeismann, Ende des Hochamtes, in: Frankfurter Allgemeine Zeitung, 28. Mai 1994.
97 Hermann Rudolph, Ein Präsidentenwort erregt Anstoß, in: Tagesspiegel, 27. Mai 1994.
98 Zitiert nach: "Dresden ist ein Fanal gegen den Krieg", in: Süddeutsche Zeitung, 14. Februar 1995.
99 Hermann Rudolph, Das Recht auf die eigene Trauer, in: Der Tagesspiegel, 13. Februar 1995.
100 Christian Habbe, Donald Kobitz, Dresden wasn't innocent, but neither was the burning of its people, in: International Herald Tribune, 15. Februar 1995.
101 C. Bernd Sucher, Die Russen kommen, in: Süddeutsche Zeitung, 14. Februar 1995.
102 Dieter Schröder, Wenn Heitmann "ungeschützt" redet, in: Süddeutsche Zeitung, 21. September 1993.
103 Roger Kusch, King Kong aus München, in: Rheinischer Merkur, 20. Januar 1995.
104 Heribert Prantl, Man muß dem deutschen Normalbürger eine Stimme geben, in: Süddeutsche Zeitung,18./19. September 1993.
105 ff, Untauglich, in: Frankfurter Rundschau, 20. September 1993.
106 Robert Leicht, So nicht - und den nicht, in: DIE ZEIT, 24. September 1993.
107 Michael Sontheimer, Der Stammtisch-Kandidat, in: taz, 20. September 1993.
108 E.F., Resignation?, in: Frankfurter Allgemeine Zeitung, 24. September 1993.
109 Martin Walser, Über freie und unfreie Rede, in: Der Spiegel, 45/1994.
110 Uli Hauser/ Ulrich Völklein, Die Zumutung, in: Stern, 23. September 1993.
111 Th.R., Neuer Mut zur freien Rede, in: Frankfurter Allgemeine Zeitung, 11. November 1994.
112 Zitiert nach: Brandsätze gegen geistige Brandstifter, in: taz, 21. Dezember 1994.
113 Zitiert nach: E.F. Mit Gewalt gegen die "Junge Freiheit", in: Frankfurter Allgemeine Zeitung, 9. Dezember 1994.
114 Roland Bubik, Linker Terror gegen die JF, in: Junge Freiheit, 9. Dezember 1994.
115 Zitiert nach: Brandsätze gegen geistige Brandstifter, in: taz, 21. Dezember 1994.
116 Klaus Rainer Röhl, Morgenthau und Antifa - Über den Selbsthaß der Deutschen, in: Heimo Schwilk/Ulrich Schacht (Hrsg.), Die selbstbewußte Nation: "Anschwellender Bocksgesang" und weitere Beiträge zu einer deutschen Debatte, Frankfurt a.M., 1994, S. 90-91.
117 Uwe Güther, Was auf die Titelseite kommt, in: Frankfurter Allgemeine Zeitung, 14. Juni 1994.
118 Friedrich-Ebert-Stiftung, Medienpolitische Fachtagung. - Deutschland und die Rechten - Dokumentation. Essen/Erfurt. 1994.
119 ebd., S. 55.

120 ebd., S. 61.
121 Frank Sieren, Aus der Deckung, in: Süddeutsche Zeitung, 29. August 1995.

Kapitel III

1 Jochen Kummer, Eine weltweite Debatte über ein Tabu wurde ausgelöst - "Rasse und IQ...Sind Weiße Klüger als Schwarze?", in: Welt am Sonntag, 30. Oktober 1994.
2 Zitiert nach: taz, 3. September 1994.
3 Zitiert nach: Klaus Natorp, In eine Falle getappt, in: Frankfurter Allgemeine Zeitung, 27. September 1994.
4 Sribala Subramanian, The Story in Our Genes, in: TIME, 16. Januar 1995.
5 Richard Herrnstein, Charles Murray, The Bell Curve: Intelligence and Class Structure in American Life, New York, 1994. Eine umfassende Übersicht der amerikanischen Reaktionen auf den Band liegt vor in: Steven Fraser (Hrsg.), The Bell Curve Wars. Race, Intelligence, and the Future of America, HarperCollins, New York 1995.
6 Charles Krauthammer, Different ethnic IQ scores - So what else is new?, in: International Herald Tribune, 24. Oktober 1994.
7 Gefährliche Fragen, in: DER SPIEGEL, 38/1994.
8 "Immer nur über Geld zu reden ist oberflächlich" (Interview mit Helmut Schmidt), in: Frankfurter Rundschau, 12. September 1992.
9 Wiglaf Droste, Mein Freund ist Ausländer, in: Klaus Bittermann, Gerhard Henschel (Hg.) Das Wörterbuch des Gutmenschen - Zur Kritik der moralisch korrekten Schaumsprache, Berlin 1994, S. 101.
10 The German way of democracy, In: The Economist, 29. April 1995.
11 Zitiert nach: Hugo Müller-Vogg, Deutschland deine Stärken - Nation zwischen Wohl und Wehe, Köln 1994, S. 158.
12 Bulletin der Bundesregierung Nr. 40, S. 363, 18. Mai 1993.
13 Cora Stephan, Das Spiel mit der Angst, in: Süddeutsche Zeitung, 29./30. Oktober 1994.
14 Mitteilungen des Beauftragten der Bundesregierung für die Belange der Ausländer, "Ausländerkriminalität" oder "kriminelle Ausländer" - Anmerkungen zu einem sensiblen Thema, November 1993, S. 18.
15 Rainer Zitelmann, Wenn Herschaftsfreie herrschen, in: Die Welt, 18. Dezember 1993.
16 Stephan Sattler, Fundamental korrekt, in: FOCUS 38/1995, S. 50.
17 Ulrich Bumann, Die Probleme einer Unpolitischen, in: General-Anzeiger, 12. September 1995.
18 Ulrich Schacht, Annemarie Schimmel und die Inquisition der Linken, in: Welt am Sonntag, 10. September 1995.
19 Heribert Prantl, Wie Manfred Kanther Abschiebung exekutiert, in: Süddeutsche Zeitung, 14. September 1995).
20 E.F., Durchsichtige Manöver, in: Frankfurter Allgemeine Zeitung, 23. September 1995.

21 Jochen Kummer, Karlsruher "Soldatenurteil" - "Das waren SPD-Richter, die das beschlossen", in: Welt am Sonntag, 25. September 1994.

22 Hannelore Thiel, Unseliger Zeitgeist, in: Bonner General-Anzeiger, 14. Oktober 1994.

23 gs., Tucholsky, in: Frankfurter Allgemeine Zeitung, 22. September 1994.

24 Ernst Benda, Wirklich Götterdämmerung in Karlsruhe?, in: NJW 38/1995, S. 2470.

25 Ingrid Eissele/Gerd Elendt, "Da ist viel Frust und Wut angestaut", in: Stern 41/1994, S. 207.

26 Ada Brandes, Im Hohen Haus und davor, in: Kölner Stadt-Anzeiger, 27. Mai 1993.

27 H.-H. Knütter, Brief an die Autoren, 13. März 1995.

28 Vgl. hierzu: Stephan Sattler, Der Rechtsruck - eine Chimäre, in: FOCUS, 18/1994, S. 114.

29 Peter Schneider, Unfähigkeit zu trauern, in: Bittermann, Henschel, a.a.O., S. 165.

30 Karlheinz Weissmann, Trauerarbeiter und Schönfärber, in: Die Welt, 12. Februar 1994.

31 Ralph Giordano, Die zweite Schuld oder Von der Last Deutscher zu sein, Hamburg/Zürich, 1987.

32 ebd., S. 14.

33 Manfred Kittel, Die Legende von der "Zweiten Schuld" - Vergangenheitsbewältigung in der Ära Adenauer, Berlin 1993.

34 Vgl. hierzu: Peter Dudek, "Vergangenheitsbewältigung" - zur Problematik eines umstrittenen Begriffs, in: Aus Politik und Zeitgeschichte, B1-2/1992, S. 44ff.

35 Weissmann, ebd.

36 Vgl.: Karl Dietrich Bracher, Zeitgeschichtliche Kontroversen - Um Faschismus, Totalitarismus, Demokratie, München 1984.

37 Klaus von Dohnanyi, Ein Tod für Deutschland, in: DIE ZEIT, 7. April 1995.

38 Jürgen Weber, Vergangenheitsbewältigung, in: Wolfgang Benz (Hrsg.) Legenden - Lügen - Vorurteile - Ein Wörterbuch zur Zeitgeschichte, München 1992, S. 198-199.

39 Christa Hoffmann, Stunden Null? - Vergangenheitsbewältigung in Deutschland 1945 und 1989, Bonn/Berlin 1992, S. 171.

40 Volker Matthies, Die UNO in Somalia: Operation Enttäuschte Hoffnung, in: Aus Politik und Zeitgeschichte, B31/1994, S. 13.

41 Ali A. Mazrui, Afrika braucht einen Sicherheitsrat mit Armee, in: FOCUS 33/1994, S. 160; ders., Decaying Parts of Africa Need Benign Colonization, in: International Herald Tribune, 4. August 1994.

42 Allensbacher Berichte, Chaos, Despotie und Hunger in Afrika, Nr. 6, Allensbach 1993, S.3.

43 Klaus Natorp, Solidarität mit Versagern?, in: Frankfurter Allgemeine Zeitung, 2. Dezember 1994.

44 Hans Magnus Enzensberger, Aussichten auf den Bürgerkrieg, Frankfurt a.M., 1993, S. 11.

45 ebd. S. 17.

46 ebd. S. 86-87.

47 Michael J. Inacker, Macht und Moralität - Über eine neue deutsche Sicherheitspolitik, in: Schwilk, Schacht (Hrsg.), ebd., S. 366.

48 Günther Nonnenmacher, Außenpolitik der kleinen Schritte, in: Frankfurter Allgemeine Zeitung, 7. Juni 1994.

49 Michael Stürmer, Deutsche Interessen, in: Karl Kaiser, Hanns W. Maul (Hrsg.), Deutschlands neue Außenpolitik, Band 1 - Grundlagen, München 1994, S. 37ff.

50 Michael J. Inacker, Macht und Moralität - Über eine neue deutsche Sicherheitspolitik, in: Schwilk, Schacht (Hrsg.), S. 376.

51 Freimut Duve, Was heißt Völkermord?, in: Süddeutsche Zeitung, 25. Mai 1994.

52 Karl Kaiser, Deutsche Außenpolitik in der Ära des Globalismus - Zwischen Interdependenz und Anarchie, in: Internationale Politik, 1/1995, S. 35.

53 Joschka Fischer, Bosnische Konsequenz, in: taz, 2. August 1995

54 taz, 23./24. September 1995.

55 Interview der Autoren mit Harry Mulisch, Amsterdam 18. November 1994.

56 E.L. Im moralischen Würgegriff, in: Frankfurter Allgemeine Zeitung, 4. November 1994.

57 Jan Buruma, Die Erbschaft der Schuld - Vergangenheitsbewältigung in Deutschland und Japan. Carl Hanser Verlag, München 1994.

58 Vgl. Uwe Schmitt, Trauerarbeit, Trauerspiele, in: Frankfurter Allgemeine Zeitung, 24. November 1994.

59 Michael Wildt, Kultur der Schuld oder der Schande, in: DIE ZEIT, 4. November 1994.

60 Dictionnaire des termes officiels de la langue francaise, Direction des journaux officiels, Paris 1994.

61 Michael J. Inacker, Der Khomeini von Köln predigt in Deutschland den Umsturz, in: Welt am Sonntag, 1. Januar 1995.

62 Interview der Autoren mit Patrick Weil, Paris, 27. September 1994.

63 Michael Behrens, Robert von Rimscha, Gute Hoffnung am Kap? Das neue Südafrika, Fromm Verlag, Osnabrück, 2. Aufl. 1995, S. 132.

64 Robert von Lucius, Südafrika - ein anderes Land, Frankfurter Allgemeine Zeitung, 27. April 1995.

65 Alex Boraine, Drahtseilakt - Südafrikas Regierung muß Wahrheitsfindung mit Versöhnung verbinden, in: der überblick, 4/1994 (Dezember), S. 102ff.